Aktivierung statt passive Leistung

Schriften des Zentrums für Sozialpolitik
Band 17

Herausgegeben von Gerd Glaeske, Karin Gottschall, Stephan Leibfried, Frank Nullmeier, Herbert Obinger und Heinz Rothgang

Zentrum für Sozialpolitik, Universität Bremen

*Marion Linke* war wissenschaftliche Mitarbeiterin am Sfb 597 »Staatlichkeit im Wandel« der Universität Bremen. Sie arbeitet heute in der Beschäftigungsgesellschaft »work4you« der Kommune Viborg in Dänemark.

Marion Linke

# Aktivierung statt passive Leistung

## Der Wandel der dänischen Arbeitsmarktpolitik seit 1990

Campus Verlag
Frankfurt/New York

Editorische Notiz:
Die für das Buch herangezogenen Statistiken und Indexierungen von Transferleistungen und staatlichen Ausgaben finden Sie unter www.campus.de/isbn/9783593387505.

Bibliografische Information der Deutschen Nationalbibliothek
Die Deutsche Nationalbibliothek verzeichnet diese Publikation in der Deutschen Nationalbibliografie; detaillierte bibliografische Daten sind im Internet unter http://dnb.d-nb.de abrufbar.
ISBN 978-3-593-38750-5


Gedruckt auf säurefreiem und chlorfrei gebleichtem Papier.
Printed in Germany

Besuchen Sie uns im Internet: www.campus.de

*Für Uwe Linke*

# Inhalt

# Einleitung

Bei dem Begriff »Aktivierung« handelt es sich um einen neuen – teilweise auch als neumodisch titulierten – Politikstil, der in den letzten 15 Jahren sowohl in der Politik als auch in der Wissenschaft einen regelrechten Boom erfahren hat. Regierungen schmücken ihre Reformen mit diesem Terminus und postulieren damit den Beginn eines modernen, agilen und handlungsfähigen Sozialstaats. WissenschaftlerInnen diverser Couleur stoßen entweder in das gleiche Horn, verteufeln diese neue Politik als paternalistisch oder aber sehen sie als alten Wein in neuen Schläuchen. Die unterschiedlichsten Politikfelder werden dabei mit dem Begriff der Aktivierung belegt: Rentenpolitik, Schulpolitik, Sicherheitspolitik, Sozialpolitik [...] und allen voran natürlich die Arbeitsmarktpolitik, vor der das Adjektiv »aktivierend« heute kaum mehr wegzudenken ist.

In der politischen Diskussion steht die aktivierende Arbeitsmarktpolitik eindeutig im Vordergrund. Viele Länder der westlichen Hemisphäre haben diese neue Form der Politik für sich entdeckt und umgesetzt: So trat Bill Clinton 1992 mit einer Wahlkampagne gegen die Sozialstaatsabhängigkeit US-amerikanischer Sozialhilfeempfänger an (»to end welfare as we know it«) und reformierte schließlich 1996 das Sozialhilfesystem unter der Prämisse »welfare to work«. Auch Tony Blair schloss in Großbritannien 1997 einen »New Contract for Welfare«. In Dänemark wiederum wurde 1994 seitens der sozialdemokratisch geführten Regierung mit der »Aktivlinie« eine mittlerweile hoch gelobte Alternative zur angelsächsischen *Workfare*-Methode in der Arbeitsmarktpolitik eingeführt. Auch in Deutschland wurden mit dem Job-AQTIV-Gesetz von 2002 (AQTIV = Aktivieren, Qualifizieren, Trainieren, Investieren, Vermitteln) aktivierende Elemente in die Arbeitsmarkt- und Sozialpolitik aufgenommen. Und ebenso ist in der Europäischen Union das Prinzip der aktivierenden Arbeitsmarktpolitik seit 1998 in den beschäftigungspolitischen Leitlinien im Rahmen der Europäischen Beschäftigungsstrategie verankert.

Bezeichnend für alle Länder[1], die die aktivierende Arbeitsmarktpolitik eingeführt haben, ist die dahinter stehende Intention dieser Politik. So wird die bis dato geführte vor allem passive Politik zumeist als wirkungslos wahrgenommen. In diesem Zusammenhang werden hohe Arbeitslosenzahlen beziehungsweise Sozialhilfeempfängerquoten gesehen, die mit dieser passiven Politik nicht zu bekämpfen seien. Vielmehr entstünden hierdurch sogar neue Probleme wie Sozialstaatsabhängigkeit. Zusätzlich wird die passive Politik als nicht mehr tragbar bezeichnet, da aufgrund der prekären Situation der Staatshaushalte ein versorgender Staat, der universelle und generöse Leistungen bereitstellt, nicht mehr finanzierbar sei. Demnach wird in der aktivierenden Arbeitsmarktpolitik Heil in zweierlei Hinsicht gesucht: Senkung der Arbeitslosigkeit und Sozialstaatsabhängigkeit sowie Entlastung des strapazierten Staatshaushaltes bezüglich der Sozialausgaben.

Die wissenschaftliche Diskussion um das Konzept von Aktivierung ist einerseits die Reaktion auf die Veränderungen in der Politik vieler Länder, aber auch andererseits Vorläufer derselben. Anfänglich als Handlungs- beziehungsweise Politikempfehlung an die Regierungen einzelner Länder konzipiert (für die USA Gilbert/Gilbert 1989; für Großbritannien Giddens 1998), umfasst die wissenschaftliche Literatur heute konzeptionelle und theoretische Auseinandersetzungen. Hinzu kommen empirische Untersuchungen zur Umsetzung dieses Konzeptes in einzelnen Ländern, auch in vergleichender Perspektive. Dabei fokussiert die Forschungsliteratur hierzu ebenfalls mehrheitlich auf die Arbeitsmarktpolitik, da sie als zentral für das Konzept der Aktivierung angesehen wird (zum Beispiel Dahme/Wohlfahrt 2003b; Dingeldey 2004; Trube/Wohlfahrt 2001). Sie ist jedoch zumeist in den Diskurs um ein Gesamtkonzept des aktivierenden Staates eingebettet.

## Das Konzept des aktivierenden Staates

Das Konzept des aktivierenden Staates ist keinesfalls ein völlig neuer theoretischer Ansatz. Vielmehr setzt es sich aus unterschiedlichen Elementen bereits existierender Theorien und Konzepte zusammen. In das Konzept

1 Die hier genannten Beispielländer für eine aktivierende Arbeitsmarktpolitik stellen nur eine kleine Auswahl dar. Mittlerweile haben nahezu alle Länder der Europäischen Union (und die Nicht-Mitglieder wie Schweiz und Norwegen) sowie auch Australien und Neuseeland eine mehr oder weniger aktivierende Arbeitsmarktpolitik vorzuweisen.

des aktivierenden Staates fließen Aspekte des Etatismus, des Liberalismus, des Kommunitarismus und des Subsidiaritätsprinzips ein.[2] Damit beschreibt das Konzept des aktivierenden Staates eine neue Form der Verantwortungsteilung zwischen Staat, kollektiven Akteuren und Individuen. Dieses neue Verständnis grenzt sich gleichzeitig von den hier genannten Theorien ab: Es beinhaltet keine Vorstellung von einem Minimalstaat (Liberalismus, Kommunitarismus), aber auch keine Idee von einem allzuständigen Staat (Etatismus), es handelt sich nicht um einen moralischen Appell an die gesellschaftliche Solidarität (Kommunitarismus) und auch nicht um die Zurückdrängung staatlicher Maßnahmen durch dezentrale Einheiten (Subsidiaritätsprinzip). Die Verantwortungsteilung im Rahmen des Konzeptes des aktivierenden Staates ist im Sinne einer geteilten Verantwortung zu verstehen. »So wird […] weniger nach der Verantwortung *des* Sozialstaates, sondern nach der Verantwortung *für den* Sozialstaat gefragt, die gemeinsam von Staat, Verbänden und Bürgern zu tragen ist […].« (Lamping u.a. 2002: 29, Hervorhebung im Original; ähnlich argumentiert auch Ban demer 2001)

Mit dem Begriff der Verantwortungsteilung wird in der Literatur zumeist von drei Verantwortungsbereichen gesprochen (zum Beispiel Jann 1994; Lamping u.a. 2002)[3]:

1) Gewährleistungs- beziehungsweise Regulierungsverantwortung
2) Finanzierungsverantwortung und
3) Durchführungs- beziehungsweise Leistungserbringungsverantwortung

Im Hinblick auf die Finanzierungs- und Durchführungsverantwortung gibt der Staat im Rahmen des Konzepts von Aktivierung einen großen Teil der Aufgaben an nichtstaatliche – seien es privat-kommerzielle oder gemeinwohlorientierte – Akteure ab. Ihm obliegt es in diesen Verantwortungsbereichen lediglich, diejenigen Aufgaben zu übernehmen, die durch nicht-

2 Wolfram Lamping u.a. (2002) bieten hier einen detaillierten Überblick über die verschiedenen Ansätze und deren Einfluss auf das Konzept des aktivierenden Staates. Dabei werden folgende Elemente als zentral genannt: die aktive Rolle des Staates (Etatismus), die gewachsene Bedeutung der gesellschaftlichen Akteure bei der Wohlfahrtsproduktion (Liberalismus, Kommunitarismus, Subsidiaritätsprinzip) und die Rolle des Individuums als eigenverantwortlicher Akteur und Unternehmer seiner eigenen Arbeitskraft (Liberalismus).

3 Gelegentlich wird auch nur die Gewährleistungsverantwortung und die Durchführungsverantwortung angeführt, die Finanzierungsverantwortung dabei außen vor gelassen (z.B. bei Bandemer/Hilbert 1998; Olk 2000; Schwengel 1999).

staatliche Akteure nicht erbracht werden (können). Gleichsam übernimmt der Staat die Gewährleistungsverantwortung, indem er zum einen die Initiative für nichtstaatliches Handeln ergreift (Bandemer/Hilbert 1998: 29) und dieses explizit fördert und einfordert.[4]

»Das Element des ›Förderns‹ ergibt sich aus der Einsicht, dass gesellschaftliche Akteure […] nicht einfach schon deshalb Aufgaben übernehmen und Probleme lösen können, weil dies von ihnen erwartet wird. Vielmehr müssen hierfür förderliche Rahmenbedingungen geschaffen und Hemmnisse abgebaut werden. Das Element des ›Forderns‹ bezeichnet in diesem Zusammenhang den Sachverhalt, dass die Schaffung von Rahmenbedingungen und die Bereitstellung ›ermöglichender‹ Strukturen keineswegs darauf hinauslaufen dürfen, den gesellschaftlichen Akteuren die Verantwortlichkeit für die Problemlösungen aus der Hand zu nehmen. Vielmehr sollen die staatlichen Interventionen und Programme derart ausgestaltet werden, dass die Handlungsfähigkeit gesellschaftlicher Akteure verbessert [wird].« (Olk 2000: 113)

Zum anderen soll er sicherstellen, »daß gesellschaftlich notwendige Aufgaben erledigt werden und daß dabei Chancengleichheit erhalten oder geschaffen wird.« (Bandemer u.a. 1995: 59)

Damit steht hinter der Idee von einem aktivierenden Staat ein wohlfahrtspluralistisches Konzept (Dahme/Wohlfahrt 2003a; Esch u.a. 2000), indem zusätzlich zum Staat auch andere Akteure an der Produktion von Wohlfahrt beteiligt sind (zum Begriff des Wohlfahrtspluralismus vgl. Evers/Olk 1996). Gleichsam geht das Konzept des aktivierenden Staates darüber hinaus, denn dem Staat kommen im Rahmen der Gewährleistungsverantwortung neue regulierende und steuernde Aufgaben zu. Damit zeigt es eine deutliche Nähe zum staatstheoretischen Verständnis von einem Steuerungsstaat (zum Beispiel Kaufmann 1994) beziehungsweise regulierenden Staat (u.a. Majone 1997) und wird darüber hinaus in die *Governance*-Theorie eingebettet (Bandemer 2001; Dingeldey 2003b). Diese Annäherung an das Konzept des aktivierenden Staates zielt jedoch primär auf das veränderte Verhältnis zwischen Staat und kollektiven Akteuren. Hier wird deutlich gemacht, dass sich staatliches Handeln grundlegend

4 Hier wird noch einmal der zentrale Unterschied zwischen dem Konzept des aktivierenden Staates und dem Subsidiaritätsprinzip deutlich. Das Subsidiaritätsprinzip beinhaltet eine negative Staatszielbestimmung: »Der Staat soll explizit nicht eingreifen, wo Leistungen von der freien Wohlfahrtspflege erbracht werden. Er darf aus Sicht der Kommunen nur dort aktiv werden, wo ihm dieses Recht explizit eingeräumt wird.« (Bandemer/Hilbert 1998: 28) Beim aktivierenden Staat handelt es sich dagegen um eine staatliche Forderung nach Mitverantwortung kollektiver Akteure (Evers/Leggewie 1999: 337).

verändert: Der Staat muss nicht mehr alle Leistungen selbst erbringen und vormals staatliche Aufgaben werden durch kollektive Akteure übernommen. Stephan Lessenich (2003) spricht hier von einer Reorganisation der öffentlichen Verwaltung, in deren Rahmen dessen Steuerungselemente wie *New Public Management* und *Public Private Partnerships* eingesetzt werden (ebd.: 214). Demgegenüber – gleichsam auch damit verwoben – stellt er die Reorientierung der Politik, die sich auf das veränderte Verhältnis zwischen Individuum und Gesellschaft bezieht (ebd.: 215). Während Ersteres der Frage nach der Form der politischen Steuerung nachgeht und somit klassischerweise Thema der Politikwissenschaften ist, handelt es sich bei Letzterem um eine Frage der sozialen Ordnung und erfährt daher vor allem von SoziologInnen große Aufmerksamkeit.

Im Rahmen des Konzepts des aktivierenden Staates wird das Individuum als aktiver Bürger gesehen (Olk 2000; Dingeldey 2003a) und nicht (mehr) in der Rolle des Anspruchsberechtigten und Leistungsempfängers (Lamping u.a. 2002).[5] Es übernimmt Verantwortung für sich selbst, aber auch für die Gesellschaft und den Sozialstaat, womit also ein neuer Gesellschaftsvertrag beschrieben wird, der die Solidarität der Gemeinschaft nicht mehr unkonditionalisiert gewährleistet. Vielmehr findet eine neue Austarierung der Rechte und Pflichten statt, wobei Rechte mit Pflichten verknüpft werden (u.a. Evers/Leggewie 1999: 337).[6] Entsprechend soll nun keine »stellvertretende Inklusion« (Trube/Wohlfahrt 2001: 28) des Individuums in die Gesellschaft über das Recht auf Einkommen erfolgen, sondern eine direkte Integration über die verpflichtende Teilnahme am Erwerbsleben.

5 Das Verständnis vom aktiven Bürger liegt auch dem kommunitaristischen Prinzip zu Grunde. Jedoch unterscheidet sich das Konzept des aktivierenden Staates in einem wesentlichen Punkt vom Kommunitarismus. »Ausgangspunkt für die Kommunitarier ist die ›community‹, die sich durch eine Übereinstimmung von Zielen und Wertvorstellungen und deren Verbindlichkeiten für ihre Angehörigen auszeichnet. [Beim aktivierenden Staat dagegen] wird keineswegs vorrangig auf gemeinsame Werte, sondern vielmehr in den Aushandlungsprozessen zwischen den individuellen Interessen der Akteure eine Basis für neue Aktivitäten gesehen.« (Esch u.a. 2000: 526)

6 Diese Entwicklung wird in der Literatur unterschiedlich bewertet. Einerseits beschreibt Stephan Lessenich (2003) einen »Prozess *individualisierender Vergesellschaftlichung*, im Zuge dessen Werte wie Selbstbestimmung und Eigenverantwortung einseitig in den Dienst gesellschaftlicher Ansprüche an das Indivdiuum genommen werden, deren Nichterfüllung wiederum sozial geächtet wird.« (ebd.: 218, Hervorhebung im Original) Andererseits sprechen Heinz-Jürgen Dahme und Norbert Wohlfahrt (2003b) von einer »individualisierenden Philosophie«, die »[n]icht mehr die gesellschaftlichen Verhältnisse und Strukturen, sondern nur noch das Verhalten des Einzelnen […] als Ursache für soziale Ungleichheit [ansieht] […]« (ebd.: 10).

Damit wird im Konzept des aktivierenden Staates Erwerbsarbeit zum zentralen Faktor für die Erreichung gesellschaftlicher Teilhabe (u.a. Schulze-Böing 1999: 357). Das bedeutet, dass die *Teilnahme* (am Erwerbsleben) im Konzept des aktivierenden Staates eine Vorbedingung zur *Teilhabe* (an der Gesellschaft) darstellt (Dahme/Wohlfahrt 2003b: 11). Damit wird das Konzept des aktivierenden Staates zum einen in den Kontext des Diskurses um *social citizenship* gesetzt.

Das Konzept von *social citizenship* geht zurück auf Thomas H. Marshall (1964a; 1964b), der neben den bürgerlichen und politischen Rechten die sozialen Rechte als ein wesentliches Element zur Erreichung von »full and equal membership of society« darstellt. Gleichwohl definierte er auch die Pflichten als wesentlichen Bestandteil des *citizenship*:

> »Von überwältigender Bedeutung ist die Pflicht zu arbeiten, aber die Wirkung der Arbeit eines einzelnen Menschen auf die Wohlfahrt der ganzen Gesellschaft ist so unendlich klein, daß es ihm sehr schwerfällt zu glauben, daß er durch die Verweigerung oder Verringerung viel Schaden anrichten könnte.« (Marshall 1992: 89)

In den letzten 30 Jahren wurde *social citizenship* ausschließlich über die (bedingungslosen) sozialen Rechte definiert. Mit der Verknüpfung der sozialen Rechte mit den (arbeitsorientierten) Pflichten im Konzept des aktivierenden Staates wird nun diskutiert, ob »[…] labour market inclusion is tantamount to full citizenship.« (Goul Andersen/Halvorsen 2002: 3)[7]

Zum anderen, gleichsam aber auch damit verbunden, wird das Konzept des aktivierenden Staates in der Gerechtigkeitsdiskussion verortet. Im Zuge des Wandels von einem versorgenden Staat zu einem aktivierenden Staat wird ein Wandel von dem Prinzip Verteilungsgerechtigkeit – im Sinne einer Umverteilung der Kosten einerseits und der (Wohlfahrts-)Güter an-

---

7 Auf der einen Seite stehen die Kritiker dieser Interpretation, da soziale Rechte nicht mehr als grundlegend angesehen werden und somit die soziale Inklusion des Individuums in die Gesellschaft gefährdet wird. »Rather than seeing social rights as a means to alleviate the social consequences of labour market problems and as a way to keep people integrated in society […], the new conception [of activation – Anm. ML] sees social rights as a necessary evil and emphasises employment and self-reliance as the only path to maintaining full citizenship.« (Goul Andersen/Halvorsen 2002: 12) Auf der anderen Seite wird das Konzept der Aktivierung im Hinblick auf die Teilhabe durch Erwerbsarbeit als Stärkung von *citizenship* angesehen. Entweder weil Aktivierung »[…] is seen as a decisive means to increase or rather restore citizenship, as people not attached to the labour market are viewed as ›excluded‹ from social life.« (Barbier/Ludwig-Mayerhofer 2004: 431) Oder aber weil Aktivierung als Recht auf Partizipation interpretiert wird (Janoski 1998).

dererseits – zum Prinzip der Chancengerechtigkeit beobachtet (Urban 2004). Im Hinblick auf diese Vorstellung von Gerechtigkeit wird das Prinzip der Gleichheit von einer Angleichung der Lebensverhältnisse (output) zu einer Chancengleichheit (input) umgedeutet. Dies bedeutet, dass nun nicht mehr die möglichst gleichen Einkommensverhältnisse im Vordergrund stehen, sondern vielmehr die gleichen Teilhabemöglichkeiten (Dingeldey 2004: 33f), die sich primär über die Erwerbsarbeit definieren.[8]

Deutlich wird, dass sich staatliches Handeln verstärkt auf die Arbeitsmarktpolitik konzentriert und sich innerhalb dieser grundlegend[9] verändert. Dabei greifen die meisten AutorInnen auf eine Dichotomisierung zurück: Aktivierende Politik ist verhaltens- und nicht verhältnisorientiert (Dahme/Wohlfahrt 2003a: 91), ist Trampolin statt Hängematte (Evers 2000: 18; Cox 1998), ist nicht mehr passiv sondern aktiv (Schulze-Böing 2002: 160), ist weniger Rechte und mehr Pflichten (Urban 2004: 467). In diesem Zusammenhang ordnen sich die sozialpolitischen Instrumente arbeitsmarktpolitischen Kriterien unter – es erfolgt eine »schrittweise Indienstnahme der Sozialpolitik zu arbeitsmarktpolitischen Zwecken« (Wohlfahrt 2003b: 10). Staatliches Handeln gestaltet sich demnach einerseits befähigend, indem die Möglichkeit zur Arbeitsmarktteilnahme zum Beispiel durch Qualifizierungsmaßnahmen geschaffen wird. Andererseits ist staatliches Handeln punitiv, da die Bereitschaft zur Arbeitsaufnahme erzwungen wird (Bandelmer 2001: 608). Vorrangige Instrumente des aktivierenden Staates sind folglich aktive Maßnahmen auf der einen Seite und Kontroll- und Sanktionsinstrumente auf der anderen Seite.

## Fragestellung und Gliederung

Der hier in aller gebotener Kürze dargestellte Forschungsstand zum Konzept des aktivierenden Staates zeigt zwei mögliche Zugänge zur Thematik:

8 An dieser Stelle kann der Komplexität der Begriffe Gerechtigkeit und Gleichheit sowie deren Zusammenspiel nicht hinreichend Rechnung getragen werden. Zu einer weiterführenden Auseinandersetzung mit den unterschiedlichen Ansätzen siehe neben John Rawls (1975) zum Beispiel auch Wilfried Hinsch (2002).

9 Einige AutorInnen meinen, dass dieser grundlegende Wandel nicht existiert, da sie aktivierende Arbeitsmarktpolitik in die Tradition der aktiven Arbeitsmarktpolitik stellen. Somit postulieren sie, dass es diesen Politikstil schon immer gegeben hat (z.B. Ludwig-Mayerhofer/Wroblewski 2004).

Auf der einen Seite steht eine *analytische Auseinandersetzung* mit dem Wandel von staatlichem Handeln im Verhältnis zum Agieren kollektiver Akteure. Hier wird ein Analyseraster der Aufgabenteilung in den drei Verantwortungsbereichen Gewährleistung, Finanzierung und Durchführung angewendet. Auf der anderen Seite wird eine *normative Diskussion* um die veränderte Rolle des Individuums sowie dessen Position in der Gesellschaft geführt. Diese offenbart eine herausragende Bedeutung der Arbeitsmarktpolitik aufgrund der gewachsenen Bedeutung der Erwerbsarbeit als Mittel sozialer Inklusion.

Bei der Betrachtung des Forschungsstandes wird an dieser Stelle eine zentrale Forschungslücke offenbar: Zum einen bietet ein auf die drei Verantwortungsbereiche rekurrierendes Analyseraster keine Möglichkeit, das staatliche Handeln im Bezug auf das Individuum zu untersuchen. Zum anderen wird staatliches Handeln im Hinblick auf die veränderte Rolle des Individuums nicht analytisch thematisiert. Aus der Zusammensetzung der zentralen Aspekte der beiden Ansätze zum Konzept der Aktivierung ergibt sich daher folgende Frage: Wie verändert sich staatliches Handeln in Bezug auf das Individuum in der aktivierenden Arbeitsmarktpolitik?

Dieser Frage soll anhand einer Fallstudie zur Arbeitsmarktpolitik in Dänemark nachgegangen werden. Zum einen verfolgt Dänemark bereits seit Beginn der neunziger Jahre eine Aktivierungspolitik. Dementsprechend lässt sich hier das staatliche Handeln und dessen Wandel gut untersuchen.[10] Zum anderen gilt Dänemark als *model of good practice* hinsichtlich seiner Aktivierungspolitik – einerseits weil es unserem nordischen Nachbarn gelang, die Arbeitslosenquote erheblich zu senken, und andererseits, weil die Ausgestaltung der Aktivierungspolitik insbesondere auch aus deutscher Sicht aufgrund seiner »sanften« Aktivierung statt purem *workfare* attraktiv erscheint. Gerade deshalb ist zwar Dänemark in dieser Hinsicht ein bereits viel beforschtes Land. Doch trotz der Vielzahl an Forschungsarbeiten zur dänischen Aktivierungspolitik sind einige Aspekte bis dato nicht oder nur am Rande behandelt worden. So bleibt die Arbeitsmarktpolitik vor 1994 im Wesentlichen unbeleuchtet. Aber auch die Zeit nach der Jahrtausendwende findet heute wenig Beachtung. Daher soll hier die Arbeitsmarktpolitik Dänemarks im Hinblick auf das Individuum im Zeitraum

---

10 Deutschland wäre zum Beispiel zu diesem Zeitpunkt für eine Untersuchung staatlichen Handelns nicht geeignet, da die zentrale Reform hin zu einer aktivierenden Arbeitsmarktpolitik (die Hartz-Gesetze) mitunter erst 2005 in Kraft getreten sind. Es ließen sich nicht hinreichende Aussagen über den Wandel des staatlichen Handelns treffen.

von 1990 bis 2005 untersucht werden. Um das staatliche Handeln in dieser Fallstudie noch etwas pointierter herausarbeiten zu können, wird die aktivierende Arbeitsmarktpolitik unter besonderer Berücksichtigung der Geringqualifizierten analysiert. Dies bietet die Möglichkeit, einen potentiellen *creaming*-Effekt zu berücksichtigen[11], da die Geringqualifizierten – nicht nur in Dänemark – eine große und stark von Arbeitslosigkeit betroffene Problemgruppe auf dem Arbeitsmarkt darstellen.

Diese hier angeführten Punkte zur empirischen Untersuchung sowie die Darstellung des Forschungsstandes zum Konzept des aktivierenden Staates zeigen auf, dass die zentrale, übergeordnete Fragestellung in mehrere Fragen unterteilt werden muss, die es in den einzelnen Kapiteln zu beantworten gilt.

Im ersten Teil wird erstens noch genauer der Frage nachgegangen, was aktivierende Arbeitsmarktpolitik ist. Da hier die Frage nach der Veränderung von staatlichem Handeln leitend ist, muss die Definition von aktivierender Arbeitsmarktpolitik anhand einer Unterscheidung zur vorherigen – im weiteren Verlauf klassisch genannten – Arbeitsmarktpolitik erfolgen. Zweitens stellt sich in diesem Kapitel die Frage nach den unterschiedlichen Formen von aktivierender Arbeitsmarktpolitik. Da die klassische Arbeitsmarktpolitik nicht als einheitliches, für alle Länder gleichermaßen geltendes Modell existiert, sondern vielmehr nach verschiedenen Beschäftigungsregimen unterschieden wird, ist davon auszugehen, dass sich auch die aktivierende Arbeitsmarktpolitik hinsichtlich verschiedener Formen unterscheidet. Drittens wird in diesem Kapitel die Frage beantwortet, wie Geringqualifizierte in der Arbeitsmarktpolitik adressiert werden (können) und wie dies mit den zuvor entwickelten Typen von Arbeitsmarktpolitik verknüpft ist. Alle drei Fragen sollen an dieser Stelle mit Hilfe der bereits existierenden wissenschaftlichen Diskussion zu den einzelnen Bereichen beantwortet werden. Aufgrund der Unübersichtlichkeit der Forschungsliteratur zum Thema aktivierende Arbeitsmarktpolitik wird eine Strukturierung vorgenommen, um so die zentralen Aspekte herauszuarbeiten.

Im zweiten Teil ist die Frage relevant, wie sich staatliches Handeln in der Arbeitsmarktpolitik in Bezug auf das Individuum systematisch erfassen lässt. Hierfür soll zum einen ein analytisches Modell entwickelt werden,

---

11 *Creaming*-Effekt bedeutet, dass Personen mit geringen Problemen hinsichtlich der Arbeitsaufnahme entweder am ehesten aktiviert werden, um so die Erfolgsquote hoch halten zu können, oder aber durch andere Einflussvariablen (zum Beispiel Wirtschaftswachstum) ohne staatliche Aktivierung in den Arbeitsmarkt zurückkommen.

welches die Untersuchung des staatlichen Handelns ermöglicht. Zum anderen werden die Möglichkeiten vom Wandel staatlichen Handelns im Rahmen des entwickelten Modells dargestellt. Aus der Beantwortung dieser ersten Frage ergibt sich des Weiteren die Frage nach der idealtypischen Gestaltung staatlichen Handelns in der aktivierenden Arbeitsmarktpolitik im Unterschied zur klassischen Arbeitsmarktpolitik. Hierfür wird das analytische Modell auf die im ersten Teil herausgearbeiteten Aspekte der jeweiligen Arbeitsmarktpolitiktypen angewendet. Zusätzlich wird gefragt, wie sich das staatliche Handeln in der Arbeitsmarktpolitik in den unterschiedlichen Formen von Aktivierung gestaltet und wie dies in Beziehung zur Arbeitsmarktpolitik für die Geringqualifizierten gesetzt werden kann. Abschließend werden Hypothesen hinsichtlich des staatlichen Handelns in der dänischen Arbeitsmarktpolitik formuliert. Das in diesem Kapitel entwickelte Analyseraster findet dann im Rahmen der Fallstudie seine Anwendung.

Bevor die Fallstudie begonnen werden kann, sollen im dritten Teil zuerst die methodischen Grundlagen und Herausforderungen dargestellt und erläutert werden. Dabei erfolgt zunächst die Vorstellung des Untersuchungsdesigns. Dieses beinhaltet die Begründung und Herangehensweise für die Sekundäranalyse, die Gestaltung der Analyse des staatlichen Handelns in der Arbeitsmarktpolitik sowie die Ausformung der Analyse des staatlichen Handelns in Bezug auf Geringqualifizierte. Im Anschluss daran werden die verwendeten Quellen angegeben sowie deren Validität bewertet. Auf dieser Grundlage werden am Ende dieses Kapitels die potentiellen Probleme für die Fallstudie aus methodischer Sicht erläutert.

Im vierten Teil erfolgt dann die Erarbeitung der Fallstudie zur Arbeitsmarktpolitik in Dänemark 1990–2005. Im Rahmen dieses Kapitels wird einerseits das im zweiten Teil entwickelte Analyseraster angewendet und andererseits werden die Thesen, die im dritten Teil formuliert wurden, einer Überprüfung unterzogen. Dabei wird erstens ein Überblick über die Arbeitsmarktentwicklung in Dänemark mit dem Schwerpunkt auf die Problemgruppe der Geringqualifizierten gegeben. Es folgt eine Sekundäranalyse, deren primäres Ziel es ist, die Handlungsoptionen des Staates, die sich aus dem institutionellen Setting der dänischen Arbeitsmarktpolitik ergeben, für den für die Fallstudie definierten Zeitraum herauszuarbeiten, um so verdeutlichen zu können, wo staatliches Handeln in der dänischen Arbeitsmarktpolitik stattfindet. Darauf folgt die zentrale Untersuchung des staatlichen Handelns in der Arbeitsmarktpolitik, die anhand des im dritten Teil entwickelten Untersuchungsdesigns durchgeführt wird. Es wird gezeigt, dass aktivierende und deaktivierende Politik heute in Dänemark Hand in Hand gehen und weite Teile der *enabling*-Politik durch *workfare*-Elemente ersetzt wurden.

In der Konklusion werden die konzeptionellen sowie empirischen Ergebnisse im Hinblick auf die hier in der Einleitung formulierte Fragestellung betrachtet und mit den im zweiten Teil entwickelten Hypothesen in Zusammenhang gestellt. Zusätzlich wird eine Einbettung dieser Ergebnisse in die zu diesem Thema existierende Forschungslandschaft erfolgen und ein Ausblick auf mögliche und nötige weitere Forschung hinsichtlich des staatlichen Handelns, der Aktivierung, der dänischen Arbeitsmarktpolitik und der Geringqualifizierten gegeben.

# I. Aktivierende Arbeitsmarktpolitik und Geringqualifizierte: Literaturüberblick

## 1. Von der klassischen zur aktivierenden Arbeitsmarktpolitik

In den letzten Jahren wurden viele wissenschaftliche Arbeiten zum Thema »aktivierende Arbeitsmarktpolitik« – insbesondere auch zu Dänemark – veröffentlicht, die sich sowohl kritisch (u.a. Christensen 2001; Dahme/ Wohlfahrt 2003; Lessenich 2003) als auch positiv (zum Beispiel Evers/ Leggewie 1999) mit dieser neuen Politikform auseinandersetzen. Dabei konzentrieren sich die unterschiedlichen Arbeiten im Wesentlichen auf zwei Bereiche: Zum einen gibt es AutorInnen, die sich mit dem Konzept des aktivierenden Staates beschäftigen. Sie fokussieren vor allem auf die Verwaltungsmodernisierung beziehungsweise konkret auf die Staatsaufgaben (zum Beispiel Gilbert/ Gilbert 1989; Giddens 1998). Hier steht primär das Verhältnis zwischen Staat und kollektiven beziehungsweise korporativen Akteuren im Vordergrund (bspw. Bandemer et al. 1995; Bandemer/Hilbert 1998; Blanke/Bandemer 1999).

Zum anderen beschäftigen sich einige ForscherInnen konkret mit dem Thema der aktivierenden Arbeitsmarktpolitik, wobei es sich zumeist um empirische Arbeiten handelt. So beschreibt zum Beispiel Dan Finn (2002) die britische Politik »From Welfare to Work« und Lutz Leisering und Bernhard Hilkert (1999) die Politik des Dritten Weges in Großbritannien. Auch andere Länder wie Holland (bspw. Cox 1998), Norwegen (u.a. Lorentzen/ Dahl 2005) und Deutschland (zum Beispiel Ludwig-Mayerhofer 2005) werden hinsichtlich ihrer aktivierenden Arbeitsmarktpolitik betrachtet. Das sicherlich am meisten analysierte Land ist Dänemark (u.a. Braun 2000; Bredgaard 2001; Dingeldey 2005; Etherington 1998; Goul Andersen 2002; Kvist 2001; Larsen/Stamhus 2000; Rosdahl/Weise 2001), welches häufig als *model of good practice* in Bezug auf die aktivierende Arbeitsmarktpolitik angeführt wird.

Einige wenige Autoren setzen sich konzeptionell mit dem Thema auseinander, wobei viele Konzepte beziehungsweise Formen oder Strategien von Aktivierung aus der Empirie entwickelt wurden. Als Grundlage für die aktivierende Arbeitsmarktpolitik gilt zum Beispiel das von Bob Jessop (1993; 1994) entworfene Modell des *Schumpeterian Workfare Regimes*, welches er dem *Keynesian Welfare State* gegenüberstellt. Jacob Torfing (1999a; 1999b; 2000) expliziert diesen Ansatz für die Arbeitsmarktpolitik und wendet ihn konkret auf Dänemark an. Auch Günther Schmid (1996) entwarf schon frühzeitig ein Modell für die aktivierende Arbeitsmarktpolitik, die er in den konzeptionellen Wandel vom fürsorgenden zum kooperativen Sozialstaat einbindet und gleichzeitig am Beispiel Deutschland verdeutlicht. Darüber hinaus gibt es mittlerweile einige Arbeiten, die zum Teil in Anlehnung an die Wohlfahrtsstaatstypologie von Esping-Andersen von verschiedenen Typen von aktivierender Arbeitsmarktpolitik sprechen. So definieren zum Beispiel Jean-Claude Barbier und Wolfgang Ludwig-Mayerhofer (2004) zwei Idealtypen von Aktivierung: den liberalen und den universalistischen Typ[12], um so länderspezifische Entwicklungen kategorisieren zu können. Andere Autoren dagegen sprechen von zwei unterschiedlichen Strategien von Aktivierung. So bezeichnet Hartley Dean (2003) diese als *work first-* und *human capital*-Modelle, Irene Dingeldey (2003) bezieht sich auf die Konzepte von *workfare* und *enabling* (ähnlich auch Jensen 1999) und Thomas Bredgaard et al. (2002; 2003) sprechen von Strategien der sozialen Disziplinierung und der sozialen Integration.

Auf Letzteres wird im zweiten Teil dieses Kapitels eingegangen. Zunächst soll geklärt werden, was aktivierende Arbeitsmarktpolitik beinhaltet, denn die Forschungsliteratur ist diesbezüglich nicht immer eindeutig. Im dritten Teil dieses Kapitels wird unter Berücksichtigung der ersten beiden Teile die wissenschaftliche Diskussion zur aktivierenden Arbeitsmarktpolitik in Dänemark nachgezeichnet, um so identifizieren zu können, ab wann in Dänemark von einer Aktivierungspolitik gesprochen werden kann und wie diese sich gestaltet.

12 Einen dritten Typ können die Autoren dabei (leider) nicht ausmachen. »[…] it is not possible to contend that a third, coherent, ›continental‹ ideal-type has clearly emerged in activation policies.« (Barbier/Ludwig-Mayerhofer 2004: 428) Vielmehr handelt es sich bei den betroffenen Ländern um Mischformen der oben genannten zwei Idealtypen.

## 1.1 Unterschiede zwischen klassischer und aktivierender Arbeitsmarktpolitik

Als problematisch erweist sich bei der Auseinandersetzung mit der Forschungsliteratur, dass nicht klar bestimmt wird, was Aktivierung allgemein und aktivierende Arbeitsmarktpolitik im Besonderen bedeutet. Dies hängt damit zusammen, dass nicht deutlich zwischen passiver, aktiver und aktivierender Politik unterschieden wird. Sowohl die klassische als auch die aktivierende Arbeitsmarktpolitik umfassen passive und aktive Elemente, wobei der Schwerpunkt der klassischen Arbeitsmarktpolitik *eher* auf passiven Maßnahmen liegt, in der aktivierenden *eher* auf aktiven Maßnahmen. Insbesondere muss der Unterschied zwischen aktiv und aktivierend hervorgehoben werden. Bei dem Begriff »aktiv« handelt es sich um einzelne Maßnahmen wie Qualifizierung, subventionierte Beschäftigung etc., während »aktivierend« ein umfassenderes Prinzip beschreibt, welches eine Verknüpfung passiver und aktiver Rechte mit Pflichten beinhaltet.

Es können drei zentrale Elemente zur Bestimmung von aktivierender Arbeitsmarktpolitik im Unterschied zur klassischen Arbeitsmarktpolitik aus der Forschungsliteratur herausgearbeitet werden: die Ziele, das Problemverständnis und die Problemlösungen. Im Folgenden sollen die vielfältigen Aussagen in der Forschungsliteratur anhand dieser drei Charakteristika systematisiert werden. Dabei beschränken sich weder die klassische noch die aktivierende Arbeitsmarktpolitik nur auf lediglich ein Ziel; im Gegenteil: »Labour market policy has both economic and welfare goals [...]« (Larsen 2004b: 142). Daher müssen die jeweiligen Arbeitsmarktpolitiken auch hinsichtlich der Problemverständnisse und Problemlösungen dahingehend unterschieden werden.

In all diesen Kategorien – also ökonomische und soziale Ziele, Problemverständnisse und Problemlösungen – können klare Unterschiede in der idealtypischen[13] Konzeption von klassischer und aktivierender Arbeitsmarktpolitik ausgemacht werden. Es wird vor allem deutlich, dass eine Verschiebung von einem allgemeingültigen zu einem individualisierten Verständnis von Arbeitslosigkeit stattfindet. Das führt interessanterweise dazu, dass bei der Problemlösung in der aktivierenden Arbeitsmarktpolitik

13 Idealtypisch wird hier im Weberschen Sinne verstanden, also nicht ideal im Sinne von zu erreichender Perfektion, sondern vielmehr als analytisches Konstrukt, welches die wesentlichen Charakteristika eines Phänomens erfasst.

die Strategien für die Lösung der ökonomischen und sozialen Probleme verschmelzen (vgl. Tabelle 1).

| *Charakteristika* | *Klassische Arbeitsmarktpolitik* | *Aktivierende Arbeitsmarktpolitik* |
|---|---|---|
| Ziele | | |
| Ökonomisch | Vollbeschäftigung (Normalarbeitsverhältnis) | Individuelle Beschäftigungsfähigkeit |
| Sozial | Soziale Sicherheit durch Einkommenssicherung | Soziale Inklusion durch Arbeitsmarktteilhabe |
| Problemverständnisse | | |
| Ökonomisch | Arbeitslosigkeit als Massenphänomen bzw. Strukturproblem | Arbeitslosigkeit aufgrund individueller Defizite |
| Sozial | Armut aufgrund von Arbeitslosigkeit | Soziale Exklusion/ Marginalisierung |
| Problemlösungen | | |
| Ökonomisch | Ausgleich von Angebot und Nachfrage (aktive Maßnahmen) | *Verknüpfung von Rechten und Pflichten, Rekommodifizierung* |
| Sozial | Universelle Transferleistungen Dekommodifizierung | |

*Tabelle 1: Ein idealtypisches Modell: Klassische und aktivierende Arbeitsmarktpolitik im Vergleich*

*Wandel der Ziele*

In der klassischen Arbeitsmarktpolitik ist das *ökonomische Ziel* mit höchster Priorität die Vollbeschäftigung. Vollbeschäftigung wird definiert als »im Besonderen die Beschäftigung aller oder nahezu aller Erwerbspersonen einer Volkswirtschaft.« (Schmidt 1995: 1037f) Gemessen wird diese zumeist über die Höhe der Arbeitslosenquote.[14] In Bezug auf dieses Ver-

14 Aufgrund ständig bestehender friktioneller Arbeitslosigkeit kann keine Arbeitslosenquote von null Prozent erreicht werden. Ab wann jedoch von Vollbeschäftigung gesprochen wird, ist länder- und zeitspezifisch. So war in den sechziger und siebziger Jahren in

ständnis von Vollbeschäftigung muss darauf hingewiesen werden, dass diese Definition zumeist als ein volkswirtschaftliches Ziel begriffen wird, welches primär die wirtschaftspolitische Beeinflussung von Konjunkturzyklen beziehungsweise Wachstum beinhaltet. Somit ist Vollbeschäftigung gleichermaßen als wirtschafts- und arbeitsmarktpolitisches Ziel zu verstehen.[15] Vollbeschäftigung bezieht sich jedoch nicht nur auf die Arbeitslosenquote sondern auch auf die Qualität des Arbeitsverhältnisses. Als ideal wird das Normalarbeitsverhältnis, also »das vollzeitige, kontinuierlich und dauerhaft ausgeübte sowie sozial- und arbeitsrechtlich erfasste Beschäftigungsverhältnis« (Bleses/Vobruba 2000: 272) angesehen, welches aufgrund seiner Prägung in den sechziger und siebziger Jahren primär auf männliche Arbeitnehmer ausgerichtet ist (Bonß/Ludwig-Mayerhofer 2000).[16]

Hiervon unterscheidet sich die aktivierende Arbeitsmarktpolitik. Als ökonomisches Ziel wird nicht mehr die Vollbeschäftigung gesehen, sondern die individuelle Beschäftigungsfähigkeit (*employability*). Bei Beschäftigungsfähigkeit handelt es sich weniger um einen theoretischen Begriff.[17] »Verstanden als Fähigkeit des Einzelnen, eine Erwerbstätigkeit […] zu erhalten und zu behalten« handelt es sich bei Beschäftigungsfähigkeit »um die Feststellung von Problemen und Prioritäten in Verbindung mit dem Handeln von Personen und Institutionen, die sich mit dem Zugang zu Arbeit und Beschäftigung befassen.« (Gazier 2001: 21f) Es geht also bei dem Begriff der Beschäftigungsfähigkeit um die individuelle Fähigkeit, »to gain

den USA auch bei einer Arbeitslosenquote von vier bis fünf Prozent von Vollbeschäftigung die Rede, während in Deutschland dies nur bei einer Arbeitslosigkeit von 0,7–1,2 Prozent zutraf (Holl/Röhm 1977). Heute dagegen gilt in Deutschland das Ziel Vollbeschäftigung bei einer Arbeitslosenquote von drei bis vier Prozent als erreicht (Florian Gerster im Interview mit Albrecht/Wiebe 2002).

15 So beinhaltete das Arbeitsförderungsgesetz in Deutschland von 1969 noch bis 1996 das Ziel, einen möglichst hohen Beschäftigungsstand zu erreichen. Dort steht in Paragraph 2 Absatz 1 geschrieben: »Die Maßnahmen nach diesem Gesetz haben insbesondere dazu beizutragen, daß weder Arbeitslosigkeit und unterwertige Beschäftigung noch ein Mangel an Arbeitskräften eintreten und fortdauern.« (Arbeitsförderungsgesetz 1996)

16 Betont werden muss, dass es sich beim Normalarbeitsverhältnis um einen Idealtypus handelt, der »der historischen Realität nur teilweise und mit wechselnder Intensität entsprach« (Schmid 2005: 178), während das aus heutiger Sicht idealtypische Ziel der Vollbeschäftigung – gemessen an der Arbeitslosenquote – tatsächlich einmal erreicht wurde.

17 Eigentlich ist der Begriff der Beschäftigungsfähigkeit selbst nicht neu, »neu ist jedoch die Bedeutung, die dieser jetzt beigemessen wird: die Arbeitssuchenden auf die Veränderungen vorzubereiten, die sich zur Zeit in der Wirtschaft und in der Arbeitswelt vollziehen.« (Weinert 2001: 13) Zu den historischen Begriffen von Beschäftigungsfähigkeit siehe Bernard Gazier (2001).

initial employment«, »to maintain employment« und »to obtain new employment« (Hillage/Pollard 1998). Zentrale Aspekte hierfür sind sowohl Qualifikationen und Kompetenzen (fachlich und sozial) als auch die Verhaltensweisen des Individuums. Dies bedeutet nicht zwangsläufig, dass das wirtschaftspolitische Ziel Vollbeschäftigung aufgegeben wird. Jedoch wird für die Arbeitsmarktpolitik dieses Ziel nicht mehr definiert. Dies hängt damit zusammen, dass die Arbeitsmarktpolitik als nicht geeignet angesehen wird, für Vollbeschäftigung über die Schaffung von Arbeitsplätzen zu sorgen. Vielmehr ist diese Aufgabe nun gänzlich der Finanz- und Geldpolitik zugeschrieben (Schmid 1996: 630).

Das vorrangige *soziale Ziel* in der klassischen Arbeitsmarktpolitik kann als soziale Sicherheit durch Einkommenssicherung beschrieben werden. Neil Gilbert spricht in diesem Zusammenhang von »income maintenance« (Gilbert 2002). Hier herrscht ein Ideal zu erreichender Wohlfahrt vor, welches soziale Sicherung durch Kompensation von Einkommensverlusten bei Arbeitslosigkeit, Krankheit oder Berufsunfähigkeit impliziert. Anders formuliert: »[D]ie ausschließlich am Markteinkommen orientierte primäre Einkommensverteilung [soll] durch eine staatlich organisierte sekundäre Einkommensverteilung korrigiert werden, um die Verringerung von Wohlstandsunterschieden zu erreichen.« (Dingeldey 2004: 6)

Auch hinsichtlich des sozialen Zieles unterscheidet sich die aktivierende von der klassischen Arbeitsmarktpolitik. Nicht die Sicherung von Einkommen, sondern soziale Inklusion gilt im Rahmen der aktivierenden Arbeitsmarktpolitik als erstrebenswert.[18] Gemeint ist damit zumeist die Inklusion in den Arbeitsmarkt (Gilbert 2002: 67). Dahinter steht die Idee, »that employment is a precondition of being part of society.« (Goul Andersen/Jensen 2000b: 5)[19] Die Erwerbsarbeit wird somit »zu einem zentralen Modus gesellschaftlicher Integration und Teilhabe […].« (Schulze-Böing 1999: 357) Damit steht das soziale Ziel in einem engen Zusammenhang mit dem öko-

---

18 Es muss angemerkt werden, dass die Sicherung von Einkommen durchaus auch Ziel der sozialen Inklusion ist, wobei es sich um eine andere Strategie handelt (vgl. Goul Andersen/Halvorsen 2002: 17). Jedoch wurde dieser Begriff in diesem Zusammenhang vor den neunziger Jahren nicht verwendet.

19 Goul Andersen merkt kritisch an, dass Erwerbsarbeit beziehungsweise Arbeitsmarktteilhabe nicht die einzige Möglichkeit ist, soziale Inklusion zu erreichen – nicht einmal die Wichtigste. »Modern societies are highly differentiated, with a large number of alternative, integrative arenas, such as family, friends and civil society, and a large variety of organisations […]. In principle, it is perfectly possible to be integrated (have full participation) in such arenas without being employed.« (Goul Andersen/Halvorsen 2002: 8)

nomischen Ziel: Während sich Beschäftigungsfähigkeit mit der Fähigkeit zur Arbeitsmarktteilhabe befasst, sieht das soziale Ziel die Arbeitsmarktteilhabe als Mittel zur Erreichung sozialer Inklusion.

*Wandel des Problemverständnisses*

In direktem Zusammenhang mit den ökonomischen und sozialen Zielen steht auch das entsprechende Problemverständnis. In der klassischen Arbeitsmarktpolitik wird, wenn von Arbeitslosigkeit die Rede ist, als *ökonomisches Problem* Arbeitslosigkeit als Massenphänomen beziehungsweise als Strukturproblem definiert.[20] Zunächst wurde Ende der siebziger Jahre Massenarbeitslosigkeit ausschließlich über mangelnde Arbeitsplätze aufgrund eines geringen Wachstums diagnostiziert (zu konjunktureller beziehungsweise wachstumsdefizitärer Arbeitslosigkeit siehe Friedrich/Wiedemeyer 1998: 79ff). In den achtziger Jahren wurde Arbeitslosigkeit stärker als strukturelles Problem wahrgenommen, dessen Ursachen unter anderem im technologischen Wandel, sektoralen Strukturwandel sowie in regionalen und demographischen Faktoren gesehen wurden (zu den Ursachen struktureller Arbeitslosigkeit siehe ebd.: 101ff). In diesem Zusammenhang wurde auch die Sockelarbeitslosigkeit – also jene Arbeitslosigkeit, die selbst nach einer Erholung der Konjunktur bestehen bleibt – als Problem erkannt und beschrieben (vgl. zum Beispiel Grassinger 1993). Diese verfestigte Arbeitslosigkeit (Hysteresis) ist in den meisten europäischen Ländern nach jeder erneuten Rezession gewachsen.[21]

Entsprechend der neuen ökonomischen Zielsetzung werden in der aktivierenden Arbeitsmarktpolitik auch andere Probleme als in der klassischen Arbeitsmarktpolitik definiert. Hinsichtlich des ökonomischen Problemverständnisses wird Arbeitslosigkeit nicht mehr hauptsächlich als Problem des

20 In der Hochzeit des Keynesianischen Wohlfahrtsstaat (sechziger und siebziger Jahre) existierte das Problem der Arbeitslosigkeit in den meisten europäischen Ländern noch nicht, da ja das Ziel der Vollbeschäftigung erreicht wurde. Erst mit der ersten und zweiten Ölkrise, die beide als eine Art Auslöser für die Schwierigkeiten auf dem Arbeitsmarkt gewertet werden (vgl. z.B. Schmid 2005: 32), wurde Arbeitslosigkeit als grundsätzliches Problem wahrgenommen.

21 Es kann vermutet werden, dass damit auch die veränderten Definitionen von Vollbeschäftigung zusammenhängen. Denn je höher die verfestigte Arbeitslosigkeit, desto schwieriger ist es, die Arbeitslosenquoten auf ein niedriges Niveau zu drücken. Es scheint einfacher, die Definitionswerte von 1,2 Prozent auf vier Prozent hoch zusetzen (siehe Fußnote 14).

Arbeitsmarktes begriffen, sondern als individuelles Problem, einen Arbeitsplatz zu finden.[22] Das Problem Arbeitslosigkeit wird somit individualisiert (Gazier 2001: 20). Dem einzelnen Arbeitslosen wird eine anteilige Verantwortung für die Arbeitslosigkeit – besser: für die Beendigung der Arbeitslosigkeit – übertragen. In der politischen Debatte wird dies oft als »Schuld« des Arbeitslosen für seine Situation – im Sinne von *blaming the victim* – verstanden. Auch wird häufig die Behauptung angeführt, dass die Opfer der wirtschaftlichen Entwicklung somit zu Tätern umgedeutet werden.[23] Dies spiegelt aber nicht das eigentliche Verständnis wider. Die Berücksichtigung der individuellen Defizite umfasst zwar auch verhaltensorientierte Elemente; im Hinblick auf die Erreichung von Beschäftigungsfähigkeit stehen gleichermaßen qualifikatorische oder auch umfeldbedingte Unzulänglichkeiten im Vordergrund (Bollérot 2001: 81f). Insbesondere gerät hier auch das Problem der Langzeitarbeitslosigkeit in den Fokus der Politik, in dem Sinne, dass die betroffenen Personen »bereits ihren Kontakt zum Arbeitsmarkt verloren haben.« (Rudolph 2001: 47f)

Als *soziales Problem* wird in der klassischen Arbeitsmarktpolitik die Armut aufgrund von Arbeitslosigkeit oder -unfähigkeit bestimmt.[24] Die Definition von Armut erfolgt in so genannten Wohlstandsgesellschaften zumeist über das Verhältnis des individuellen Einkommens zum Durchschnittseinkommen in dem jeweiligen Land. Daher wird auch von relativer Armut gesprochen.[25] Armut wird somit gleichgesetzt mit »lack of resources

22 Das bedeutet nicht, dass das Problem der Massenarbeitslosigkeit völlig ignoriert wird. Jedoch wird dieses Problemverständnis nun von der Arbeitsmarktpolitik ausgeblendet, da sie sich nicht mehr mit den Bedingungen des Marktes befasst, sondern die Schaffung von Arbeitsplätzen nun der Geld- und Finanzpolitik überlässt.

23 So schreibt zum Beispiel Achim Trube: »Wer glaubt oder glauben machen will, dass strukturelle Arbeitslosigkeit durch die Bekämpfung ›individueller Defizite‹ beziehungsweise der ›Unwilligkeit‹ der Betroffenen angehbar wäre, betreibt bewusst und oder unbewusst ein ›Blame-the-victim-Spiel‹, das die Opfer der Entwicklung zu Tätern umdefiniert […].« (Trube 2003: 200)

24 In der Diskussion über Armut in den neunziger Jahren erhielt zusätzlich eine andere Gruppe Armer erhöhte Aufmerksamkeit: die so genannten *working poor* – also Menschen, die trotz Arbeit in Armut leben. Dieser Aspekt wird zumeist im Zusammenhang mit der Einführung beziehungsweise Stärkung eines Niedriglohnsektors diskutiert. Im Kontext der klassischen Arbeitsmarktpolitik beschränkte sich diese Diskussion jedoch auf einzelne Länder (beispielsweise Großbritannien). Erst in den letzten Jahren vor allem im Hinblick auf die hohe Arbeitslosigkeit der Geringqualifizierten erfährt dieser Aspekt auch in anderen Ländern Europas verstärkt Aufmerksamkeit (zum Beispiel in Deutschland).

25 Zur tiefer gehenden Auseinandersetzung mit dem Begriff der Armut siehe Stephanie Kern (2002).

that leads to an inability to participate in the normal way of the surrounding society.« (Kangas/Ritakallio 1998: 2) Sie beschreibt oftmals den Grad der verringerten Teilhabe an zumeist materiellen Gütern in einer Konsumgesellschaft (Bauman 1998). In den achtziger Jahren stellte die Europäische Kommission in einem Report fest, dass Arbeitslosigkeit die Hauptursache von Armut ist (Sinfield 1992: 104). Dies gilt vor allem für Geringverdiener, die besonders häufig von Arbeitslosigkeit betroffen sind und darüber hinaus aufgrund ihres geringen Erwerbseinkommens soziale Härte im Falle von Arbeitslosigkeit erfahren, da sie keine Vorsorge treffen können. »Consequently, they are particularly vulnerable to poverty – especially if unemployment becomes prolonged.« (ebd.: 104)

Auch das soziale Problemverständnis der aktivierenden Arbeitsmarktpolitik unterscheidet sich von dem der klassischen. Nicht mehr Armut wird als das eigentliche Problem begriffen, sondern vielmehr die soziale Exklusion beziehungsweise die Marginalisierung.[26] Dabei wird Armut als Problem nicht völlig verdrängt, sondern es wird angenommen, dass »the socially excluded are usually poor, but they suffer from more than just a shortage of money; they endure multiple deprivations, the cumulative impact of which leaves them from the mainstream of the society.« (Gilbert 2002: 66f) Es wird davon ausgegangen, dass der Ausschluss vom Arbeitsmarkt, der eine ökonomische Marginalisierung zur Folge hat, ebenfalls zu sozialer Exklusion, ja sogar zu verminderter politischer Partizipation führen kann (zur möglichen Konstruktion der Zusammenhänge siehe Goul Andersen/Jensen 2002b: 3).

### *Wandel der Problemlösungen*

Die *Problemlösung* für die in der klassischen Arbeitsmarktpolitik definierten *ökonomischen* Probleme umfasst in erster Linie den Ausgleich von Angebot und Nachfrage, welches zum einen die Schaffung von Arbeitsplätzen beinhaltet. Dies umfasst unter anderem wirtschaftspolitische Instrumente, die entweder angebots- oder nachfrageorientiert sind und durch die indirekt Arbeitsplätze geschaffen werden können. Aber auch in Form einer aktiven Arbeitsmarktpolitik können Arbeitsplätze auf einem zweiten Arbeitsmarkt

26 Die Begriffe soziale Exklusion und Marginalisierung werden hier synonym verwendet. So bedeutet zwar Exklusion Ausschluss oder Ausgrenzung, und Marginalisierung beschreibt vielmehr den Prozess des an den Rand Drängens, jedoch ist diese Unterscheidung hier nicht relevant.

kreiert werden, indem bestimmte Arbeitsverhältnisse subventioniert oder vollständig öffentlich finanziert werden, deren Aufgaben nicht durch reguläre Beschäftigungsverhältnisse wahrgenommen werden. Hinsichtlich des Problems der strukturellen Arbeitslosigkeit können Maßnahmen der Sicherung gefährdeter Arbeitsplätze ergriffen, aber auch bisher wenig ausgebaute Wirtschaftszweige gefördert werden (Friedrich/Wiedemeyer 1998).[27] Auch die aktive Arbeitsmarktpolitik, im Sinne einer Anpassung der individuellen Fähigkeiten an die Wünsche des Arbeitsmarktes, kann zur Beseitigung der strukturellen Arbeitslosigkeit dienen.

»So sollte die Ende der 60er Jahre in Deutschland etablierte aktive Arbeitsmarktpolitik das Erreichen des Vollbeschäftigungsziels unterstützen, indem sie auf den Ausgleich regionaler und berufsfachlicher Arbeitsmärkte abzielte, das heißt die Beseitigung des Mismatch von Angebot und Nachfrage steuert, zum Beispiel hinsichtlich der Qualifikationen.« (Dingeldey 2004: 6f)

Die für die in der klassischen Arbeitsmarktpolitik definierten *sozialen* Probleme vorgesehene *Problemlösung* ist in erster Linie passiver Natur und umfasst Versorgungs- und Fürsorgeleistungen, die oftmals dekommodifizierenden Charakter haben. Die Vermeidung beziehungsweise Bekämpfung von Armut erfolgt über die ausreichende Verfügbarkeit von Geld. In welcher Höhe dies gezahlt wird, ist unter anderem abhängig von der Armutsdefinition in dem jeweiligen Land sowie dem entsprechenden Sozialmodell (Haataja 1999). Auch ist von Relevanz, wie hoch die soziale Absicherung durch in diesem Falle Arbeitslosengeld sein soll im Verhältnis zum vorherigen Einkommen und zum Wohlstand der Gesellschaft.[28] Damit im Zu-

27 Ein typisches Beispiel für staatliche Subventionen ist die Landwirtschaft, welche sich (zumindest in einigen Bereichen) ohne staatliche Hilfe auf dem Markt nicht behaupten könnte. Ein Beispiel für neue geförderte Wirtschaftszweige ist der Bereich der erneuerbaren Energien, in dem Potential hinsichtlich der Entstehung von Arbeitsplätzen gesehen wird.

28 So wird zum Beispiel in Deutschland das Arbeitslosengeld I auf der Grundlage des vorherigen Einkommens gezahlt. Auch in Dänemark ist das der Fall. Jedoch unterscheiden sich die beiden Länder beträchtlich hinsichtlich der Höhe der Leistung entsprechend des Einkommens. In Deutschland erhält ein Arbeitsloser mit ehemals hohem Einkommen verhältnismäßig hohe Leistungen; Personen mit einem früheren Einkommen von 200 Prozent des *Average Production Wage* (APW) erhalten 49 Prozent ihres Einkommens als Transferleistungen – im Vergleich dazu in Dänemark nur 37 Prozent. In Dänemark dagegen werden vor allem die Geringverdiener unterstützt. Hier erhalten Arbeitslose mit einem früheren Einkommen von 75 Prozent des APW 80 Prozent ihres Einkommens als Transferleistungen – in Deutschland dagegen nur 59 Prozent (Hansen 2000: 33). Deutschland bemisst Transferleistungen also primär über das vorherige Einkommen,

sammenhang steht, dass das Individuum seine Arbeitskraft nicht unter allen Umständen als Ware auf dem Arbeitsmarkt anbieten muss. Gøsta Esping-Andersen (1990) spricht hier von Dekommodifizierung, also der Befreiung der Arbeit von ihrem Warencharakter beziehungsweise der Befreiung des Individuums vom Arbeitszwang. Teil dessen sind auch dekommodifizierende Maßnahmen wie zum Beispiel Frühverrentungsprogramme, die bestimmten Gruppen den Ausstieg aus dem Arbeitsmarkt ermöglichen, ohne bedeutende Einkommensverluste hinnehmen zu müssen. Darüber hinaus dienen diese Instrumente auch dem Ziel der Vollbeschäftigung, indem sie das Arbeitskräftepotential reduzieren, da so Personen aus der Gruppe der (potentiell) Beschäftigten herausgenommen werden und die Arbeitslosenquote gesenkt werden kann (Kolberg/Esping-Andersen 1991: 16).

Da sich die ökonomischen und sozialen Problemverständnisse der aktivierenden Arbeitsmarktpolitik grundlegend von denen der klassischen Arbeitsmarktpolitik unterscheiden, müssen auch andere Problemlösungen ins Auge gefasst werden. Anders als in der klassischen Arbeitsmarktpolitik gibt es nur *eine Problemlösung* für die definierten ökonomischen und sozialen Fragen, welche sich ausschließlich auf das Individuum bezieht. Die Erhöhung von Beschäftigungsfähigkeit, das Erreichen sozialer Inklusion, die Beseitigung individueller Defizite sowie die Verhinderung beziehungsweise Bekämpfung von Marginalisierung soll in erster Linie durch Rekommodifizierung statt Dekommodifizierung erfolgen.[29] Als Hilfsmittel dienen hier vor allem aktive Maßnahmen, »das heißt solche, die sich nicht darauf beschränken, eine Einkommensbeihilfe zu leisten, und die somit sowohl *prä-*

---

während in Dänemark die Leistungen stärker egalitär im Sinne einer Grundsicherung ausgerichtet sind.

29 Dies bedeutet auch, dass die Schaffung von Arbeitsplätzen weiterhin von zentraler Bedeutung ist – jedoch nicht für die Arbeitsmarktpolitik. Diese Aufgabe wird nun, ebenso wie das Ziel der Vollbeschäftigung, der Wirtschaftspolitik überlassen. Die Entstehung von Arbeitsplätzen wird somit zur Voraussetzung der aktivierenden Arbeitsmarktpolitik, denn ohne sie können erstens Arbeitslose nicht in eine Beschäftigung vermittelt oder gezwungen werden. »Bei den Bemühungen um eine Anpassung der Arbeitskräfte an den Arbeitsmarkt wird davon ausgegangen, dass dieser sie aufnehmen kann.« (Gazier 2001: 28) Zweitens kann ein finanzielles Problem für den Staat entstehen, wenn die Arbeitslosenquote zu hoch ist. »The level of expenditure per unemployed person that was supportable when unemployment was 3 percent is no longer supportable when total unemployment […] jumps to 12 percent […].« (Moene/Wallenstein 1999: 251) Als dritter relevanter Punkt könnte genannt werden, dass Arbeitslose nicht motiviert sind, ihre Qualifikationen und Kompetenzen weiterzuentwickeln, wenn keine Aussicht auf eine Beschäftigung besteht.

*ventiv als auch auf den Einzelnen zugeschnitten sind.*« (Gazier 2001: 29, Hervorhebung im Original)[30] Dies beinhaltet auch, die individuellen Fähigkeiten, Bedürfnisse und Defizite in entsprechender Weise zu berücksichtigen, um ein ideales Hilfsangebot machen zu können. Dementsprechend sollten aktivierende Instrumente »zumindest zielgruppenspezifisch, besser und konsequenter aber individuell ausgelegt sein [...]« (Bartelheimer et al. 2003: 23) Das Angebot an aktiven Maßnahmen geht gleichzeitig einher mit einer Verknüpfung der Rechte des Einzelnen mit entsprechenden Pflichten. Bei den Rechten handelt es sich weiterhin um das Recht auf finanzielle Unterstützung im Falle der Arbeitslosigkeit, welches um das Recht auf Teilnahme an aktiven Maßnahmen erweitert wird. Gleichzeitig werden diese Rechte mit Pflichten verbunden, die eine aktive Arbeitssuche, die Pflicht zur Annahme jeglicher annehmbarer Arbeit sowie die Pflicht zur Teilnahme an Maßnahmen beinhalten (Barbier/Ludwig-Mayerhofer 2004; 425f).

## 1.2 Aktivierende Arbeitsmarktpolitik – ein Konzept, zwei Strategien

Die hier beschriebenen Formen von klassischer und aktivierender Arbeitsmarktpolitik werden nicht in gleicher Weise in allen Wohlfahrtsstaaten in der jeweiligen Form umgesetzt. Es gibt unterschiedliche Strategien beziehungsweise Typen, welche vorrangig durch institutionelle Faktoren bestimmt werden. In der klassischen Arbeitsmarktpolitik gibt es hierzu hinreichend Forschung, insbesondere die bekannten Arbeiten von Gøsta Esping-Andersen (1990; 1991; 1998), in denen er drei Wohlfahrtsregime klassifiziert (liberal, konservativ, sozialdemokratisch) und daran auch drei verschiedene Arbeitsmarkt beziehungsweise Beschäftigungsregime knüpft. Im Hinblick darauf geben einige Autoren, die sich mit Aktivierung beschäftigen, an, dass es dementsprechend auch im Konzept der Aktivierung verschiedene Typen gibt:

»Just as there have been different types of welfare states, variations within the basic pattern of the enabling state are likely to emerge in response to historic and cultural differences among the advanced industrial nations. For example, there may be an Anglo-Saxon version and a Scandinavian version.« (Gilbert 2002: 47)

30 Dabei umfassen präventive Maßnahmen nicht nur Instrumente, die vor dem Eintritt in die Arbeitslosigkeit greifen (zum Beispiel betriebliche Weiterbildung), sondern auch der Verhinderung von Langzeitarbeitslosigkeit dienen (Rudolph 2001).

Mittlerweile gibt es einige Arbeiten, die sich mit einer Regimetypenbildung in Bezug auf die Aktivierungspolitik beschäftigen. So entwickelt Jacob Torfing (1999a; 1999b; 2000) drei Strategien im Rahmen des *Schumpeterian Workfare State*, die er in Anlehnung an die drei Typen im *Keynesian Welfare Regime* als neo-liberal, neo-statist und neo-korporatistisch beschreibt. Aber auch Jean-Claude Barbier und Wolfgang Ludwig-Mayerhofer (2004) haben sich die drei Wohlfahrtsregime zum Vorbild genommen und versucht, daraus Aktivierungsregime abzuleiten. Entwickelt wurden der liberale (Großbritannien) und der universalistische Typ (Dänemark und Norwegen), wobei ersterer dem liberalen Regime Esping-Andersens entspricht und der zweite dem sozialdemokratischen Regime. Ein dritter Typ konnte nicht ausgemacht werden, da sich die dem konservativen Regime entsprechenden Wohlfahrtsstaaten (zum Beispiel Frankreich, Deutschland) lediglich als Mischformen der oberen beiden Aktivierungsregime herausstellten (ebd.: 426).

Diese Herangehensweise wird jedoch auch kritisch betrachtet, da zum einen die Typologisierung seitens Esping-Andersen hauptsächlich auf die passiven Leistungen des Wohlfahrtsstaats abzielen und diese somit nicht auf die Aktivierungspolitik übertragen werden kann (Berkel/Hornemann Møller 2002: 57). Zum anderen wird Esping-Andersen dafür kritisiert, dass sein entwickeltes Wohlfahrtsstaatenmodell zu statisch ist (Rieger 1998: 79ff), denn seine Typologisierung erweckt »den Eindruck, daß ein einmal eingeschlagener Weg in Richtung auf ein Regime unabänderlich ist: Wenn ein Regime einmal in Ansätzen ausgebildet ist, gibt es kaum endogene Veränderungsbewegungen und -chancen.« (Offe 1993: 84) Dies würde sich auch in einer Regimetypenbildung im Rahmen der Aktivierungspolitik widerspiegeln. Sinnvoller ist es daher, von Strategien der Aktivierung zu sprechen, da diese nicht zwangsläufig an die Regimeeigenschaften gebunden sind. Dies gilt insbesondere für die Arbeitsmarktpolitik. In der Literatur werden diesbezüglich im Wesentlichen zwei Strategien beschrieben, die Irene Dingeldey (2004) als *enabling* und *workfare*, Hartley Dean (2003) als *work first*-Modell und *human capital*-Modell und Thomas Bredgaard et al. (2003) als soziale Integration und soziale Disziplinierung beschreiben. Diese Bezeichnungen überschneiden sich in den zentralen Punkten – es sind analytisch kaum Unterschiede auszumachen. Hervorzuheben ist insbesondere, dass die beiden Strategien nicht als absolute Gegensätze zu verstehen sind (ebd.: 16), sondern vielmehr als zwei Seiten einer Medaille – die der Aktivierung. Jedoch können länderspezifische Besonderheiten oder auch entwicklungsbezogene Unterschiede innerhalb eines Landes in Bezug auf die Schwerpunktsetzung in der Aktivierungspolitik aufgezeigt und beschrieben werden.

Thomas Bredgaard et al. arbeiteten die beiden Strategien systematisch heraus. Sie unterscheiden sie noch einmal hinsichtlich der Ziele, Problemverständnisse und Problemlösungen (siehe Tabelle 2), wobei diese sich dennoch dem oben beschriebenen Konzept von aktivierender Arbeitsmarktpolitik unterordnen lassen.

| *Charakteristika* | *Enabling* | *Workfare* |
|---|---|---|
| *Ziel* | Verbesserung der Chancen auf dem Arbeitsmarkt | Work first |
| *Problemverständnis* | Mangelnde Kompetenzen und Qualifikationen für die Arbeitsaufnahme | Mangelnde ökonomische Anreize für die Arbeitssuche und -aufnahme |
| *Problemlösung* | Aktivierungspflicht, Hilfe zur Selbsthilfe | Pflicht zur Arbeit, Sanktionen |

*Tabelle 2: Zwei Strategien der aktivierenden Arbeitsmarktpolitik*

*Quelle: Eigene Erarbeitung in Anlehnung an Bredgaard et al. (2002) und Bredgaard et al. (2003)*

### *Die enabling-Strategie*

Bei der *enabling*-Strategie, wie auch bei der *workfare*-Strategie, handelt es um eine bestimmte Interpretation der Ziele, Problemverständnisse und Problemlösungen im Rahmen der aktivierenden Arbeitsmarktpolitik.[31] Im Rahmen der *enabling*-Strategie wird das *Ziel* der individuellen Beschäftigungsfähigkeit als Verbesserung der Chancen auf dem Arbeitsmarkt verstanden. Beschäftigungsfähigkeit wird also primär über qualifikatorische Aspekte des Einzelnen definiert. Demnach herrscht hier ein *Problemverständnis* vor, das die individuellen Defizite als mangelnde Kompetenzen und

31 Da sich im Konzept der aktivierenden Arbeitsmarktpolitik die ökonomischen und sozialen Ziele und Problemverständnisse sehr nahe sind und sich aufeinander beziehen, wird hier nicht noch einmal in dieser Hinsicht eine Unterscheidung gemacht. Diese Differenzierung ist nur von Bedeutung, um den Unterschied zwischen der klassischen und der aktivierenden Arbeitsmarktpolitik hervorzuheben.

Qualifikationen definiert. »The social *integration strategy* defines the unemployment problem as a result of lacking or insufficient qualifications and competencies.« (Bredgaard et al. 2003: 15, Hervorhebung im Original) Entsprechend gestaltet sich auch die *Problemlösung*. Sie umfasst zum einen eine Pflicht zur Aktivierung, also einen Zwang zur Teilnahme an aktiven Maßnahmen. Diese Maßnahmen werden umfangreich angeboten, wobei ein Schwerpunkt auf die Aus- und Weiterbildung der Arbeitslosen gesetzt wird (Dingeldey 2004: 17f). Sie sollen den betroffenen Personen die Möglichkeit geben, selbst wieder zurück in den Arbeitsmarkt zu finden. »Human capital approaches prioritise the development of the social attitudes and marketable skills that will equip people to find and retain suitable jobs.« (Dean 2003: 442)

*Die workfare-Strategie*

Im Rahmen der *workfare*-Strategie[32] werden die Ziele, Problemverständnisse und Problemlösungen der aktivierenden Arbeitsmarktpolitik anders verstanden als bei der *enabling*-Strategie. Das *Ziel* der Beschäftigungsfähigkeit wird durch die Prämisse *Work first* bestimmt. Hier herrscht ein Verständnis vor, welches die Erreichung von Beschäftigungsfähigkeit primär über Arbeit selbst sieht. »Work-first approaches priorities labour market attachment on the premise that any job is better than none.« (Dean 2003: 442) Anders wird auch das *Problemverständnis* interpretiert. Die Ursache von Arbeitslosigkeit liegt vor allem in den geringen ökonomischen Anreizen zur Arbeitssuche und Arbeitsaufnahme. In diesem Kontext wird daher häufig von einer Sozialstaatsabhängigkeit gesprochen, die als Ursache der individuellen Arbeitslosigkeit angesehen wird (ebd.: 442). Daher wird als *Problemlösung* die Pflicht zur Arbeit gesehen, deren Verweigerung Sanktionen nach sich zieht. »Reintegration into the labour market is ensured by demanding work in return for benefits, stressing individual obligations for economic self-sufficiency and applying tough sanctions in case of non-compliance.« (Bredgaard et al. 2003: 15; ähnlich argumentiert auch Dingeldey 2004)

32 Der Begriff *workfare* ist mithin in der Literatur nicht eindeutig bestimmt. Einige Autoren setzen *workfare* mit Aktivierung gleich (z.B. Lødemel/Trickey 2001). Grundsätzlich jedoch wird *workfare* als eine mögliche Strategie von Aktivierung verstanden.

## 1.3 Klassische und aktivierende Arbeitsmarktpolitik in Dänemark

Seit 1994 wird über die dänische Arbeitsmarktpolitik als eine aktivierende Politik gesprochen.[33] War die dänische Arbeitsmarktpolitik zuvor von keinem besonderen Interesse, ist sie seitdem zu einem sehr beliebten Forschungsfeld geworden.[34] Dies bedeutet unter anderem, dass nur sehr wenige Arbeiten zur Arbeitsmarktpolitik vor 1994 existieren, die aktivierende Arbeitsmarktpolitik ab 1994 aber oft im Unterschied zur vorhergehenden Politik analysiert und beschrieben wird.[35] Die Quintessenz: Die dänische Arbeitsmarktpolitik veränderte sich von einer eher passiven, kompensatorischen Politik zu einer aktiven – mehr noch: aktivierenden Politik.[36]

### *Klassische Arbeitsmarktpolitik bis 1993*

Als prägnantestes arbeitsmarktpolitisches Instrument in Dänemark vor 1994 werden in den meisten Forschungsarbeiten die hohen und lang anhaltenden Transferleistungen der Arbeitslosenversicherung[37] genannt. Perso-

---

33 Einige AutorInnen datieren diese Aussage bereits auf das Jahr 1993. Die unterschiedlichen Jahreszahlen hängen damit zusammen, dass die ersten Gesetze, die unter dem Begriff »Aktivlinie« eingeführt wurden, 1993 beschlossen wurden, jedoch erst ab 1994 galten. Im weiteren Verlauf der Arbeit wird grundsätzlich das Jahr des Inkrafttretens des Gesetzes angegeben und nicht das Jahr des Beschlusses.

34 Wie bereits eingangs erwähnt, ist das Angebot an Literatur zum Thema Arbeitsmarktpolitik in Dänemark sehr umfangreich. Die Arbeiten reichen von Analysen der im europäischen und internationalen Vergleich sehr hohen Frauenerwerbsquote über das dänische Modell der *Flexicurity* sowie der industriellen Beziehungen bis hin zur Politik der Dekommodifizierung und der Aktivierung. All diese Elemente hängen zusammen, so dass kein einziges von ihnen singulär betrachtet werden kann. Im Folgenden jedoch wird der Schwerpunkt auf die Politik der Dekommodifizierung beziehungsweise der Aktivierung gesetzt, welche verstärkt seit Beginn der neunziger Jahre Beachtung in der dänischen und internationalen Forschungslandschaft findet.

35 Im Folgenden kann nur ein sehr begrenzter Überblick über die Maßnahmen in der aktivierenden Arbeitsmarktpolitik Dänemarks gegeben werden. Die Vollständigkeit der Programme ist nicht Ziel dieser Darstellung, sondern vielmehr, wie diese durch die vorhandenen Forschungsarbeiten bewertet werden.

36 Betont werden muss hierbei das Wörtchen »eher«. Denn es finden sich sowohl aktive Elemente in der klassischen Arbeitsmarktpolitik als auch passive Elemente in der aktivierenden Politik.

37 Die Arbeitslosenversicherung ist in Dänemark im Unterschied zu Deutschland eine freiwillige Versicherung. Das heißt, dass nicht zwangsläufig alle Arbeitnehmer, die arbeitslos werden, in den Genuss dieser hohen Transferleistungen gelangen. Arbeitslose, die keine

nen mit geringem Einkommen erhielten bis zu 90 Prozent ihres vormaligen Einkommens als Arbeitslosengeld bis zu neuneinhalb Jahren[38]. Aber auch der Einsatz von Rückzugsmöglichkeiten vom Arbeitsmarkt ist für die Zeit vor 1994 bedeutend. Im Jahr 1979 eingeführt, wurde der Vorruhestand zu einem zentralen Element der Politik im Laufe der achtziger Jahre. Der Vorruhestand bietet die Möglichkeit für 60- bis 67-jährige versicherte Arbeitnehmer beziehungsweise Arbeitslose, die den Wunsch haben, den Arbeitsmarkt zu verlassen. Diese Maßnahme wurde 1992 noch verstärkt, indem ein Übergangsgeld für die 55- bis 59-jährigen eingeführt wurde. Dieses Programm wurde von Beginn an in seiner Gültigkeit beschränkt – bis 1995. Neben den passiven Maßnahmen gab es auch ein Angebot an aktiven Maßnahmen, die sich aus subventionierter Beschäftigung, Weiterbildungsprogrammen und der Unterstützung von Selbständigkeit aus der Arbeitslosigkeit heraus zusammensetzten.

In der Forschungsliteratur werden zwei zentrale *Ziele* des dänischen Wohlfahrtsstaates und damit auch der dänischen Arbeitsmarktpolitik genannt: Zum einen das Erreichen von Vollbeschäftigung, »because it ›guarantees‹ through higher tax revenues lower dependency levels and universalist social policies« (Etherington 1998: 149) und zum anderen die Sicherung von Einkommen:

> »For long, the main emphasis was to prevent direct loss of income, to maintain the ability to work and to prevent psychological problems for those hit by severe unemployment. Most labour market policies therefore had income maintenance as the main focus.« (Westergaard-Nielsen 2001: 5)

Die Sicherung des Einkommens diente dazu, »to maintain the standard of living for the unemployed as well as possible.« (Torfing 1999b: 13) Letzteres bezieht sich auf das *Problem* von Armut, also Armut aufgrund von Arbeitslosigkeit zu vermeiden – »benefits are relatively high in order to provide a buffer against extreme poverty, and to minimise income inequalities.« (Etherington 1998: 149) Darüber hinaus wurde Arbeitslosigkeit zunächst als vorübergehendes Phänomen betrachtet:

---

Versicherung haben, beziehen Sozialhilfe. Diese liegt in der Regel unter dem Niveau des Arbeitslosengeldes, ist jedoch im europäischen Vergleich sehr hoch.

38 Die Angaben zur maximalen Dauer des Arbeitslosengeldes variieren in der Literatur. Nach Irene Dingeldey ist dies möglicherweise auf die unterschiedlichen Verlängerungsmöglichkeiten in den verschiedenen Regionen Dänemarks zurückzuführen (Dingeldey 2005: 19, FN 1).

»[…] a period lasting from the onset of problems until the early 1980s when policymakers believed the problems to be temporary and chose not to act to address them. This was followed by a second phase in which the severity of the problems was recognized, but the measures devised by policymakers were built upon the prevailing assumptions about the passive responsibility of the state.« (Cox 1998: 405)

Dementsprechend gestalteten sich die *Problemlösungen*. Die Arbeitsmarktpolitik vor 1993 wird in der Forschungsliteratur zumeist als passiv orientiert beschrieben (u.a. Braun 2003; Dingeldey 2005; Etherington 1998; Larsen 2004b; Torfing 1999b). »Passivity meant that cash assistance was the full extent of the welfare state's obligation, and the state did little to promote participation or reentry into the labour market.« (Cox 1998: 397) Es wird zwar nicht abgestritten, dass es aktive Maßnahmen bereits während der achtziger Jahre gab, jedoch wurden diese hauptsächlich als Mittel zum Erhalt der Leistungsansprüche eingesetzt.

»Grob gesagt kam der dänischen Sozial- und Beschäftigungspolitik in den 70ern und 80ern hauptsächlich die Rolle zu, die Leistungsempfänger in der Arbeitslosenversicherung gegen den Verlust der Leistungen abzusichern, indem über die Teilnahme an verschiedenen Arbeits- und Aktivierungsangeboten die Möglichkeit zum Erwerb neuer Ansprüche geschaffen wurde.« (Kvist 2006: 392; ähnlich argumentieren auch Jensen 1999 und Torfing 1999b)

Dies verdeutlicht sich auch darin, dass es bis 1993 keine Konditionalisierung von Rechten durch Pflichten gab (Braun 2001; Braun 2003; Torfing 1999b). Die Politik ab 1994 gestaltet sich im Vergleich dazu völlig anders.

### *Aktivierende Arbeitsmarktpolitik ab 1994*

Mit den Reformen von 1994 und den darauf folgenden Re-Reformen wird in der Literatur eine Veränderung der dänischen Arbeitsmarktpolitik festgestellt. Dabei beziehen sich nahezu alle AutorInnen auf folgende zentrale Neuerungen: Die Dauer des Bezuges von Arbeitslosengeld wurde schrittweise auf vier Jahre gesenkt. Ein erneuter Anspruch auf Arbeitslosengeld kann nun nicht mehr durch die Teilnahme an arbeitsmarktpolitischen Programmen erworben werden, sondern lediglich durch die Aufnahme einer *nicht* subventionierten Beschäftigung erfolgen. Die Höhe des Arbeitslosengeldes wurde dagegen nicht angegriffen. Nach wie vor erhalten Personen mit geringem Einkommen im Falle der Arbeitslosigkeit bis zu 90 Prozent des vormaligen Einkommens. Es wurde allerdings eine Unterscheidung in eine Passiv- und eine Aktivperiode eingeführt. Damit einher geht ein zentrales Element der Reformen – die Einführung von Pflichten verknüpft mit den bestehenden Rechten. So ist die (einzige) Pflicht des Arbeitslosen während der Passivperiode, aktiv Arbeit zu suchen. Die Pflichten werden in der Aktivperiode erheblich erweitert, indem der Arbeitslose dann auch angehalten ist, an arbeitsmarktpolitischen Maßnahmen teilzunehmen. Eine Verweigerung dessen sowie das (unbegründete) Ausschlagen von Arbeitsangeboten können zu deutlichen Kürzungen der Leistungen führen. Einhergehend mit der Pflicht zur Teilnahme an aktiven Maßnahmen wurden diese deutlich ausgebaut. Zentrales Element ist der individuelle Handlungsplan – eine Art Vertrag zwischen dem Arbeitsamt und dem Arbeitslosen, in dem die Schritte der Aktivierung festgelegt werden.

Damit im Zusammenhang steht die Regionalisierung beziehungsweise Dezentralisierung der Arbeitsverwaltung, was zu größeren Kompetenzen des Arbeitsamtes vor Ort sowie des einzelnen Betreuers führte. Der zur Verfügung stehende Maßnahmenkatalog wurde durch ein größeres Angebot an Bildungsmaßnahmen, der Ausweitung subventionierter Beschäftigung im öffentlichen und privaten Sektor sowie der Einführung der Möglichkeit der Jobrotation erweitert. Darüber hinaus wurden diese arbeitsmarktpolitischen Maßnahmen mit der Konditionalisierung von Rechten durch Pflichten schrittweise auf die Sozialhilfeempfänger ausgeweitet.

Dieser deutliche Wandel in die Richtung einer aktiveren Arbeitsmarktpolitik wird jedoch gedämpft durch die gleichzeitige Ausweitung passiver Maßnahmen, welche aber zumindest zum Teil im Zusammenhang mit der Jobrotation stehen. So wurden die so genannten Urlaubsprogramme eingeführt – Sabbat-, Erziehungs- und Bildungsurlaub, welche Arbeitnehmern und Arbeitslosen die Möglichkeit eines zeitweiligen Rückzugs vom Arbeitsmarkt bieten. Allerdings haben die Urlaubsprogramme heute keine Gültigkeit mehr – sie wurden schrittweise eingeschränkt und schließlich komplett abgeschafft. Auch im Bereich des Vorruhestands fand zunächst eine Ausweitung statt. Das Übergangsgeld wurde auf die Gruppe der 50- bis 59-jährigen erweitert und bis 1998 verlängert. Die Regelungen zum regulären Vorruhestand blieben zunächst gleich, wurden aber 1999 durch Anreize zum längeren Verbleib auf dem Arbeitsmarkt ergänzt.

Als zentrales *Ziel* der neuen dänischen Arbeitsmarktpolitik wird in der Literatur die »gezielte Integration in den Arbeitsmarkt« (Braun 2005; 52) definiert (ähnlich formulieren es Bredgaard et al. 2003; Jensen 1999; Kvist 2001). »Leitend bei der Neufassung der gesetzlichen Regelungen von 1993 war der Grundsatz, daß Arbeitslose so wenig wie möglich passive Leistungsempfänger sein sollten.« (Döhrn 1998: 321) Dies steht eng im Zusammenhang mit dem *Problem* der sozialen Exklusion und der Marginalisierung aufgrund von Arbeitslosigkeit (u.a. Cox 1998; Etherington 1998; Torfing 1999b). «Political decision-makers realised that lack of labour market attachment not only implies economic losses for the individual but also has severe social consequences for the individual and the society.« (Bredgaard et al. 2003: 14) Aber auch die strukturelle Arbeitslosigkeit wird als zentrales Problem definiert (zum Beispiel Emmerich 1998; Emmerich/Werner 1998). Es »bestand Konsens darüber, dass [...] die strukturelle Arbeitslosigkeit das eigentliche Problem des dänischen Arbeitsmarktes sei.« (Emmerich 2000: 51) Thomas Bredgaard beschreibt, wie diese beiden Probleme aufeinander wirken: »Labour market marginalisation is in general better understood in relation to mismatch between the structure of jobs and the distribution of skills combined with the institutional mechanisms of job allocation [...]« (Bredgaard 2001: 10). Dass hierbei die individuellen Fähigkeiten und Defizite verstärkt in den Mittelpunkt rücken, wird in der Einführung des so genannten Individuellen Handlungsplans gesehen (Braun 2001; Dingeldey 2005; Emmerich 1998; Olesen 2001).

Damit gestaltet sich die *Problemlösung* zum einen sehr viel individualisierter, zielgerichteter aber auch den Arbeitsmarkt berücksichtigend (Braun 2001; Braun 2003; Döhrn1998; Döhrn et al. 1999). Denn sie ist nun auf Arbeit ausgerichtet. »Work is now increasingly seen as a panacea to problems of social exclusion, isolation and a whole range of other social and individual problems.« (Bredgaard et al. 2003: 14) Zum anderen allerdings, und dies ist Konsens in der Literatur, spielten bei der Einführung der Reformen die Ausweitung der passiven Maßnahmen in Form von Frühverrentungsprogrammen und Urlaubsmodellen eine mindestens ebenso große Rolle bei der Bewertung der Arbeitsmarktpolitik wie die Ausweitung der aktiven Maßnahmen und die Konditionalisierung der Rechte durch Pflichten (Bredgaard 2001; Döhrn et al. 1998; Döhrn et al. 1999; Emmerich 1998; Emmerich 2000; Emmerich/Werner 1998; Kongshøj Madsen 1998). Mehr noch, zur Senkung der Arbeitslosigkeit trugen die passiven Maßnahmen deutlich mehr bei als die aktiven. »Ein Teil des arbeitsmarktpolitischen Erfolges, das heißt des Rückgangs der registrierten Arbeitslosigkeit, ist mithin auf überwiegend ›passive Maßnahmen‹ zurückzuführen.« (Braun 2001: 6; ähnlich auch Emmerich 1998) Irene Dingeldey (2005) bezeichnet diese erste Phase der dänischen Aktivierungspolitik daher als Deaktivierung. Dennoch wird die dänische Arbeitsmarktpolitik ab 1994 als neue Politik bezeichnet. Thorsten Braun spricht von einer grundsätzlichen »Umorientierung der dänischen Arbeitsmarkt- und Sozialpolitik zugunsten eines eher viel größeren Gewichts auf der individuellen Verantwortung der einzelnen Personen und einer Betonung der Pflichten [...]« (Braun 2003: 96) sowie von einer »stark gestiegenen Bedeutung des aktiven eigenen Engagements« (Braun 2000: 53).

Viele Autoren heben bei der dänischen Arbeitsmarktpolitik ab 1994 die Qualifizierungskomponente hervor. Denn seit 1993 haben »berufliche Weiterbildungsmaßnahmen [...] im Vergleich zu anderen Instrumenten erheblich an Bedeutung gewonnen.« (Emmerich 1998: 404) »Berufliche Bildungsmaßnahmen und Bildung allgemein sind nach der Reform die wichtigsten Instrumente aktiver Arbeitsmarktpolitik [in Dänemark].« (Emmerich/Werner 1998: 7) Gleichzeitig wurde »ein relativ hohes Einkommensniveau erhalten.« (Braun 2003: 96) Im Verhältnis dazu scheinen die Elemente des Arbeitszwangs nicht von zentraler Bedeutung zu sein (Dingeldey 2005: 23). Dies alles spricht dafür, dass Dänemark eine *enabling*-Strategie verfolgt. Thomas Bredgaard aber betont, dass in Dänemark nicht ausschließlich von *enabling* zu sprechen ist. Vielmehr ist die dänische Aktivierungspolitik geprägt von beiden Strategien. »By a combination of social disciplining (motivating job search activities) and social integration (re-qualification and empowerment) the reform is said to have reduced structural unemployment problems [...]« (Bredgaard 2001: 8). Bei einer Untersuchung der Implementation der Arbeitsmarktpolitik für Sozialhilfeempfänger seitens der Kommunen[39] fanden er und seine KollegInnen aber heraus, dass der Schwerpunkt der dänischen Politik (für die Sozialhilfeempfänger) auf der sozialen Integration liegt und die soziale Disziplinierung eine untergeordnete Rolle spielt (Bredgaard et al. 2002; Bredgaard et al. 2003). Flemming Larsen bestätigt dies für die Politik vor 2003. Mit der Arbeitsmarktreform von 2003 jedoch hat sich dies seiner Meinung nach geändert:

> »There is [...] no doubt that developments have been shifting from a quite considerable focus on social integration to a much greater emphasis on social disciplining. [...] the social disciplining elements have become more and more prominent in Danish labour market policy.« (Larsen 2004b: 149)

39 Für die Aktivierung der versicherten Arbeitslosen sind in Dänemark die staatliche Arbeitsvermittlung beziehungsweise die Gewerkschaften zuständig, während die Aktivierung der Sozialhilfeempfänger in den Händen der Kommunen liegt.

## 2. Arbeitsmarktpolitik in Bezug auf Geringqualifizierte

Nahezu parallel und mit nur wenigen Überschneidungspunkten zur Diskussion um eine aktivierende Arbeitsmarktpolitik rückt in den neunziger Jahren die Gruppe der Geringqualifizierten in den Fokus vieler wissenschaftlicher Arbeiten zur Arbeitsmarktpolitik. Sie wurden und werden als besonders prekäre Gruppe auf dem Arbeitsmarkt identifiziert, weil Geringqualifizierte überdurchschnittlich häufig und lang von Arbeitslosigkeit betroffen sind und damit einhergehend geringe Beschäftigungsquoten aufweisen (zum Beispiel Alber 2001a; Clayton/Pontusson 1998). Erschwerend kommt hinzu, dass Geringqualifizierte wenig vom Wirtschaftswachstum als Beschäftigungsmotor profitieren. »Wirtschaftswachstum in realistischen Größenordnungen [kann] allein die Probleme der Geringqualifizierten auf dem Arbeitsmarkt kaum lösen.« (Reinberg/Kummel 2003: 3)

Die Ursachen für die Problemlage der Geringqualifizierten werden in einem Netz aus verschiedenen und gleichzeitig eng miteinander verwobenen Aspekten gesehen. So wird der Wandel von der Industrie- zur Dienstleistungsgesellschaft als zentraler Faktor gewertet. Denn einerseits brechen die klassischen Tätigkeitsfelder der Geringqualifizierten im Industriesektor weg und es entstehen nicht in gleichem Maße äquivalente Jobs im Dienstleistungssektor. Das Abnehmen der Arbeitsplätze im Industriebereich wird einerseits in den Kontext der Globalisierung gesetzt. Aufgrund geringerer Produktionskosten verlagerten Unternehmen in den letzten Jahren insbesondere Tätigkeiten mit geringen Qualifikationsanforderungen ins billigere Ausland. Hinzu kommt, dass gleichsam Arbeitskräfte für einfache Arbeit durch Zuwanderung importiert werden (Berthold 1997: 62). Andererseits wird es auf den technologischen Wandel zurückgeführt. Aufgrund von technologischen Entwicklungen innerhalb der unterschiedlichen Produktionszweige wird die menschliche Arbeitskraft in effizienterer Weise durch Maschinen ersetzt (ebd.: 13). Hinzu kommt, dass die Bedienung der technischen Anlagen zumeist gewisse Qualifikationen erfordert. Auch im Dienstleistungsbereich werden verstärkt Mittel- und Hochqualifizierte nachgefragt, wobei sich aber auch neue Tätigkeitsfelder für Geringqualifizierte eröffnen (können). Allerdings können zum einen Geringqualifizierte, die vormals im Industriesektor beschäftigt waren, nicht in jedem Fall auf Tätigkeitsfelder im Dienstleistungsbereich ausweichen, da hier nun völlig andere Kompetenzanforderungen herrschen, die jenseits formaler Qualifikation liegen (Esping-Andersen 1999: 103f). Zum anderen entstehen potentielle Arbeitsplätze für Geringqualifizierte nicht, da insbesondere in den so genannten Hochlohnländern die Rentabilität der Serviceleistungen aufgrund hoher Arbeitskosten nicht gewährleistet wäre (Eichhorst 2002: 27). Gøsta Esping-Andersen fasst die Problematik auf dem Dienstleistungssektor folgendermaßen zusammen:

»De-industrialisation since the 1970s has created mass unemployment, particularly eroding the position of younger and less-skilled workers. Jobs in the service economy are potentially abundant, but are subject to two constraints that did not exist in industrial mass production. Firstly, a large proportion of services tend to be high skilled, especially in business and health services. Labour intensive demand comes mainly from personal and social services (such as restaurants, laundries, day care or home helpers), but these often require social and cultural skills. Secondly, [...] the gap in productivity growth between services and manufacturing implies that service jobs will grow only if labour costs are lower or, alternatively, if subsidised (i.e. through government employment).« (Esping-Andersen 1997: 66)

In der Literatur werden demnach zwei zentrale Faktoren ausgemacht, die die Geringqualifizierten zu einer Problemgruppe auf dem Arbeitsmarkt machen: einerseits die erhöhten Qualifikationsanforderungen (Klauder 2001: 5) und andererseits die zu hohen Löhne für Tätigkeiten mit geringen Qualifikationsanforderungen insbesondere im Dienstleistungsbereich (Esping-Andersen 1997: 66). Als Konsequenz aus diesen beiden Faktoren werden zwei unterschiedliche Lösungsstrategien konträr zu einander diskutiert: die Niedriglohnstrategie und die Qualifizierungsstrategie.

Die Niedriglohnstrategie wird im Rahmen der Annahme erörtert, dass es Tätigkeitsfelder im Dienstleistungssektor gibt, die nicht entstehen, weil die Löhne zu hoch sind. Da jedoch gesichert sein soll, dass Beschäftigte in diesen Bereichen von ihrer Arbeit leben können, wird nicht ein einfaches Absenken der Löhne gefordert, sondern vielmehr eine Subventionierung dieser Tätigkeitsfelder durch staatliche Mittel. Jens Alber (2001b) beschreibt diesen Überlegungsansatz für Deutschland folgendermaßen:

»Many now recommend the creation of a low wage sector which would provide jobs for unskilled workers who presently do not find jobs because their productivity is not high enough to warrant the level of pay enforced by the unions. Various employers and scholars now call for a ›combination wage‹ following the logic of the American Earned Income Tax Credit, which would subsidize the low earnings that are paid at market clearing levels in the labor market.« (ebd.: 18)

Im Zuge der Diskussion um einen möglichen Niedriglohnsektor und dessen Subventionierung findet auch das Thema hinsichtlich der Höhe von

Transferleistungen – vor allem Arbeitslosengeld und Sozialhilfe – Berücksichtigung. Denn in diesem Kontext – und hier auch in Überschneidung mit der aktivierenden Arbeitsmarktpolitik – ist von Bedeutung, inwiefern (ökonomische) Anreize für Geringqualifizierte geschaffen werden (können), damit sie Beschäftigung im Niedriglohnbereich aufnehmen. »[…] the economic incentives for this group of jobless to seek jobs are modest, because of the low difference between wage incomes and unemployment benefits at the bottom of the pay scale.« (Nielsen 1991: 290f) Daher kann im Kontext der Einführung beziehungsweise Förderung eines Niedriglohnsektors im Hinblick auf die Ausweitung der Beschäftigung und Senkung von Arbeitslosenquoten insbesondere auch für Geringqualifizierte eine Senkung der Transferleistungen angedacht werden.

Die Niedriglohnstrategie hat nicht nur eine Reihe von (zumeist liberal orientierten) Verfechtern, sondern ebenso eine Vielzahl an Kritikern. Zum einen wird eine Fundamentalkritik bezüglich des Effekts der Lohndifferenzierung geübt. »[…] contrary to theoretical expectations, enormous wage differences […] do not solve the unemployment problems of low-skilled people. Furthermore, there is a low propensity to move up from low wage groups.« (Goul Andersen/Jensen 2002a: 74f) Auch wird die Lohndifferenzierung angegriffen, da dies mit grundlegenden Gleichheits- und Gerechtigkeitsvorstellungen kollidiert. »[…] the less-skilled are likely to become losers – be it as unemployed, or as low-paid worker.« (Esping-Andersen 1999: 99) »The de-qualification of those with merely basic education entails a serious risk of the growth of an underclass […]« (Alber 2001b :16). Zusätzlich wird angemerkt, dass es bei der Subventionierung von Niedriglohnarbeit zu Substitutionseffekten kommt (Adamy 1999: 127). Die meisten Kritiker der Niedriglohnstrategie befürworten daher eher eine Qualifizierungsstrategie, um Arbeitslosigkeit und Prekarität bei Geringqualifizierten zu verhindern beziehungsweise zu bekämpfen. Dabei beziehen sie sich auf den Wandel hin zu einer Wissensgesellschaft, also das Faktum, dass grundsätzlich die Nachfrage nach einfacher Arbeit sinkt (Reinberg 2003: 1645) und der Übergang in Beschäftigung in Dienstleistungsbereichen nur durch eine Qualifizierung erreicht werden kann (Berthold 1997: 59). Maßnahmen bezüglich Qualifizierung, Weiterbildung und Training sowie das dahinter stehende Konzept eines »Lebenslangen Lernens« seien geeignete Mittel, um Arbeitslosigkeit zu bekämpfen, Prekarität zu verhindern und adäquate Beschäftigung zu sichern.

»The obvious answer lies in education and training. As we know, the downward wage pressure is mainly directed at the unskilled and, indeed, the relative wage premium for qualified workers has risen considerably. It is for this reason that ›lifelong learning‹ and ›social investment‹ strategies offer a possibly positive-sum solution to the trade-off. Indeed, they do so for two reasons: firstly, because a universalization of training will eventually eliminate the surplus of unskilled workers; secondly, because even if postindustrial society is bound to offer a large amount of inferior low-paid jobs in consumer and social services, such jobs will not become life cycle traps if citizens are guaranteed the chance to acquire adequate skills.« (Esping-Andersen 1996: 259f)

Jedoch wird ebenfalls die Qualifizierungsstrategie deutlich kritisiert, auch wenn sie seitens der Verfechter der Niedriglohnstrategie nicht vollständig verworfen wird.[40] »Allerdings ist der Königsweg der Qualifizierung nicht für alle gangbar. Unerlässlich wird daher die Schaffung eines umfassenden sozialverträglichen legalen Niedriglohnsektors.« (Klauder 2001: 5f) Denn nicht alle Geringqualifizierte können in der Art ausgebildet werden, dass sich ihr formales Qualifikationsniveau deutlich verändert (Henneberger/Kaiser 2000: 29f). Insofern gibt es auch WissenschaftlerInnen, die der Meinung sind, dass beide Strategien durchaus simultan ein- und durchführbar sind, wobei eine Schwerpunktsetzung erkannt werden kann und muss. Norbert Berthold definiert in diesem Zusammenhang die Niedriglohnstrategie als eine kurzfristige Strategie, während die Qualifizierungsstrategie eher mittel- bis langfristig angelegt ist (Berthold 1997: 65).

## 3. Anmerkungen zur Diskussion

In der Betrachtung der beiderseits umfangreichen wissenschaftlichen Diskussion zur aktivierenden Arbeitsmarktpolitik sowie zu den Geringqualifizierten erscheint als zentral und bemerkenswert, dass beide Diskussionen im Prinzip parallel verlaufen und nicht miteinander verknüpft werden. Dies ist daher auf den ersten Blick so erstaunlich, da erstens die Auseinandersetzungen zu diesen beiden Themen in zeitlicher Nähe zueinander stattfinden – vorrangig seit Beginn der neunziger Jahre. Zweitens zeigt die Darstellung der zwei Strategien hinsichtlich der Geringqualifizierten, dass es deutliche

---

40 Wie auch die Vertreter der Qualifizierungsstrategie die Niedriglohnstrategie nicht komplett negieren. Dies zeigt das eben angeführte Zitat von Esping-Andersen.

Überschneidungen mit möglichen Strategien in der aktivierenden Arbeitsmarktpolitik gibt. Drittens wiederum stellen die Geringqualifizierten eine der zentralen Problemgruppen auf dem Arbeitsmarkt dar. Es ist daher von großem Interesse, wie mit ihnen in der aktivierenden Arbeitsmarktpolitik umgegangen wird – zum einen bezüglich der individuellen Defizite sowie der damit im Zusammenhang stehenden Beschäftigungsfähigkeit und zum anderen mit dem Aktivierungsprinzip der Rekommodifizierung aller erwerbsfähigen Personen.

Auf den zweiten Blick ist die fehlende Verknüpfung der Diskussionen nicht mehr so verwunderlich, da dem Diskurs um die aktivierende Arbeitsmarktpolitik ein wesentlicher Aspekt fehlt. So wird trotz umfangreicher Auseinandersetzung mit diesem Thema kaum – und wenn dann nur am Rande – der Frage nachgegangen, wie sich staatliches Handeln im Rahmen der aktivierenden Arbeitsmarktpolitik in Bezug auf Individuen gestaltet. Damit spiegelt sich die Forschungslücke im Diskurs um das Konzept des aktivierenden Staates (siehe Einleitung) auch in der wissenschaftlichen Auseinandersetzung mit der aktivierenden Arbeitsmarktpolitik wider.

# II. Staatliches Handeln und Arbeitsmarktpolitik: Eine konzeptionelle Annäherung

## 4. Staatliches Handeln in Bezug auf das Individuum

Staatliches Handeln wird traditionell mit der analytischen Dimension »öffentliches Handeln« (*policy*)[41] gleichgesetzt. Staatliches Handeln meint hierbei den Gestaltungsraum für soziale Ordnung und politische Problemlösungen. Die Inhalte von politischen Entscheidungen sowie deren Umsetzungen sind wesentlicher Teil dessen. Die Frage nach dem staatlichen Handeln geht einher mit dem grundlegenden Verständnis des Staates selbst. Wann staatliches Handeln gewünscht oder gefordert ist, und wie dies ausgestaltet sein soll, hat sich mit den unterschiedlichen Staatsbegriffen der letzten Jahrhunderte verändert (Kaufmann 1994). Das Verständnis des Staates im 20. Jahrhundert ist besonders durch den Wohlfahrtsstaat beziehungsweise Sozialstaat[42] geformt. Gemeinhin wird im Untersuchungsfeld der Sozialpolitik von einem interventionistischen Staat gesprochen, denn Sozialpolitik hat »[...] mit der Lösung der sozialen Frage durch staatliches Einwirken auf die gesellschaftlichen Verhältnisse zu tun [...]« (Kaufmann 2005: 75), wobei sich das Wirkungsfeld der Sozialpolitik auf die Teilhabe von Personen »[...] an den unter bestimmten historischen Bedingungen gegebenen gesellschaftlichen Möglichkeiten [...]« (ebd.: 76) erstreckt. Dabei bezieht sich die sozialstaatliche Intervention auf die sozialpolitischen Maßnahmen beziehungsweise Programme, welche im Rahmen

41 Volker von Prittwitz merkt an, dass auch gesellschaftliche Gruppen und Individuen Teil des öffentlichen Handelns sein können. Jedoch gibt er zu, dass »[...] im Allgemeinen die Erwartung öffentlichen Handelns im besonderen an Regierung und Verwaltung gerichtet [...]« ist (Prittwitz 1994: 48f).

42 Im Folgenden werden die Begriffe Sozialstaat und Wohlfahrtsstaat synonym verwendet, auch wenn durchaus eine definitorische Unterscheidung zwischen den beiden Begriffen getroffen werden kann (vgl. Lessenich 2000: 40f).

der im vorherigen Kapitel genannten Kategorie der Problemlösung Anwendung findet.[43]

In der Definition von staatlichem Handeln kann Bezug zum Modell der sozialstaatlichen Intervention von Franz-Xaver Kaufmann (2005) genommen werden.[44] Kaufmann unterscheidet vier Interventionsformen im Sozialstaat zur Erreichung sozialer Inklusion beziehungsweise Teilhabe:

1) rechtliche Dimension sozialstaatlicher Intervention
2) ökonomische Dimension sozialstaatlicher Intervention
3) ökologische Dimension sozialstaatlicher Intervention und
4) pädagogische Dimension sozialstaatlicher Intervention.

Diese vier Interventionsformen nehmen nach Kaufmann Bezug auf vier entsprechende Aspekte von sozialer Teilhabe:

1) Status
2) Ressourcen
3) Gelegenheiten und
4) Kompetenzen.

Diese wiederum werden durch vier sozialpolitische Güter gesichert:

1) Rechtsansprüche
2) Geldleistungen
3) infrastrukturelle Einrichtungen und
4) personenbezogene Dienstleistungen.[45]

---

43 Kaufmann unterscheidet verschiedene wissenschaftliche Grundorientierungen bezüglich des Begriffs der Sozialpolitik: maßnahmenorientierte Abgrenzungen, ziel- beziehungsweise werteorientierte Abgrenzungen, gesellschaftliche Funktionen der Sozialpolitik sowie Wirkungsfeld der Sozialpolitik. Jedoch bilden in allen vier Ansätzen die Maßnahmen den Ausgangspunkt der Analyse und Bewertung von Sozialpolitik (Kaufmann 2005: 73f).

44 Vor Kaufmann entwickelten Fritz Scharpf (1976) und Renate Mayntz (1977) bereits Modelle der staatlichen Einflussnahme. Kaufmann bezieht diese Modelle mit ein (ebd.: 105) und entwickelt insgesamt ein verständlicheres und durchdachteres Konzept sozialstaatlicher Intervention.

45 Dabei müssen nicht alle Interventionsformen ausschließlich seitens des Staates stattfinden, auch nichtstaatliche Akteure agieren hier (Kaufmann 2005: 123ff). Ihr Aktionsradius schließt dabei jedoch die rechtliche Dimension aus. Für eine Länderstudie hinsichtlich des staatlichen Handelns in Bezug auf das Individuum bedeutet das (potentielle) Agieren nichtstaatlicher Akteure jedoch, dass vorab geklärt werden muss, welche Aufgaben seitens des Staates übernommen werden. Für die Konzeptionalisierung von

Die Faktoren der sozialen Teilhabe und der sozialpolitischen Güter spiegeln sich in den vier Interventionsformen wider.

Obwohl das Modell Kaufmanns hinsichtlich des staatlichen Handelns in Bezug auf das Individuum sehr schlüssig ist, eignet es sich nur bedingt als Analyserahmen für die Arbeitsmarktpolitik. Dies hat im Wesentlichen zwei Gründe: Zum einen erweisen sich einige von Kaufmann beschriebenen Elemente der einzelnen Interventionsformen für die Arbeitsmarktpolitik als nicht geeignet, da diese für die Sozialpolitik allgemein, aber insbesondere für die Familienpolitik entwickelt wurden.

Ein grundsätzliches Problem bei Kaufmann liegt in der Bezeichnung und Differenzierung der ökologischen und pädagogischen Interventionsformen. So ist der Begriff »ökologisch« in der sozialpolitischen Forschung unüblich und wird eher mit umweltpolitischen Themen assoziiert. Aber auch der Begriff »pädagogisch« ist heikel, da er im Wortsinn erzieherisch bedeutet und somit eine negative Konnotation beinhaltet. Darüber hinaus fehlt diesen beiden Interventionsformen eine grundlegende Trennschärfe, die auf abstrakter Ebene zwar nachvollziehbar ist, jedoch aus analytischer Perspektive eine Verkomplizierung darstellt.

Zum anderen berücksichtigt Kaufmann in seiner Forschungsarbeit nicht den Wandel von staatlichem Handeln. Daher gilt es, ein eigenes Modell von staatlichem Handeln in Bezug auf das Individuum in der Arbeitsmarktpolitik zu entwerfen. Dabei wird das Konzept sozialstaatlicher Intervention von Kaufmann einbezogen und im Rahmen des neu entwickelten Konzepts staatlichen Handelns der Wandel beachtet, welcher innerhalb der einzelnen Dimensionen aber auch im Beziehungsgefüge zwischen den Dimensionen stattfinden kann.

## 4.1 Staatliches Handeln in der Arbeitsmarktpolitik

Aufgrund der Kritik an Kaufmanns Konzept werden in dieser Arbeit drei Dimensionen sozialstaatlichen Handelns – oder auch sozialstaatlicher Intervention – unterschieden:

---

staatlichem Handeln in Bezug auf das Individuum allerdings ist die Tatsache des Handelns nichtstaatlicher Akteure nicht von Bedeutung.

1) rechtliche Dimension
2) ökonomische Dimension und
3) Dimension der personenbezogenen Dienstleistungen.

Mit diesen drei Dimensionen kann staatliches Handeln in der Arbeitsmarktpolitik analytisch gefasst und empirisch zugänglich gemacht werden. Darüber hinaus wird so eine Voraussetzung geschaffen, um den Wandel staatlichen Handelns untersuchen zu können.

*Die rechtliche Dimension sozialstaatlicher Intervention*

Die rechtliche Dimension sozialstaatlicher Intervention stellt einen klassischen Bereich staatlichen Handelns im Wohlfahrtsstaat dar. Für das Feld der Arbeitsmarktpolitik sind diesbezüglich Schutzrechte (wie zum Beispiel das Verbot von Kinderarbeit), individuelles Arbeitsrecht (insbesondere das vertragliche Verhältnis zwischen dem Arbeitgeber und dem Arbeitnehmer), das kollektive Arbeitsrecht (vor allem Tarifrecht, Mitbestimmungsrecht und Recht auf Arbeitskampf) sowie das Sozialversicherungsrecht, welches direkt mit der Erwerbsarbeit verbunden ist, relevant. In dieser Arbeit interessiert vorrangig das Sozialversicherungsrecht und damit im Zusammenhang stehende soziale Rechte, da diese direkt das Verhältnis zwischen Staat und Individuum bestimmen.[46]

Dabei muss, wie Kaufmann in aller Deutlichkeit betont, zwischen der rechtlichen Dimension staatlicher Intervention und Recht als Steuerungsinstrument des Staates unterschieden werden. »Die rechtliche Interventionsform ist nicht mit dem Einsatz von Recht als typischem Steuerungsmittel des Staates zu verwechseln. Die Rechtsstaatlichkeit gebietet, daß jegliche Form staatlicher Intervention sich rechtlicher Formen bedient.« (Kaufmann 2005: 89) Das bedeutet, wie Kaufmann weiter ausführt, dass nur *Maßnahmen, die den Rechtsstatus von Personen berühren*, also den Tatbestand und nicht den Inhalt des Rechtsverhältnisses umfassen, der rechtlichen Dimension sozialstaatlicher Intervention zugeordnet werden dürfen.[47] Grundsätzlich können hier zwei Aspekte unterschieden werden:

46 Das kollektive und das individuelle Arbeitsrecht werden hier nicht vertiefend behandelt, auch wenn es diesbezüglich sehr interessante Diskussionen gibt, wie zum Beispiel die Diskussion um die Lockerung des Kündigungsschutzes sowie zur Rolle der Gewerkschaften im postmodernen Kapitalismus.

47 Betont werden muss an dieser Stelle, dass hier nicht, wie bei Kaufmann, ausschließlich Maßnahmen in den Blick rücken, die die *Verbesserung* des Rechtsstatus von Personen zur

1. *Das Recht auf Geldleistungen*, welches im Wesentlichen das Recht auf passive Transferleistungen (vgl. ökonomische Dimension) umfasst. Die Ausgestaltung des Rechts auf diese Leistungen richtet sich danach, welche Bedingungen beziehungsweise Pflichten (vor Erhalt der Leistungen aber auch während des Leistungsbezugs) seitens des Individuums erfüllt werden müssen.
2. *Das Recht auf Dienstleistungen* umfasst Rechtsbestände, die festlegen, welche Bedingungen für das Individuum herrschen, um bestimmte, arbeitsmarktrelevante Dienstleistungen in Anspruch nehmen zu dürfen. Darüber hinaus ist gleichsam von Interesse, welche Dienstleistungen von diesem Recht umfasst sind.

*Die ökonomische Dimension sozialstaatlicher Intervention*

Geld spielt in einer marktwirtschaftlich organisierten Gesellschaft eine zentrale Rolle, nicht nur für das Wirtschaftssystem als Ganzes, sondern insbesondere auch für das Individuum. Die Höhe des Einkommens wird in der kapitalistischen Gesellschaft als wesentlicher Faktor zur Teilhabe an eben dieser gesehen. Das Einkommen kann dabei aus dem Vermögen und/oder aus der Erwerbsarbeit kommen. Ist beides nicht vorhanden, so werden seitens des Wohlfahrtsstaates einkommenssichernde Maßnahmen ergriffen. Im Rahmen der ökonomischen Dimension sozialstaatlicher Intervention handelt es sich also, in Anlehnung an Kaufmann, um *Maßnahmen, die sich auf die Einkommensverhältnisse von Personen beziehen.*[48] In der Arbeitsmarktpolitik geht es hier hauptsächlich darum, mit Hilfe von Transferleistungen einzugreifen, wenn das Einkommen einer Person[49] nicht ausreichend ist. Dabei

---

Folge haben, sondern *alle* Maßnahmen, die sich auf den Rechtsstatus von Personen auswirken, ob sie diesen verbessern, verschlechtern oder anderweitig verändern.

48 Ebenso wie in der rechtlichen Dimension werden hier grundsätzlich *alle* Maßnahmen verstanden, die die ökonomische Situation von Personen verbessern, verschlechtern oder andersartig beeinflussen.

49 Häufig bezieht sich dies auch auf Haushalte. Inwiefern das Individuum oder der Haushalt als Maßeinheit für die Berechnung von Transferleistungen herangezogen wird, ist von Land zu Land unterschiedlich und eng damit verknüpft, ob es sich um beitrags- oder steuerfinanzierte Leistungen handelt. So wird zum Beispiel in Deutschland das Arbeitslosengeld I, welches aus den Versicherungsbeiträgen finanziert wird, hinsichtlich des individuellen vormaligen Erwerbseinkommens berechnet (zuzüglich der Berücksichtigung von Kindern der Person). Beim Arbeitslosengeld II jedoch, welches steuerfinanziert ist, wird das Einkommen des gesamten Haushalts berücksichtigt, was zu vermin-

bezieht sich der Begriff »ausreichend« auf definierte Geldwerte, die eine Teilhabe am gesellschaftlichen Leben ermöglichen. Der Mindestsatz ist in vielen europäischen Ländern in der Sozialhilfe festgehalten, welche Unterkunft, Nahrungsmittel, Kleidung und ähnliches auf einem Grundniveau sichert.[50] Es können an dieser Stelle drei Formen von Transferleistungen unterschieden werden:

1. *Geldleistungen im Falle der Arbeitslosigkeit*, die gemeinhin als Arbeitslosengeld bezeichnet werden. Dies sind Leistungen, die gezahlt werden, wenn eine Person ihre Arbeit verliert und nicht sofort eine neue Stellung findet. Hierbei handelt es sich in den meisten europäischen Ländern um Versicherungsleistungen, das heißt, dass die arbeitslose Person zuvor in eine Arbeitslosenversicherung eingezahlt hat, von der sie nun Geld erhält. Wenn diese Versicherung nicht besteht, so greifen häufig andere Leistungen, die eine Grundsicherung darstellen – zumeist die Sozialhilfe.
2. *Geldleistungen beim Ausstieg aus dem Arbeitsmarkt.* Dies sind Leistungen, die gezahlt werden, wenn sich eine erwerbsfähige Person vorübergehend oder permanent aus dem Arbeitsmarkt zurückzieht. Beim vorübergehenden Rückzug handelt es sich zumeist um finanzielle Transfers zur Unterstützung zum Beispiel bei der Kindererziehung. Finanzielle Leistungen für den permanenten Rückzug wiederum sind Leistungen, die zum Beispiel im Rahmen von Vorruhestandsprogrammen gezahlt werden.[51] Es handelt sich also hier um Leistungen, die einen verfrühten und vollständigen Rückzug vom Arbeitsmarkt unterstützen.
3. *Geldleistungen zur Unterstützung von Erwerbsarbeit.* Dies sind, im Unterschied zu den anderen beiden finanziellen Transfers, Leistungen, die zusätzlich zu einem vorhandenen Erwerbseinkommen an Personen ge-

derten individuellen Leistungen führt, wenn der Partner/die Partnerin ein hohes Einkommen vorweisen kann.

50 Wie hoch dieses Grundniveau ist, wird in jedem Land anders definiert. Dies richtet sich nicht nur nach den grundlegenden Kosten in dem jeweiligen Land (dies kann auch innerhalb eines Landes von Region zu Region unterschiedlich sein), sondern auch danach, welche Grundbedürfnisse identifiziert werden, die jedem Menschen erfüllt werden sollten.

51 Die regulären Rentenzahlungen werden hier nicht dazu gezählt. Es handelt sich hierbei nicht um einen arbeitsmarktpolitischen Bereich, da Personen, die das reguläre Rentenalter erreicht haben, nicht mehr als erwerbsfähige Personen gelten. (Was nicht bedeutet, dass diese Person grundsätzlich nicht mehr erwerbsfähig ist. Sie gilt jedoch nicht mehr als relevant für den Arbeitsmarkt, da sie eine andere »Stufe« des Lebens erreicht hat.)

zahlt werden. Diese treten in der aktuellen arbeitsmarktpolitischen Diskussion zum Beispiel unter dem Begriff »negative Einkommenssteuer«[52] auf. Das heißt, dass das Gehalt einer Person, die in einem gering bezahlten Job arbeitet, seitens des Staates bis zu einem festgelegten Betrag aufgestockt wird.

*Die Dimension personenbezogener Dienstleistungen*

Für die Arbeitsmarktpolitik ist von zentraler Bedeutung, ob das Individuum in der Lage ist, Arbeit aufzunehmen. Das heißt, dass die individuelle Fähigkeit hierzu eine wichtige Rolle spielt. Daher sind im Rahmen der Dimension der personenbezogenen sozialstaatlichen Intervention solche *Maßnahmen, die die Beschäftigungsfähigkeit betreffen*, relevant. Dies zeigt, dass von einer Dienstleistungs-Dimension gesprochen werden kann. In diesem Sinn kann hier zwischen zwei zentralen Aspekten unterschieden werden:

1. *Umfang der Beratungs- und Vermittlungsleistungen*, wobei es sich um den Umfang des Einsatzes für die arbeitslose Person handelt, um so ein bestmögliches Ergebnis zu erzielen.
2. *Maßnahmen zur Förderung der Beschäftigungsfähigkeit*, also jene Maßnahmen, die es dem Individuum ermöglichen, eine Arbeit aufzunehmen beziehungsweise zu behalten. Dies umfasst jene Maßnahmen, die gemeinhin als aktive Maßnahmen bezeichnet werden, wie zum Beispiel Qualifizierungsmaßnahmen und subventionierte Beschäftigung.

52 In Deutschland wird alternativ zur negativen Einkommenssteuer das Kombilohn-Modell diskutiert, welches ebenfalls auf die Unterstützung niedrig entlohnter Tätigkeiten abzielt. Der Begriff des Kombilohns ist dabei jedoch nicht ganz eindeutig hinsichtlich des Adressaten der Bezuschussung. Zum einen können die staatlichen Transfers direkt an den Arbeitnehmer gezahlt werden. In diesem Fall wäre der Kombilohn eine Maßnahme zur Unterstützung der Erwerbsarbeit. Zum anderen können jedoch die Leistungen auch an den Arbeitgeber gezahlt werden. Da hier das Individuum nicht direkt adressiert wird, handelt es sich dann um eine aktive Maßnahme, die der Dimension der personenbezogenen Dienstleistungen zuzuordnen ist. Eine Zuordnung des Kombilohns kann daher nur im Rahmen der empirischen Untersuchung erfolgen, wenn die Ausgestaltung des Programms bekannt ist.

## 4.2 Wandel von staatlichem Handeln in der Arbeitsmarktpolitik

Da sich Kaufmann in seiner Analyse sozialstaatlicher Intervention auf die Wirkungsweise der verschiedenen Interventionsformen konzentriert, geht er nur wenig auf den Wandel staatlichen Handelns ein. Um Wandel erfassen zu können, muss ein Analyserahmen in der Lage sein, Dynamik zu berücksichtigen. In der allgemeinen Diskussion zum Wandel der Wohlfahrtsstaaten finden sich drei Dynamiken: der Ausbau, der Abbau sowie der Umbau des Wohlfahrtsstaates.[53] Diese Formen von Wandel beziehen sich erstens auf das Angebot an sozialstaatlichen Leistungen, und damit im Zusammenhang zweitens auf die Rechte des Bürgers im Sozialstaat sowie drittens auf die mit beiden Aspekten verbundene (ideale) Rolle des Staates hinsichtlich der Gewährleistung beziehungsweise Regulierung von Rechten und Leistungen.

Der Ausbau des Wohlfahrtsstaates als Ganzes wird auf den Zeitraum der sechziger und siebziger Jahre festgelegt, in dem sich der so genannte moderne Wohlfahrtsstaat entwickelte. Die Mitgliederkreise der Sozialversicherungen wurden erheblich erweitert, bestehende Programme erfuhren eine deutliche Ausdehnung und neue wohlfahrtsstaatliche Felder wurden erschlossen (vgl. Alber 1987). Die Rolle des Staates konstituierte sich hier als die eines »Garant des Gemeinwohls« (Lamping u.a. 2002: 8), was zu einer deutlichen Ausweitung staatlichen Handelns führte.

Der Auslöser für die Diskussion um einen Abbau des Wohlfahrtsstaates war die Ende der siebziger Jahre aufgetretene, viel beschriebene Krise desselben. Hier wurde und wird seitens Vertretern neoliberaler Ansichten vor allem die Notwendigkeit der Kürzungen von Leistungen und des Rückzug des Staates zugunsten nichtstaatlicher Akteure postuliert, wobei die Betonung der Rolle des Marktes im Vordergrund stand und steht (zum Beispiel Berthold 1999; Zänker 1994). Die Rolle des Staates wird hier als die eines »Kernsozialstaates« beschrieben, in dem die Staatstätigkeit auf definierte Kernaufgaben zurückgefahren, die Arbeits- und Wirtschafts-

---

53 Die sehr ausführliche und streitreiche Diskussion um die Rolle des Wohlfahrtsstaates kann hier nur auszugsweise dargestellt werden. Denn es geht in dieser Arbeit nicht darum zu überprüfen, ob und wie sich der Wohlfahrtsstaat insgesamt geändert hat. Vielmehr sollen an dieser Stelle nur die Möglichkeiten des Wandels aufgezeigt werden, die dann hinsichtlich der hier definierten Dimensionen von staatlichem Handeln herangezogen werden.

märkte dereguliert und einige Bereiche der sozialen Sicherung privatisiert werden (u.a. Berthold 1997).

Da dieser Abbau nicht in vollem Umfang stattgefunden hat (Pierson 1994), entwickelte sich eine Diskussion um den Umbau des Sozialstaates, denn ein Veränderungspotential kann nicht generell ausgeschlossen werden. Dabei können in einigen Bereichen sowohl Ausbau als auch Abbau von Leistungen vollzogen werden, jedoch handelt es sich hierbei um einen veränderten Umgang mit alten und/oder neuen Problemen (vgl. Pierson 2001). Die Rolle des Staates ist somit weder erweitert noch eingeschränkt, sondern verändert. Staatliches Handeln wird dementsprechend nicht mehr oder weniger, sondern lediglich anders.

Die hier aufgezeigten Grundzüge der in der Forschungsliteratur vorhandenen Möglichkeiten zur Definition von Wandel können auch hier berücksichtigt werden. Allerdings müssen diese den vollzogenen Definitionen von staatlicher Intervention angepasst werden. Zunächst soll festgelegt werden, welcher Ausgangspunkt für den Wandel gesetzt wird. Denn bei der Untersuchung von Veränderung ist es generell notwendig zu bestimmen, im Verhältnis zu welcher ursprünglichen Situation sich etwas verändert. Da hier interessiert, wie sich staatliches Handeln im Rahmen aktivierender Arbeitsmarktpolitik verändert, bildet die klassische Arbeitsmarktpolitik den Ausgangspunkt. Das bedeutet, dass der Wandel staatlichen Handelns dahingehend betrachtet wird, wie staatliche Intervention in der klassischen Arbeitsmarktpolitik geprägt war und wie – im Unterschied dazu – staatliches Handeln in der aktivierenden Arbeitsmarktpolitik gestaltet ist.

Im Rahmen der oben beschriebenen Dimensionen sozialstaatlicher Intervention (rechtliche, ökonomische und Dienstleistungs-Dimension) lassen sich zwei Formen von Wandel aufmachen:

1) Wandel innerhalb der Dimensionen und
2) Wandel zwischen den Dimensionen.

Wie sich diese beiden Formen von Wandel messen lassen, soll im Folgenden näher erläutert werden. Dabei handelt es sich um ein relativ schematisches Verständnis von Wandel, da eine Quantifizierbarkeit der in dieser Arbeit vorherrschenden qualitativen Elemente gewährleistet werden soll.

*Wandel innerhalb der Dimensionen*

Jede der drei oben vorgestellten Dimensionen sozialstaatlicher Intervention beinhaltet verschiedene Aspekte, die es bei der Messung zu berücksichtigen gilt. Denn darin konstituiert sich der Wandel staatlichen Handelns innerhalb der einzelnen Dimensionen. Inwiefern diese einzelnen Aspekte abgebaut oder ausgebaut werden, bestimmt, ob in der entsprechenden Dimension von Abbau, Ausbau oder Umbau die Rede ist und damit, ob ein Mehr oder ein Weniger beziehungsweise ein anderes staatliches Handeln beschrieben werden kann (vgl. Abbildung 1).

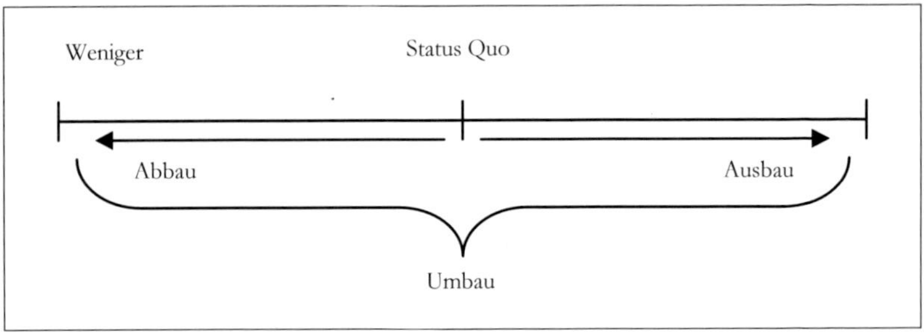


*Abbildung 1: Wie kann sich staatliches Handeln innerhalb der Dimensionen verändern?*

Wenn also die Mehrheit der Aspekte einer Dimension abgebaut wird, ist von einem Weniger an staatlichem Handeln zu sprechen. *Vice versa* gilt, dass ein mehrheitlicher Ausbau der Aspekte zu einem Mehr an staatlichem Handeln führt. Werden einzelne Aspekte abgebaut und andere wiederum ausgebaut, so ist von einem Umbau die Rede, also einem anderen staatlichen Handeln.

*Wandel zwischen den Dimensionen*

Mit Wandel zwischen den Dimensionen ist hier die jeweilige Gewichtung der einzelnen Dimension im Gefüge aller Dimensionen sozialstaatlicher Intervention gemeint. Das bedeutet, dass ein oder zwei Dimensionen gegenüber den anderen Dimensionen an Bedeutung gewinnen oder verlieren können. Natürlich sind auch Szenarien denkbar, in denen staatliches Handeln in allen Dimensionen abgebaut beziehungsweise ausgebaut wird. Dies kann das staatliche Handeln in der Arbeitsmarktpolitik erheblich verändern – nämlich indem es weniger beziehungsweise mehr wird. In diesem Fall würde sich ein verändertes staatliches Handeln schlicht aus dem Wandel innerhalb der Dimensionen erklären. Das gleiche gilt, wenn in allen Dimensionen ein Umbau festgestellt werden kann, bei dem keine Tendenzen in Richtung Abbau oder Ausbau nachzuweisen sind. Interessant wird es erst, wenn einzelne Dimensionen gegenüber den anderen eine veränderte Gewichtung erhalten. Wie diese Gewichtungen aussehen können, ist in Abbildung 2 dargestellt.

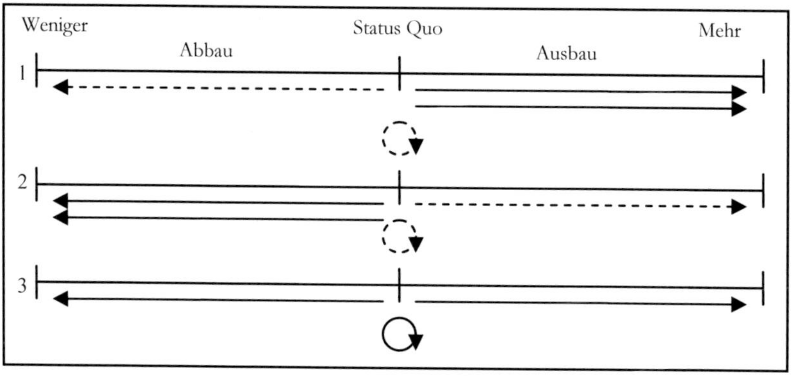


*Abbildung 2: Wie kann sich staatliches Handeln zwischen den Dimensionen verändern?*

Im ersten Szenario verändert sich das Verhältnis zwischen den Dimensionen in der Art, dass zwei Dimensionen an Bedeutung gewinnen, während eine an Bedeutung verliert beziehungsweise weder einen Bedeutungsverlust noch einen Bedeutungsgewinn hat. Das zweite Szenario beschreibt den Verlust an Bedeutung zweier Dimensionen, während eine Dimension an Bedeutung gewinnt beziehungsweise ohne Bedeutungsgewinn oder Bedeutungsverlust ist. Das dritte Szenario beinhaltet eine Dimension, die ausgebaut, eine Dimension die abgebaut, und eine Dimension, die sich zwar verändert, jedoch nicht in dem Maße, dass sie ausgebaut oder abgebaut wird. Staatliches Handeln lässt sich daher folgendermaßen in den Szenarien bewerten: In Szenario 1 ist ein Mehr an staatlichem Handeln festzustellen, in Szenario 2 dagegen ein Weniger. In Szenario 3 verändert sich staatliches Handeln, ohne dass hier von einem Mehr oder Weniger an staatlichem Handeln zu sprechen wäre.

# 5. Staatliches Handeln in der klassischen und der aktivierenden Arbeitsmarktpolitik

Nachdem nun konzeptionell erarbeitet wurde, was staatliches Handeln in Bezug auf das Individuum umfasst und wie sich der Wandel von staatlichem Handeln diesbezüglich gestalten kann, sollen nun diese konzeptionellen Überlegungen mit den im ersten Teil herausgearbeiteten Typen von Arbeitsmarktpolitik verbunden werden, um so zu beschreiben, wie staatliches Handeln in der klassischen und der aktivierenden Arbeitsmarktpolitik, in den *enabling-* und *workfare-*Strategien und somit auch in Bezug auf die Geringqualifizierten idealtypisch aussieht.

## 5.1 Dimensionen sozialstaatlicher Intervention in der klassischen und der aktivierenden Arbeitsmarktpolitik

Aufgrund der Definition von staatlichem Handeln sowie den Idealtypen der klassischen und der aktivierenden Arbeitsmarktpolitik lassen sich Grundannahmen formulieren, wie das staatliche Handeln in den jeweiligen Politiken ausgestaltet sein müsste. Dies wiederum lässt Schlüsse über die Veränderungen zu, die sich im Zuge des Wandels von der klassischen zur aktivierenden Arbeitsmarktpolitik auf das staatliche Handeln niederschlagen. Wie in Tabelle 3 dargestellt, muss sich staatliches Handeln in der aktivierenden Arbeitsmarktpolitik in allen drei Dimensionen erheblich von dem der klassischen Arbeitsmarktpolitik unterscheiden.

| | *Klassische Arbeitsmarktpolitik* | *Aktivierende Arbeitsmarktpolitik* |
|---|---|---|
| *Rechtliche Dimension* | Universelle Rechte auf Transferleistungen | Gewährung von Teilhaberechten am Arbeitsmarkt Konditionalisierung von sozialen Rechten |
| *Ökonomische Dimension* | Versorgungs- und Fürsorgeleistungen | Finanzielle Anreize zur Arbeitsaufnahme |
| *Dimension der personenbezogenen Dienstleistungen* | Standardisierte Dienstleistungen | Individualisierte Dienstleistungen |

*Tabelle 3: Dimensionen sozialstaatlicher Intervention in der Arbeitsmarktpolitik*

*Wandel in der rechtlichen Dimension*

In der *klassischen Arbeitsmarktpolitik* gibt es idealtypisch ein universelles Recht auf Transferleistungen, wobei sich dies vorrangig auf Leistungen im Falle der Arbeitslosigkeit (zum Beispiel Arbeitslosengeld) bezieht.[54] Das bedeutet, dass die Bedingungen zum Erhalt von Arbeitslosengeld gering sind. Dies würde dem Faktor Rechnung tragen, soziale Sicherheit durch Einkommenssicherung zu erreichen. Die Rechte in Bezug auf Dienstleistungen sind nicht von großer Bedeutung.

In der *aktivierenden Arbeitsmarktpolitik* dagegen sind die finanziellen Rechte konditionalisiert, das heißt sie sind an deutliche Bedingungen beziehungsweise Pflichten bezüglich des Verhaltens in der Phase der Arbeitslo-

54 Der Begriff universell soll hier nicht falsch verstanden werden. Vollständig universell sind keine Leistungen, da zumindest die Voraussetzung seitens des Individuums erfüllt sein muss, arbeitslos beziehungsweise bedürftig zu sein. Darüber hinaus ist hinsichtlich des Arbeitslosengeldes anzumerken, dass die meisten europäischen Länder hier über ein Versicherungssystem verfügen. Dies bedeutet, dass grundlegende Bedingung für den Erhalt von Arbeitslosengeld die gezahlten Versicherungsleistungen sind. Universell wird also an dieser Stelle als Beschreibungsmerkmal verstanden, wie einfach der Erhalt von Transferleistungen ist, wenn die Minimalbedingungen (arbeitslos, versichert) erfüllt sind.

sigkeit geknüpft, wie zum Beispiel Auflagen hinsichtlich der Arbeitssuche, der Annahme von Arbeit aber auch der Teilnahme an Maßnahmen. Im Falle von Fehlverhalten werden Sanktionen verhängt. Im Gegenzug dazu gewährleistet der Staat bis zu einem gewissen Grad die Teilhabe am Arbeitsmarkt. Was er also als Pflichten von Arbeitslosen einfordert, wird von ihm durch ein Recht auf Dienstleistungen unterstützt. Damit würde eine Vorstellung von staatlichem Handeln zum Ausdruck kommen, die soziale Inklusion aller erwerbsfähigen Personen durch Arbeitsmarktteilhabe sichern und fordern will.

Es kann demnach in dieser Dimension von einem *Umbau* gesprochen werden, also einem *anderen staatlichen Handeln*, in dem die Rechte auf Geldleistungen an Bedeutung verlieren, gleichzeitig aber die Rechte auf Dienstleistungen wichtiger werden müssen. Dabei korrespondiert diese Verschiebung der Schwerpunktsetzung mit dem Wandel in den beiden anderen Dimensionen.

*Wandel in der ökonomischen Dimension*

Im Einklang mit der rechtlichen Dimension sozialstaatlicher Intervention werden in der *klassischen Arbeitsmarktpolitik* idealtypisch umfangreiche Versorgungs- und Fürsorgeleistungen angeboten. Diese beziehen sich auf generöse Leistungen im Falle der Arbeitslosigkeit ebenso wie zum permanenten und vorübergehenden Ausstieg aus dem Arbeitsmarkt. Geldleistungen zur Unterstützung von Erwerbsarbeit, wie zum Beispiel eine negative Einkommenssteuer, kann es geben, jedoch spielen sie eine untergeordnete Rolle. Dies würde sich auf zwei grundlegende Ideen beziehen, nämlich zum einen die Verhinderung von Armut aufgrund von Arbeitslosigkeit und zum anderen die Befreiung des Individuums vom Arbeitszwang (Dekommodifizierung).

Im Idealtyp der *aktivierenden Arbeitsmarktpolitik* dagegen stehen finanzielle Anreize zur Arbeitsaufnahme im Vordergrund. Dies kann zum Beispiel die finanzielle Förderung von Erwerbsarbeit bedeuten oder aber auch Leistungskürzungen der passiven Transfers. Das heißt, dass Geldleistungen im Falle der Arbeitslosigkeit gekürzt werden. Darüber hinaus werden die Möglichkeiten zum permanenten Ausstieg aus dem Arbeitsmarkt erheblich eingeschränkt. Leistungen für den vorübergehenden Ausstieg können unter Umständen sogar ausgeweitet werden, wenn sie einer Arbeitsmarktintegration dienlich sind. Damit soll zum einen soziale Exklusion, die nicht nur aufgrund fehlender finanzieller Mittel entsteht, verhindert beziehungsweise bekämpft werden. Zum anderen wird dem Grundsatz der Rekommodifizierung Rechnung getragen.

In dieser Dimension müsste somit von einem *Abbau*, einem *Weniger an staatlichem Handeln* gesprochen werden, wenn die passiven Geldleistungen gekürzt werden, die finanzielle Unterstützung zur Erwerbsarbeit aber nicht in gleichem Maße ausgebaut wird.

*Wandel in der Dienstleistungs-Dimension*

In der *klassischen Arbeitsmarktpolitik* handelt es sich idealtypisch um standardisierte personenbezogene Dienstleistungen. Das heißt, dass der Umfang der Beratungs- und Vermittlungsleistungen tendenziell niedrig ist, da hier allgemeine Kriterien angesetzt werden; auf individuelle Belange wird nicht eingegangen. Auch die Maßnahmen sind standardisiert, das heißt dass für alle Arbeitslosen die gleichen aktiven Maßnahmen ohne Berücksichtigung der individuellen Umstände zur Verfügung stehen. Diese Elemente würden sich dabei auf die Vorstellung von Arbeitslosigkeit als Massenphänomen beziehungsweise Strukturproblem beziehen und daher primär dem Ausgleich zwischen Angebot und Nachfrage auf dem Arbeitsmarkt dienen.

In der *aktivierenden Arbeitsmarktpolitik* dagegen sind die personenbezogenen Dienstleistungen idealerweise individualisiert. Im Einzelnen würde dies bedeuten, dass der Umfang der Beratungs- und Vermittlungsleistungen sehr hoch ist, da auf die individuellen Faktoren Rücksicht genommen wird. Außerdem steht ein umfangreicher Maßnahmenkatalog zur Verfügung, um so individuellen Bedürfnissen und Fähigkeiten entsprechend entgegentreten zu können. Insgesamt würde sich dies auf die Zielsetzung, die Beschäftigungsfähigkeit aller erwerbsfähigen Personen zu sichern und die Integration in den Arbeitsmarkt zu fördern, stützen. Gleichsam würden die individuellen Defizite der Personen berücksichtigt.

In dieser Dimension würde also ein *Ausbau*, demnach ein *Mehr an staatlichem Handeln* stattfinden, weil dieses in der Beratungs- und Vermittlungsleistung und hinsichtlich des Angebots an aktiven Maßnahmen zunimmt.

*Wandel zwischen den Dimensionen*

Im Wandel von der klassischen zur aktivierenden Arbeitsmarktpolitik muss also idealtypisch in allen drei Dimensionen von einem Wandel an staatlichem Handeln gesprochen werden. In der rechtlichen Dimension kann dieser Wandel jedoch nicht quantifiziert, also im Sinne eines Mehr oder Weniger gedeutet, werden. Hier verändert sich staatliches Handeln in der Form, dass von einem anderen staatlichen Handeln gesprochen werden kann. In der ökonomischen Dimension ist in der aktivierenden Arbeitsmarktpolitik von weniger staatlichem Handeln zu sprechen, da hier ein Abbau der Leistungen verzeichnet wird. In der personenbezogenen Dimension wiederum kann ein Ausbau der Leistungen und somit ein Mehr an staatlichem Handeln gezeigt werden. Diese Veränderungen des staatlichen Handelns bedeuten, dass auch ein Wandel zwischen den Dimensionen stattgefunden hat (siehe Abbildung 3).

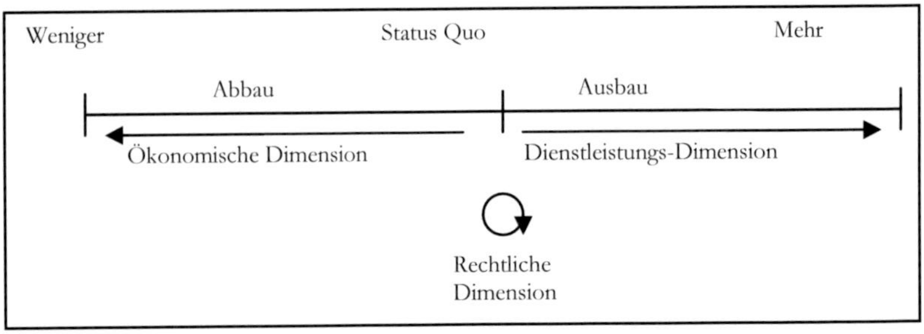


*Abbildung 3: Wandel zwischen den Dimensionen in der aktivierenden Arbeitsmarktpolitik*

Die ökonomische Dimension würde gegenüber den anderen Dimensionen an Bedeutung verlieren, während die Dimension der personenbezogenen Dienstleistungen an Bedeutung gewinnen würde. Die rechtliche Dimension würde in ihrer Bedeutung gegenüber den anderen Dimensionen gleich bleiben. Insgesamt wäre also von einem *Umbau*, einem *anderen staatlichen Handeln* zu sprechen.

## 5.2 Staatliches Handeln in den zwei Strategien aktivierender Arbeitsmarktpolitik und in Bezug auf Geringqualifizierte

So wie die zuvor erfolgte Gegenüberstellung von klassischer und aktivierender Arbeitsmarktpolitik mit dem Konzept von staatlichem Handeln verknüpft wurde, muss dies nun auch mit den später dargestellten Strategien aktivierender Arbeitsmarktpolitik erfolgen. Dabei ist zu beachten, dass die beiden Strategien *enabling* und *workfare* nicht losgelöst von dem Gesamtkonzept der aktivierenden Arbeitsmarktpolitik betrachtet werden können. Vielmehr handelt es sich bei diesen Strategien um unterschiedliche Schwerpunktsetzungen im Rahmen der aktivierenden Arbeitsmarktpolitik. Das bedeutet, dass sich die Aspekte der aktivierenden Arbeitsmarktpolitik in beiden Dimensionen wiederfinden, jedoch unterschiedlich stark ausgeprägt. Wie sich die Schwerpunktsetzung idealtypisch gestaltet, zeigt Tabelle 4.

| | *Enabling* | *Workfare* |
|---|---|---|
| *Rechtliche Dimension* | Schwerpunkt Dienstleistungen (Teilnahme Maßnahmen) | Schwerpunkt Dienstleistungen (Vermittlung) und Sanktionen |
| *Ökonomische Dimension* | Schwerpunkt passive Transferleistungen | Schwerpunkt Unterstützung von Erwerbsarbeit |
| *Dienstleistungs-Dimension* | Schwerpunkt aktive Maßnahmen | Schwerpunkt Vermittlung |

*Tabelle 4: Staatliches Handeln in den Strategien aktivierender Arbeitsmarktpolitik*

In der rechtlichen Dimension würde die *enabling*-Strategie vor allem auf den Dienstleistungsaspekt setzen, wobei hier das Recht auf die Teilnahme an aktiven Maßnahmen sehr weitreichend ist. Auch in der *workfare*-Strategie würde auf den Dienstleistungsfaktor fokussiert werden, allerdings vielmehr hinsichtlich der Vermittlungsleistungen. Das Recht auf Teilnahme an aktiven Maßnahmen ist durch Verfügbarkeitsanforderungen eingeschränkt. Darüber hinaus haben im Rahmen des Rechtes auf Geldleistungen die Sanktionen eine bedeutende Rolle inne, welche jedoch in der *enabling*-Strategie keine Relevanz haben. Dies würde der unterschiedlichen Zielsetzung der beiden Strategien entsprechen – zum einen die Verbesserung der Chancen auf dem Arbeitsmarkt (*enabling*) und zum anderen die Prämisse *Work first (workfare)*.

Deutlich wäre auch die unterschiedliche Schwerpunktsetzung in der ökonomischen Dimension. Während in der *enabling*-Strategie ein größerer Fokus auf den passiven Transferleistungen ruht, wird in der *workfare*-Strategie eher auf die Unterstützung von Erwerbsarbeit gesetzt. Dies bedeutet, dass aufgrund der Annahme, dass das primäre Problem im Rahmen von *workfare* in den fehlenden ökonomischen Anreizen zur Arbeitsaufnahme liegt, zum einen hier Transferleistungen im Sinne eines negativen Anreizes deutlich weiter gesenkt werden als im Rahmen von *enabling*. Zum anderen wird ein positiver Anreiz zur Arbeitsaufnahme gegeben, indem das Individuum für niedrig entlohnte Arbeit finanzielle Unterstützung zum Beispiel in Form einer negativen Einkommenssteuer erhalten würde. In der *enabling*-Strategie spielt dagegen diese Art der Transferleistungen keine bedeutende Rolle, da nicht die ökonomischen Anreize als zentral bewertet werden. Vielmehr wird hier das Problem bei fehlenden Kompetenzen und Qualifikationen gesehen, welches durch erhebliche Kürzungen von Transferleistungen nicht gelöst werden kann.

Ebenfalls klar erkennbar wären die verschiedenen Schwerpunktsetzungen in der Dimension der personenbezogenen Intervention. Im Rahmen der *enabling*-Strategie wird durch aktive Maßnahmen Hilfe zur Selbsthilfe gegeben, gleichsam verknüpft mit einer Pflicht zur Teilnahme an aktiven Maßnahmen. Im Rahmen der *workfare*-Strategie gibt es ebenfalls aktive Maßnahmen, allerdings sind diese eher von kurzer Dauer und dienen der Herstellung oder Aufrechterhaltung des Kontakts zum Arbeitsmarkt. Bedeutender sind die Vermittlungsleistungen, um den Arbeitslosen so schnell wie möglich wieder zurück in den ersten Arbeitsmarkt zu bringen. Im Rahmen von *enabling* wiederum sind die aktiven Maßnahmen eher von langer Dauer und zielen auf die Aufhebung des Qualifikations- und Kompetenzdefizits ab.

In dieser idealtypischen Darstellung von staatlichem Handeln in den beiden Strategien aktivierender Arbeitsmarktpolitik zeigen sich weitreichende Überschneidungen mit den zuvor dargestellten Strategien zur Arbeitsmarktintegration von Geringqualifizierten (vgl. Tabelle 5).

| | | Klassische Arbeitsmarktpolitik | Strategien aktivierender Arbeitsmarktpolitik: Enabling | Strategien aktivierender Arbeitsmarktpolitik: Workfare |
|---|---|---|---|---|
| Strategien in Bezug auf Geringqualifizierte | Dekommodifizierung | X | | |
| | Qualifizierung | | X | |
| | Niedriglohn | | | X |

*Tabelle 5: Staatliches Handeln in Bezug auf Geringqualifizierte*

So kann die Niedriglohnstrategie – also die Förderung gering bezahlter Tätigkeiten durch finanzielle Transfers – in der *workfare*-Strategie verortet werden, während sich die Qualifizierungsstrategie – die Förderung von Aus- und Weiterbildung durch entsprechende aktive Maßnahmen – in der *enabling*-Strategie widerspiegelt. Die klassische Arbeitsmarktpolitik wiederum würde nicht nur hinsichtlich aller Arbeitslosen eine Dekommodifizierungspolitik verfolgen. Auch insbesondere in Bezug auf die Geringqualifizierten wäre dies der Fall, da hier Personen, die aufgrund eines geringen Bildungsstandes Probleme mit der Aufrechterhaltung der Verknüpfung zum Arbeitsmarkt haben, primär durch Frühverrentungsprogramme aus dem Arbeitsmarkt genommen werden würden.

## 6. Zusammenfassung der konzeptionellen Überlegungen und Hypothesen

Staatliches Handeln in der Arbeitsmarktpolitik – im Sinne einer staatlichen Intervention – kann in drei Dimensionen aufgeschlüsselt werden, die unabhängig voneinander betrachtet werden können, sich jedoch auch aufeinander beziehen. Wandel von staatlichem Handeln wiederum lässt sich anhand des Wandels innerhalb dieser drei Dimensionen sowie dem Beziehungsverhältnis der Dimensionen zueinander darstellen. Idealtypisch kann so der Wandel staatlichen Handelns von der klassischen zur aktivierenden Arbeitsmarktpolitik nachgezeichnet werden. Im Hinblick darauf sowie unter Einbezug der zwei Strategien von aktivierender Arbeitsmarktpolitik und der Strategien zur Arbeitsmarktintegration von Geringqualifizierten lassen sich für Dänemark folgende Hypothesen ableiten:

Im Wandel von der klassischen zur aktivierenden Arbeitsmarktpolitik ist in Dänemark von einem Umbau zu sprechen, also einem anderen staatlichen Handeln. Es findet eine Verschiebung von der Betonung der Geldleistungen hin zu einer stärkeren Gewichtung der Dienstleistungen statt.

Im Rahmen des Wandels hin zur aktivierenden Arbeitsmarktpolitik ist das staatliche Handeln in Dänemark von der *enabling*-Strategie geprägt. Die Sicherung und Einforderung der Teilnahme an aktiven Maßnahmen steht hier im Vordergrund.

Mit dem Wandel hin zur aktivierenden Arbeitsmarktpolitik geht auch die Aktivierung der Geringqualifizierten einher. Es ist zu erwarten, dass dabei eine Schwerpunktsetzung auf die Qualifizierung dieser Gruppe erfolgt.

Unter diesen Gesichtspunkten soll nun die Fallstudie zum Wandel der Arbeitsmarktpolitik in Dänemark unter der Berücksichtung der Geringqualifizierten erfolgen. Dazu wird im nächsten Schritt der methodische Zugang und der Aufbau der Fallstudie erläutert.

# III. Arbeitsmarktpolitik in Dänemark: Methodischer Zugang

## 7. Begründung der Fallauswahl und Untersuchungsdesign

Dänemark stellt hinsichtlich der Untersuchung von staatlichem Handeln in der Arbeitsmarktpolitik ein ideales Fallbeispiel dar. Erstens führte Dänemark bereits zu Beginn der neunziger Jahre aktivierende Elemente in die Politik ein. Dies ermöglicht die Beobachtung der Entwicklung über einen längeren Zeitraum. Das Gegenteil ist zum Beispiel in Deutschland zu sehen, da hier die Aktivierungspolitik beziehungsweise zentrale Elemente hiervon erst vor wenigen Jahren in die Arbeitsmarktpolitik Einzug erhielten. Somit bietet Dänemark im Unterschied zu Deutschland einen weiter reichenden Untersuchungszeitraum.

Zweitens gilt Dänemark hinsichtlich seiner Aktivierungsstrategie als *model of good practice* in der internationalen Forschungsgemeinschaft. Aufgrund der scheinbar »sanften« Aktivierung, welche im Wesentlichen mit der sozialen Verträglichkeit der Reformen begründet wird, gilt Dänemark als Vorbild für die Umgestaltung der Arbeitsmarktpolitik in vielen Ländern. Aus diesem Grund ist es sinnvoll, staatliches Handeln in der dänischen Aktivierungspolitik zu untersuchen, um diese Vorbildfunktion zu bestätigen oder zu widerlegen.

Und drittens erfuhr die dänische Arbeitsmarktpolitik vor allem ab 1994 mit der Einführung der ersten Aktivierungselemente internationale Aufmerksamkeit, allerdings ebbte diese auch im neuen Jahrtausend wieder ab. Nahezu unbeleuchtet blieben also bisher sowohl die Arbeitsmarktpolitik vor den Reformen als auch nach der Jahrtausendwende. Mit der Berücksichtigung des gesamten Zeitraumes 1990–2005 kann in dieser Arbeit der Wandel des staatlichen Handelns in der Aktivierungspolitik im Unterschied zur klassischen Arbeitsmarktpolitik und in der Weiterentwicklung der Aktivierungsstrategie verdeutlicht werden.

Um die Entwicklung der dänischen Arbeitsmarktpolitik zum einen pointierter herauszuarbeiten und zum anderen auch an einem Extremfall zu überprüfen, wird als *hard case* die Gruppe der Geringqualifizierten herangezogen. Geringqualifizierte sind – nicht nur in Dänemark – besonders häufig von Arbeitslosigkeit und insbesondere Langzeitarbeitslosigkeit, aber auch von Nichterwerbstätigkeit betroffen. Sie stellen somit eine bedeutende Problemgruppe auf dem dänischen Arbeitsmarkt dar und es ist daher nötig, sie durch die Arbeitsmarktpolitik zu adressieren. Mit der Berücksichtigung der Geringqualifizierten kann so ein potentieller *creaming*-Effekt in der dänischen Arbeitsmarktpolitik berücksichtigt werden. In der Arbeitsmarktpolitik wird unter einem *creaming*-Effekt die Tatsache verstanden, dass »unproblematische« – zum Beispiel gut ausgebildete – Personen in den Arbeitsmarkt zurückkehren, die Problemgruppen – zum Beispiel Geringqualifizierte – jedoch in Arbeitslosigkeit verbleiben (Schömann u.a. 2006: 21). Im Hinblick auf die Aktivierung ist von zentraler Bedeutung, dass alle durch die Politik adressiert werden, nicht nur diejenigen, die eigentlich auch ohne (viel) Hilfe wieder Arbeit finden. Daher wird in der Fallstudie zum staatlichen Handeln die Problemgruppe der Geringqualifizierten als eine Art Kontrollgruppe verwendet.

Mit Hilfe des im Folgenden entwickelten Untersuchungsdesigns wird nun der Aufbau der Fallstudie bestimmt. Dies beinhaltet erstens die Ausgangsbedingungen für die dänische Arbeitsmarktpolitik und zweitens ein Analyseraster, welches sicherstellt, dass über den gesamten Untersuchungszeitraum die gleichen Elemente durchleuchtet werden. Darüber hinaus wird drittens bestimmt, unter welchen Gesichtspunkten die dänische Arbeitsmarktpolitik betrachtet werden soll, um das staatliche Handeln in Bezug auf die Geringqualifizierten zu analysieren. Es handelt sich demnach bei dieser Fallstudie um eine klassische Form der Politikfeldanalyse, bei der die Methoden eines historischen Vergleichs herangezogen werden.

## 7.1 Notwendigkeit einer Sekundäranalyse: Ausgangsbedingungen für die dänische Arbeitsmarktpolitik

Bevor die dänische Arbeitsmarktpolitik untersucht und das staatliche Handeln analysiert werden kann, bedarf es einer Sekundäranalyse, um die Ausgangsbedingungen für diese Arbeitsmarktpolitik zu verdeutlichen. Denn bevor bestimmt werden kann, wie sich staatliches Handeln verändert, muss klar definiert sein, wo staatliches Handeln stattfindet. Dies umfasst zwei Aspekte: Einerseits muss geklärt sein, wo der Staat im Akteursgefüge steht: Wo agiert der Staat und wo andere, nichtstaatliche Akteure (Sozialpartner, Marktakteure)? Anderseits ist von Bedeutung, in Bezug auf wen der Staat agieren kann – einfach formuliert: Wer ist arbeitslos? Dies bedeutet zum einen, dass die Arbeitsmarktentwicklungen in Dänemark erläutert werden, wobei hier vor allem die Entwicklungen der Arbeitslosenquote allgemein und die der Geringqualifizierten im Besonderen im Vordergrund stehen.

Zum anderen soll im Rahmen der Sekundäranalyse das institutionelle Setting, in das die dänische Arbeitsmarktpolitik eingebettet ist, beschrieben werden. Dies umfasst einerseits die Konstitution des dänischen Arbeitsmarktmodells – also Arbeitslosenversicherung, Gesetzgebungsprozess, Verwaltung und ähnliches – und andererseits das Verhältnis zwischen Staat, Marktakteuren und Sozialpartnern. Insbesondere Letzteres ist von hoher Bedeutung, um definieren zu können, wo staatliches Handeln in der dänischen Arbeitsmarktpolitik stattfindet. Im Rahmen der Sekundäranalyse wird der gesamte Zeitraum von 1990–2005 betrachtet, um so eventuelle Aufgabenverschiebungen zwischen den verschiedenen Akteuren ausmachen zu können. Damit soll sichergestellt werden, dass Veränderungen im staatlichen Handeln gegenüber dem Individuum im Lichte sich potentiell veränderter Aufgabenverteilungen zwischen Staat, Markt und Sozialpartnern betrachtet wird.

## 7.2 Zur Untersuchung von staatlichem Handeln

Das staatliche Handeln in der dänischen Arbeitsmarktpolitik wird hauptsächlich hinsichtlich der Gesetze untersucht, welche in erster Linie arbeitsmarktpolitische Gesetze (zum Beispiel Gesetz über aktive Arbeitsmarktpolitik, Gesetz über eine aktive Beschäftigungspolitik, Gesetz über Arbeitslosenversicherung, Gesetz über aktive Sozialpolitik) umfassen. Darüber hinaus finden Gesetze mit arbeitsmarktpolitischer Relevanz Berücksichtigung (zum Beispiel Gesetze im Rahmen der Erwachsenen- und Weiterbildungspolitik, Steuergesetzgebung). Zusätzlich sind hier amtliche Bekanntmachungen und Verwaltungsrichtlinien relevant, um einzelne Aspekte in einigen Dimensionen verdeutlichen zu können.

Neben der Inhaltsanalyse von Rechtsquellen sollen jedoch auch Statistiken über die Anwendung der Gesetze hinzugezogen werden. Dies dient im Grunde der Überprüfung der in den Gesetzen und Richtlinien formulierten Politik. Wird diese auch so umgesetzt? Oder gestaltet sich die Implementierung völlig anders? Zurückgegriffen wird hier im Wesentlichen auf zwei Faktoren: Wie viele Personen nehmen an passiven und aktiven Maßnahmen teil? Wie hoch sind die jeweiligen Ausgaben für aktive und passive Maßnahmen? So können Schwerpunktsetzungen in der Politik deutlicher hervorgehoben werden. Für jede Dimension staatlichen Handelns werden die zuvor formulierten Inhalte bezüglich unterschiedlicher Aspekte beleuchtet (vgl. Tabelle 6).

In der *rechtlichen Dimension* werden zum einen im Kontext des Rechts auf Geldleistungen die Zugangsbedingungen sowie die Verfügbarkeitsverpflichtungen im Hinblick auf den Erhalt von Geldleistungen betrachtet[55], wobei hier gleichsam von Bedeutung ist, inwiefern Fehlverhalten sanktioniert wird. Es stellen sich also die Fragen nach den Bedingungen vor dem Leistungsbezug, während des Leistungsbezugs und der Bestrafung von Fehlverhalten beziehungsweise Nichterfüllung der Bedingungen. Zum anderen werden bezüglich des Rechts auf Dienstleistungen das Recht auf Beratung und Vermittlung sowie das Recht auf Teilnahme an aktiven Maßnahmen berücksichtigt. Hier ist die Frage leitend, wer von diesen Leistungen profitieren darf und wie weit reichend das Recht hierauf ist.

In der *ökonomischen Dimension* gilt es erstens, die Geldleistungen, die aufgrund von Arbeitslosigkeit gezahlt werden, hinsichtlich Höhe und Dauer der Leistung zu beleuchten. Zweitens ist in Bezug auf Geldleistungen zum Ausstieg aus dem Arbeitsmarkt von Interesse, wie viele solcher Maßnahmen angeboten, in welcher Höhe sie gezahlt werden und in Bezug auf die Maßnahmen zum vorübergehenden Ausstieg von welcher Dauer sie sind. Drittens werden die Geldleistungen als Arbeitsanreiz in Bezug auf deren Existenz und Höhe betrachtet und gefragt, wer die Adressaten von diesen Leistungen sind. Hier sind ausschließlich die Geldleistungen relevant, von denen das Individuum direkt profitiert, wie zum Beispiel negative Einkommenssteuer. Leistungen, die an den Arbeitgeber gezahlt werden, sind im Rahmen der subventionierten Beschäftigung im Sinne einer aktiven Maßnahme erfasst.

55 Die Definition von Geldleistungen umfasst dabei die in der ökonomischen Dimension beschriebenen passiven Transferleistungen.

| Rechtliche Dimension |
|---|
| *Recht auf Geldleistungen* |
| Zugangsbedingungen (Welche Bedingungen müssen erfüllt sein, bevor die Leistung bezogen werden kann?) |
| Verfügbarkeitsverpflichtung (Welche Bedingungen müssen erfüllt werden, während die Leistung bezogen wird?) |
| Sanktionen (Wie wird Fehlverhalten bestraft?) |
| *Recht auf Dienstleistungen* |
| Beratung und Vermittlung (Für wen und in welchem Umfang wird ein Recht hierauf gewährleistet?) |
| Aktive Maßnahmen (Für wen und in welchem Umfang wird ein Recht hierauf gewährleistet?) |
| **Ökonomische Dimension** |
| *Geldleistungen Arbeitslosigkeit* |
| Höhe der Leistung |
| Dauer der Leistung |
| *Geldleistungen Ausstieg vom Arbeitsmarkt* |
| permanent (Anzahl der angebotenen Leistungen und Höhe der jeweiligen Leistung) |
| vorübergehend (Anzahl der angebotenen Leistungen sowie Höhe und Dauer der jeweiligen Leistung) |
| *Geldleistungen als Arbeitsanreiz* (Frage nach Vorhandensein sowie Höhe der Leistung und Adressaten) |
| **Dienstleistungs-Dimension** |
| *Beratung* |
| Koordinierung (Inwiefern werden die Dienstleistungen aufeinander abgestimmt?) |
| Standardisierung (Inwiefern wird beim Dienstleistungsangebot auf die individuellen Fähigkeiten und Bedürfnisse eingegangen?) |
| *Aktive Maßnahmen* |
| Qualifizierung (Anzahl der angebotenen Maßnahmen; Wer nutzt diese Maßnahmen? Und inwiefern besteht ein Anreiz, diese zu nutzen?) |
| Subventionierte Beschäftigung (Anzahl der angebotenen Maßnahmen; Wer nutzt diese Maßnahmen? Und inwiefern besteht ein Anreiz, diese zu nutzen?) |

*Tabelle 6: Zur Untersuchung staatlichen Handelns in der Arbeitsmarktpolitik*

In der *Dienstleistungs-Dimension* stehen zwei Elemente im Vordergrund. Erstens die Beratungsleistungen, die dahingehend untersucht werden sollen, inwiefern die Leistungen aufeinander abgestimmt sind und inwiefern sie einem allgemeinen oder einem individuellen Verlauf folgen. Und zweitens die aktiven Maßnahmen, welche in subventionierte Beschäftigung und Bildungsmaßnahmen unterteilt werden können. Hier sind die Fragen nach der Anzahl der angebotenen Maßnahmen, den Nutznießern der jeweiligen Maßnahmen sowie die Schaffung von Anreizen zur Teilnahme an den Maßnahmen leitend. Dabei werden die Qualifizierungsmaßnahmen und die Maßnahmen der subventionierten Beschäftigung auch in ein Verhältnis zueinander gesetzt.

Die Betrachtung der einzelnen Elemente in den jeweiligen Dimensionen dient zum einen der Identifizierung des Politikstils und zum anderen der Untersuchung des Wandels innerhalb und zwischen den einzelnen Dimensionen.

## 7.3 Zur Untersuchung der Geringqualifizierten

Da die Frage nach der Adressierung der Geringqualifizierten in der dänischen Arbeitsmarktpolitik nur eine untergeordnete Fragestellung ist, soll die Untersuchung und Bewertung der dänischen Arbeitsmarktpolitik hinsichtlich der Geringqualifizierten anhand der hier vorgestellten Untersuchungselemente erfolgen. Das bedeutet, dass für die Geringqualifizierten kein eigenes Untersuchungsschema entworfen wird. Vielmehr soll die Berücksichtigung der Geringqualifizierten aus der allgemeinen Analyse der dänischen Arbeitsmarktpolitik abgeleitet werden.

Um dies vollziehen zu können, muss zunächst geklärt werden, wer und was Geringqualifizierte sind und wie sie sich von anderen Gruppen in der Bevölkerung abgrenzen beziehungsweise mit ihnen überschneiden. Geringqualifizierte zeichnen sich dadurch aus, dass sie eine geringere Bildung vorweisen als andere Gruppen in der Bevölkerung. In Anlehnung die ISCED-Kategorisierung von Bildungsniveaus der UNESCO (1997) werden hier drei Qualifikationsstufen unterschieden: Die untere Qualifikationsstufe umfasst Personen, die keine formale abgeschlossene Berufsausbildung vorweisen können, also maximal nur einen Schulabschluss haben. Darüber hinaus sind hierunter Personen gefasst, deren Bildungsniveau nicht klar definiert ist. Dies bezieht sich häufig auf Immigranten, die zwar in ihrem

Heimatland eine Qualifikation erworben haben, diese jedoch in Dänemark nicht anerkannt ist.[56] Diese hier beschriebenen Personen sind als Gruppe definiert als Geringqualifizierte.[57]

Die mittlere Qualifikationsstufe umfasst Personen, die eine formale abgeschlossene Berufsausbildung haben. Hierzu zählen unter Berücksichtigung des dänischen Bildungssystems auch Personen, die einen berufsgerichteten gymnasialen Schulabschluss haben. Diese Gruppe lässt sich als Mittelqualifizierte definieren. Die obere Qualifikationsstufe umfasst dementsprechend Personen, die einen weiterführenden Abschluss – wie in Dänemark verschiedene Formen von Hochschul- und Fachhochschulabschlüssen bezeichnet werden – vorweisen. Diese Gruppe wird als Hochqualifizierte definiert. Zentral bei der Definition der einzelnen Qualifikationsstufen und insbesondere der Geringqualifizierten ist, dass nicht formal erworbene Qualifikationen nahezu keine Relevanz für die Zugehörigkeit zu einer bestimmten Gruppe haben. Dänemark ist ein Land, in dem, ähnlich wie in Deutschland, ein dreigliedriges Bildungssystem existiert – Schule, Berufsschule, Universität –, welches dazu beiträgt, dass formale Bildungsabschlüsse von zentraler Bedeutung für die Position auf dem Arbeitsmarkt sind.[58]

Neben ihrem Bildungsstand haben Geringqualifizierte weitere Merkmale, die eng mit ihrer gering ausgeprägten Qualifikation zusammenhängen. So sind Geringqualifizierte häufig auch Geringverdiener, da sie tendenziell eher einfachen Tätigkeiten nachgehen, die nur gering entlohnt werden. Darüber hinaus sind Geringqualifizierte oftmals in Arbeitsverhältnissen beschäftigt, die hohe körperliche Anstrengungen beinhalten, wo-

56 Ein grundsätzliches Problem im Hinblick auf Ausländer ist häufig die Sprachbarriere. Mangelnde Sprachkenntnisse können hierbei dazu führen, dass die im Ausland erworbene Qualifikation trotz entsprechender Anerkennung in Dänemark keine Wirkung hat und die Person somit faktisch zu einer geringqualifizierten Person wird, auch wenn sie dies qua Definition nicht ist. Da dies sich jedoch statistisch nicht hinreichend erheben lässt, findet dieser Aspekt hier keine ausgedehnte Berücksichtigung.

57 Grundsätzlich gilt, dass auch Personen, die bereits seit langer Zeit arbeitslos sind oder über einen längeren Zeitraum nicht in ihrem erlernten Beruf gearbeitet haben, als geringqualifiziert gelten können, wenn durch diese Tatsachen ihre Qualifikation als entwertet gelten kann (Klös/Schäfer 2003: 307). Da dies jedoch statistisch nicht ohne weiteres messbar ist, wird dies hier nicht berücksichtigt.

58 Anders ist dies im angelsächsischen Raum, in dem die Bedeutung der Berufsschulen im Bildungssystem marginal ist und nicht formal erworbene Qualifikationen durchaus zu höheren Positionen im Berufsleben führen können.

durch ihre physischen Fähigkeiten hinsichtlich von Erwerbsarbeit häufig mit zunehmendem Alter deutlich zurückgehen.

Diese hier beschriebene Definition von Geringqualifizierten als Angehörige der unteren Qualifikationsstufe sowie die damit im Zusammenhang stehenden weiteren Merkmale wie Geringqualifizierte als Geringverdiener und Geringqualifizierte als körperlich »abgearbeitete«[59] Personen lässt eine Bewertung des staatlichen Handelns in der dänischen Arbeitsmarktpolitik anhand von drei Programmarten zu:

- Programme, die sich direkt auf den Qualifikationsstatus einer Person beziehen (Förderung von bestimmten Dienstleistungen, Ausbildung).
- Programme, die sich nicht direkt auf den Qualifikationsstatus einer Person beziehen, für Geringqualifizierte aufgrund von anderen Merkmalen eine hohe Relevanz haben (zum Beispiel Höhe des Arbeitslosengeldes, Vorruhestand, negative Einkommenssteuer).
- Programme, die allgemein gültig und somit auch für Geringqualifizierte relevant sind.

Damit kann analysiert werden, ob und wie Geringqualifizierte in der Arbeitsmarktpolitik adressiert werden.

## 8. Zum Umgang mit den Quellen in der Fallstudie

Wie im Rahmen des Untersuchungsdesigns bereits angedeutet, sollen im Zuge der Analyse des staatlichen Handelns zwei Quellenarten verwendet werden: Rechtsquellen und statistische Daten. Im Kontext der Sekundäranalyse wiederum, welche der eigentlichen Untersuchung vorgeschaltet ist, soll ebenfalls auf statistische Daten für die Darstellung der Arbeitsmarktentwicklungen auf der einen Seite, aber auch auf Sekundärquellen auf der anderen Seite zurückgegriffen werden. Im Bezug auf alle Quellen soll im Folgenden erläutert werden, welche Veröffentlichungen, Statistiken und Rechtsquellen verwendet werden und wie mit diesen umgegangen wird.

59 Im Dänischen wird für diese Gruppe von Personen der Begriff »nedslidte« – wortwörtlich: abgenutzt – verwendet. In Ermangelung einer wirklich sinnvollen Übersetzung wird der Begriff »abgearbeitet« verwendet. Er beschreibt Personen, die sehr anstrengende Arbeit bewerkstelligen, die zu einem körperlichen Verschleiß führt.

## 8.1 Sekundäranalyse: Statistiken sowie Primär- und Sekundärquellen

Um die Arbeitsmarktentwicklungen Dänemarks im Zeitraum von 1990 bis 2005 darzustellen, sollen vorrangig die Statistiken von Danmarks Statistik – dem statistischen Bundesamt Dänemarks – verwendet werden. Dies ist zum einen möglich, da es sich bei dieser Arbeit nicht um eine vergleichende Studie handelt, sondern um eine Länderstudie, so dass vergleichende Statistiken nicht zwangsläufig nötig sind. Und dies ist zum anderen sinnvoll, da Danmarks Statistik vor allem hinsichtlich der Geringqualifizierten wesentlich detailliertere statistische Erhebungen bereitstellt als zum Beispiel OECD oder EUROSTAT. Sollen Aspekte der dänischen Arbeitsmarktentwicklung jedoch in einem europäischen oder internationalen Kontext verortet werden, so wird auf die Veröffentlichungen der OECD zurückgegriffen. Gleichfalls gilt, dass OECD-Daten verwendet werden, wenn es keine validen Daten seitens Danmarks Statistik gibt. In diesen Fällen sind die Angaben der OECD mit denen von Danmarks Statistik nicht direkt vergleichbar, da diesen zum Teil unterschiedliche Erhebungen zugrunde liegen. Dies ist aber nicht problematisch, da die Daten im Kontext dieser Untersuchung keinen zwangsläufigen direkten Bezug zueinander haben.

Für die Analyse des dänischen Arbeitsmarktmodells wiederum sollen zwei Formen von Quellen herangezogen werden: Zum einen soll anhand der Publikationen der dänischen Ministerien und relevanten Verwaltungen die Darstellung der Verantwortungsbereiche der Akteure erfolgen (Primärquellen). Zum anderen soll mit Hilfe von wissenschaftlichen Veröffentlichungen die Entwicklung des Verhältnisses zwischen Staat, Marktakteuren und Sozialpartnern bewertet werden (Sekundärquellen). Somit stellt dieser Teil eine reine Literaturstudie dar. Dies ist unproblematisch, da hieraus lediglich die Handlungsoptionen des Staates abgeleitet werden. Eine selbständige Analyse zur Aufgabenverteilung in der dänischen Arbeitsmarktpolitik ist nicht vorgesehen.

## 8.2 Analyse staatlichen Handelns: Rechtsquellen

Die Grundlage für die Analyse des staatlichen Handelns in der dänischen Arbeitsmarktpolitik bildet die dänische Gesetzgebung.

| *Erstmals in Kraft* | *Deutsch* | *Dänisch* |
|---|---|---|
| | *Arbeitsmarktpolitik* | |
| 01.04.1970 | Gesetz über Arbeitsvermittlung und Arbeitslosenversicherung | Lov om arbejdsformidling og arbejdsløshedsforsikring |
| 01.01.1994 | Gesetz über Arbeitslosenversicherung | Lov om arbejdsløshedsforsikring |
| 01.09.1981 | Gesetz über Arbeitsangebote an Arbeitslose | Lov om arbejdstilbud til ledige |
| 01.07.1985 | Gesetz über Beschäftigungs-möglichkeiten für Junge | Lov om beskæftigelsesmuligheder for unge |
| 01.01.1990 | Gesetz über kommunalen Beschäftigungseinsatz | Lov om kommunal beskæftigelsesindsats |
| 01.01.1994 | Gesetz über eine aktive Arbeitsmarktpolitik | Lov om en aktiv arbejdsmarkedspolitik |
| 01.07.2003 | Gesetz über einen aktiven Beschäftigungseinsatz | Lov om en aktiv beskæftigelsesindsats |
| 01.01.1992 | Gesetz über Aktivierungsregelung bei Haushaltshilfe und Betreuung von Kindern | Lov om aktiveringsordning ved hjemmehjælp og dagpasning af børn |
| 01.01.1994 | Gesetz über staatliche Zuschüsse für die Haushaltshilfe | Lov om statstilskud til hjemmeservice |
| 01.07.1997 | Gesetz über Haushaltshilfe | Lov om hjemmeservice |
| 01.01.2000 | Gesetz über Servicejobs | Lov om servicejob |
| 01.07.1992 | Gesetz über Leistungen zum Bildungsurlaub | Lov om orlovsydelse til uddannelse |
| 01.01.1994 | Gesetz über Urlaub | Lov om orlov |
| | *Sozialpolitik* | |
| 01.04.1976 | Gesetz über sozialen Beistand | Lov om social bistand |
| 01.01.1994 | Gesetz über kommunale Aktivierung | Lov om kommunal aktivering |
| 01.07.1998 | Gesetz über aktive Sozialpolitik | Lov om aktiv socialpolitik |
| 01.10.1984 | Gesetz über soziale Rente | Lov om social pension |
| 01.10.1997 | Gesetz über Seniorenleistung | Lov om seniorydelse |
| 01.07.2001 | Gesetz über Flexleistung | Lov om fleksydelse |

| *Erstmals in Kraft* | *Deutsch* | *Dänisch* |
|---|---|---|
| | *Erwachsenenbildungspolitik* | |
| 01.07.1986 | Gesetz über Arbeitsmarktausbildungen | Lov om arbejdsmarkedsuddannelser |
| 01.01.1990 | Gesetz über offene Ausbildung (berufsgerichtete Erwachsenenbildung) | Lov om åben uddannelse (erhvervsrettet voksenuddannelse) |
| 01.07.1992 | Gesetz über Urlaubsleistungen zur Bildung | Lov om orlovsydelse til uddannelse |
| 01.01.1994 | Gesetz über Urlaub | Lov om orlov |
| 01.01.2001 | Gesetz über berufsgerichtete Grundausbildung und weiterführende Ausbildung (Weiterbildungssystem) für Erwachsene | Lov om erhvervsrettet grunduddannelse og videregående uddannelse (videreuddannelsessystemet) for voksne |
| 01.01.2001 | Gesetz über vorbereitenden Erwachsenenunterricht | Lov om forberedende voksenundervisning |
| 01.10.1989 | Gesetz über Erwachsenenbildungsunterstützung | Lov om voksenuddannelsesstøtte |
| 01.01.2001 | Gesetz über staatliche Erwachsenenbildungsunterstützung | Lov om statens voksenuddannelsesstøtte |
| 01.01.2001 | Gesetz über die Vergütung der Teilnahme an berufsgerichteter Erwachsenen- und Weiterbildung | Lov om godtgørelse ved deltagelse I erhvervsrettet voksen- og efteruddannelse |

*Tabelle 7: Überblick über die Gesetzgebung zur dänischen Arbeitsmarktpolitik 1990–2005*

Hierfür werden Gesetze, Gesetzesänderungen und amtliche Bekanntmachungen der Gesetze (*lov*, *ændringslov*, *lovbekendtgørelse*) sowie die daran angeschlossenen Verordnungen (*bekendtgørelse*) und Verwaltungsrichtlinien (*vejledning*) herangezogen, die in dem Zeitraum von 1990 bis 2005 Gültigkeit hatten.

Die Zuordnung der Gesetze und deren Änderungen sowie der Verordnungen und Verwaltungsrichtlinien zu den jeweiligen Phasen erfolgt im Hinblick auf ihr Inkrafttreten.[60] Es wird hierbei auf Rechtsquellen mit arbeitsmarktpolitischer und sozialpolitischer Relevanz sowie auf die Gesetz-

60 Es kann sein, dass einige Gesetze beziehungsweise Gesetzesänderungen bereits vor 1990 in Kraft getreten sind, jedoch nach 1990 Gültigkeit haben. Diese werden entsprechend ihrer Gültigkeit den jeweiligen Phasen der dänischen Arbeitsmarktpolitik zugeordnet.

gebung hinsichtlich der Erwachsenenbildungspolitik zurückgegriffen (siehe Tabelle 7).

Darüber hinaus hat ein weiteres Gesetz Relevanz: das Gesetz über Indexierung von Transferleistungen (Indexierungsgesetz 1991), in dem festgehalten ist, um wie viel Prozent die Geldleistungen jährlich steigen, wobei für jedes Jahr eine neue prozentuale Steigerung festgelegt wird.[61] Da in dieser Arbeit nicht die Entwicklung der Leistungen interessiert, sondern der Wandel des staatlichen Handelns[62], muss diese Indexierung wieder herausgerechnet werden, um nachvollziehen zu können, wann Transferleistungen aufgrund der regulären Indexierung gestiegen sind und wann aufgrund von außerordentlichen Erhöhungen. Es wird festgelegt, dass das Jahr 2000 = 100 ist. Demnach unterscheidet sich die Höhe der Leistungen in allen anderen Jahren von den Angaben in den Rechtsquellen.

Außerdem müssen die Transferleistungen hinsichtlich ihrer Wertangaben vereinheitlicht werden. Denn das Arbeitslosengeld wird zum Beispiel im Gesetz als wöchentlicher Wert angegeben, die Sozialhilfe wiederum als monatlicher Wert. Grundsätzlich wird in dieser Arbeit die Höhe der einzelnen Leistungen pro Monat angegeben, um die Vergleichbarkeit der Leistungen untereinander zu gewährleisten. Wöchentliche Beträge werden nach folgender Formel auf monatliche Beträge umgerechnet:

61 Dieser Indexierung nicht unterworfen sind zum einen die steuerlichen Grenzwerte (siehe hierfür weiter unten) und zum anderen die Regelungen im Rahmen der subventionierten Beschäftigung mit Ausnahme des Gründungsgeldes für Selbständigkeit, welches an das Arbeitslosengeld beziehungsweise die Sozialhilfe gekoppelt ist. Neben den steuerlichen Grenzwerten sind auch die verschiedenen Formen der subventionierten Beschäftigung nicht der Indexierung nach dem Indexierungsgesetz unterworfen. Um hier dennoch eine Vergleichbarkeit schaffen zu können, wurden die verschiedenen Lohnzuschüsse inflationsbereinigt, wobei auch hier das Jahr 2000 = 100 darstellt. Gleichsam unter Berücksichtigung des Steigungsprozenten der Lohnzuschüsse pro Jahr konnte festgestellt werden, dass sich die Lohnzuschüsse um den Wert des Jahres 2000 bewegen. Damit können die Lohnzuschüsse aus diesem Jahr als Basis für alle Lohnzuschüsse gelten. Gravierende Abweichungen hiervon werden in der Untersuchung entsprechend berücksichtigt. Dies gilt insbesondere für die Förderung von Beschäftigung in haushaltsnahen Dienstleistungen, die seit der Einführung 1993 derart viele Änderungen erfahren hat, dass hier jeweils die inflationsbereinigten Zahlen angegeben werden. Dennoch werden die Kürzungen der Bezuschussung deutlich.

62 Wobei es natürlich auch staatliches Handeln ist, dass der Staat jährlich die Indexierung der Leistungen festlegt.

| | *1990* | *1991* | *1992* | *1993* | *1994* | *1995* | *1996* | *1997* | *1998* | *1999* | *2000* | *2001* | *2002* | *2003* | *2004* | *2005* |
|---|---|---|---|---|---|---|---|---|---|---|---|---|---|---|---|---|
| Indexierung | | 2 | 2 | 3,2 | -2 | 0,4 | 1,7 | 1 | 2,4 | 2,6 | 3,2 | 3,2 | 2,7 | 3,2 | 2,9 | 2 |
| Index | 84,99 | 86,69 | 88,43 | 91,26 | 89,43 | 89,79 | 91,32 | 92,23 | 94,44 | 96,9 | 100 | 103,2 | 105,99 | 109,38 | 112,55 | 114,8 |
| ALG Woche Gesetz | 2.454 | 2.504 | 2.550 | 2.635 | 2.545 | 2.556 | 2.600 | 2.625 | 2.690 | 2.760 | 2.850 | 2.940 | 3.020 | 3.115 | 3.205 | 3.270 |
| ALG Woche Index | 2.890 | 2.890 | 2.890 | 2.890 | 2.850 | 2.850 | 2.850 | 2.850 | 2.850 | 2.850 | 2.850 | 2.850 | 2.850 | 2.850 | 2.850 | 2.850 |
| ALG Monat Index | 12.386 | 12.386 | 12.386 | 12.386 | 12.214 | 12.214 | 12.214 | 12.214 | 12.214 | 12.214 | 12.214 | 12.214 | 12.214 | 12.214 | 12.214 | 12.214 |
| *ALG Monat Euro* | *1.660* | *1.660* | *1.660* | *1.660* | *1.635* | *1.635* | *1.635* | *1.635* | *1.635* | *1.635* | *1.635* | *1.635* | *1.635* | *1.635* | *1.635* | *1.635* |

*Tabelle 8: Berücksichtigung von Indexierung, Wertanpassung und Euro-Umrechnung am Beispiel Arbeitslosengeld*

Wöchentlicher Betrag in DKK /7 Tage pro Woche x 30 Tage (durchschnittlich) pro Monat = monatlicher Betrag

Um ein Verständnis dafür zu erzeugen, wie umfangreich die Leistungen in Dänemark sind, werden zusätzlich alle Beträge in Euro umgerechnet. Dies erfolgt mit Hilfe des Währungsrechners des Bundesverbandes der deutschen Banken (2006) mit dem Wechselkurs vom 01.01.2006. An diesem Tag entsprachen 100 DKK 13,40 Euro. Wie die einzelnen Schritte hinsichtlich der Indexierung, der Wertanpassung und der Euro-Umrechnung in dieser Arbeit vonstattengehen, kann anhand des Arbeitslosengeldes als Beispiel nachvollzogen werden (siehe Tabelle 8).

Dabei ist die Indexierung nach dem Indexierungsgesetz nicht gleichzusetzen mit der inflationsbereinigten Darstellung von Transferleistungen, da diese Form der Indexierung nicht zwangsläufig den Ausgleich der Inflation gewährleistet. Die Unterschiede zwischen Inflationsrate und Indexierung nach dem Indexierungsgesetz zeigt die folgende Abbildung 4.

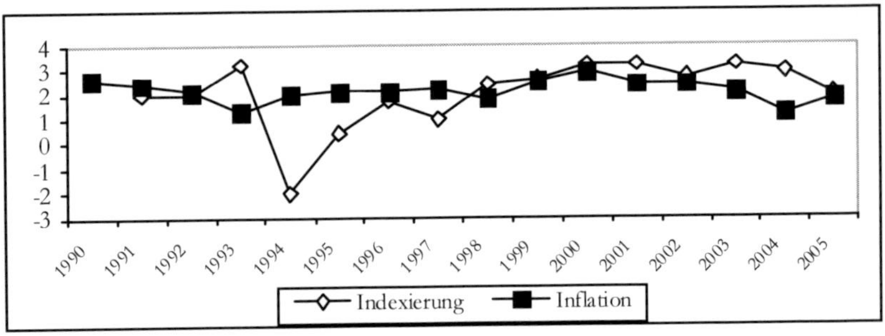


*Abbildung 4: Indexierungsrate und Inflationsrate im Vergleich*

*Quelle: Indexierungsgesetz (1991–2005); Danmarks Statistik (PRIS9)*

Dies bedeutet, dass staatliches Handeln hierbei sehr unterschiedlich sein kann: Liegt die Indexierung unterhalb der Inflation, so findet eine reale Kürzung der Leistungen statt. Befindet sich die Indexierung oberhalb der Inflation, steigen die Transferleistungen real. Am Beispiel des Arbeitslosengeldes lässt sich dies verdeutlichen (Abbildung 5).

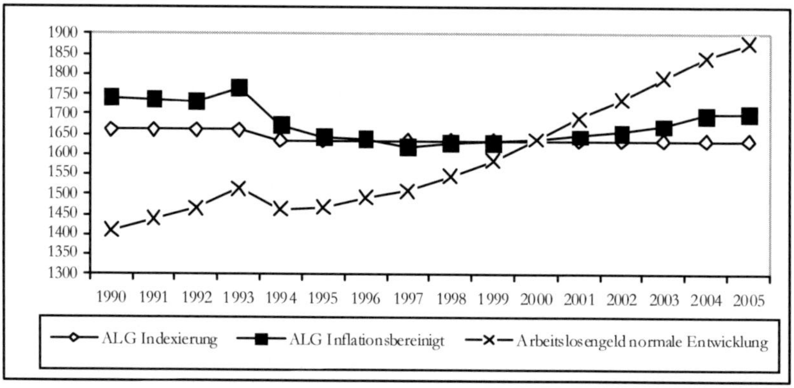


*Abbildung 5: Arbeitslosengeld nach normaler Entwicklung, ohne die Indexierung und inflationsbereinigt; Angaben in Euro*

*Quelle: Arbeitslosenversicherungsgesetz, Arbeitslosenversicherungsverordnung (1990–2005); Indexierungsgesetz (1991–2005); Danmarks Statistik (PRIS9)*

*Die Daten sind über http://campus-verlag.de/isbn/9783593387505 verfügbar.*

Das reale Arbeitslosengeld lag also zumeist oberhalb des Arbeitslosengeldes ohne Indexierung. Im Zeitraum 1997–1999 lag es knapp darunter. Das bedeutet, dass in dieser Zeit de facto Leistungskürzungen stattgefunden haben, da die Indexierungen nicht in ausreichender Weise der Inflation gefolgt sind. In den anderen Jahren waren die Indexierungen zum Teil weit über der Inflation veranschlagt, so dass mehr Geld ausgezahlt wurde. Im Kontext dieser Untersuchung werden in erster Linie die Entwicklungen der Transferleistungen ohne die Indexierung nach dem Indexierungsgesetz verwendet, um so ausmachen zu können, inwiefern der Staat beschlossen hat, direkt Leistungen auszuweiten oder abzusenken. Die indirekten Leistungsänderungen, die sich im Zusammenhang mit der Entwicklung der Inflation ergeben, werden ebenfalls berücksichtigt, wenn gravierende Unterschiede auszumachen sind.

Neben der Berücksichtigung der Indexierung werden die Transferleistungen – und hier insbesondere das Arbeitslosengeld, an dem die meisten Transferleistungen orientiert sind – in den Kontext der geführten Steuerpolitik gesetzt, da die meisten Transferleistungen in Dänemark ganz oder teilweise versteuert werden müssen. Von Interesse ist aber nicht so sehr das reale Leistungsniveau nach Abzug der Steuern, da dies eher die Frage nach der Bedeutung der Reformen für das Individuum bedient. Vielmehr soll die Berücksichtigung der Steuerpolitik der Frage dienen, inwiefern der dänische Staat durch die (gleiche oder unterschiedliche) Besteuerung von Transferleistungen und Erwerbseinkommen Arbeitsanreize setzt.

Zwei Gesetze sind für diese Frage relevant: das Quellensteuergesetz (1990) und das Personenbesteuerungsgesetz (1990). Das Quellensteuergesetz legt fest, welche Steuern von welchen Verwaltungseinheiten erhoben werden: zum einen kommunale, amtskommunale und Kirchensteuern auf kommunaler Ebene sowie zum anderen Grund-, Mittel- und Topsteuer auf staatlicher Ebene. Erstere sind von Kommune zu Kommune unterschiedlich hoch – umfassen aber im Durchschnitt 30 Prozent des Einkommens. Letztere sowie ein festgelegter Steuerfreibetrag – der auch für die auf kommunaler Ebene erhobenen Steuern gilt – unterlagen seit 1990 einigen gravierenden Veränderungen, die entsprechende Auswirkungen auf das verfügbare Einkommen der Dänen hatten. Dabei wurden einerseits die Steuerprozente gesenkt (Grundsteuer) beziehungsweise angehoben (Topsteuer) und andererseits der Steuerfreibetrag (gesenkt) und die Grenzbeträge für die einzelnen Steuerstufen (Mittelsteuer zunächst gesenkt, später wieder angehoben; Topsteuer gesenkt) verändert. Um hier eine Vergleichbarkeit über den gesamten Zeitraum hinweg zu gewährleisten, wird das Regulierungsprozent berücksichtigt. Dieses wird jährlich auf der Grundlage des Indexierungsgesetzes berechnet (Personenbesteuerungsgesetz), entspricht jedoch nicht der Indexierung von Transferleistungen, gleichfalls aber auch nicht der regulären Inflation. Das Steuerministerium (Skatteministeriet 2007) hat den Regulierungsprozenten der letzten Jahrzehnte veröffentlicht.

## 8.3 Analyse staatlichen Handelns: statistische Daten

Die Analyse staatlichen Handelns in der dänischen Arbeitsmarktpolitik auf der Grundlage von Rechtsquellen soll durch Aussagen anhand von statistischen Daten zu den arbeitsmarktpolitischen *Outcomes* ergänzt werden, die Danmarks Statistik zur Verfügung stellt. Es handelt sich im Wesentlichen um drei Statistiken:

Die zusammenhängende Sozialstatistik über die Bezieher von einkommenserstattenden Leistungen (SAM1) beschreibt, wie viele Personen im Jahr Leistungen wie Arbeitslosengeld, Sozialhilfe, Erwerbsunfähigkeitsrente, Urlaubsleistungen, Vorruhestand und Aktivierungsleistungen erhielten.

Da SAM1 die Aktivierungsleistungen nicht nach einzelnen Posten wie subventionierter Beschäftigung und Bildungsmaßnahmen aufschlüsselt, wird zusätzlich die Statistik über Vollzeitteilnehmer an arbeitsmarktpolitischen Veranstaltungen (AMFORA)[63] herangezogen, die die Teilnehmer an Maßnahmen in die verschiedenen Formen von subventionierter Beschäftigung, Bildungsmaßnahmen aber auch Urlaubsprogramme und Vorruhestand aufschlüsselt.

Im Zusammenhang mit SAM1 steht auch die Statistik über die ausbezahlten einkommenserstattenden Leistungen (SAM2), die beinhaltet, wie viel jährlich für die jeweiligen bei SAM1 angeführten Leistungen seitens des Staates ausgegeben wurden. Um eine tatsächliche Entwicklung der Ausgaben darstellen zu können, werden diese inflationsbereinigt. Damit eine konsistente Analyse gewährleistet ist, bildet auch hier – wie bei der Indexierung der Transferleistungen – das Schlüsseljahr das Jahr 2000. Die Inflationsbereinigung erfolgt auf der Grundlage der Angaben zur Inflation des Verbraucherpreisindexes (PRIS9).

Zusätzlich zu diesen Statistiken werden noch die Verfügbarkeitsstatistik für Arbeitslosengeldempfänger (Arbejdsdirektoratet) und für Sozialhilfeempfänger (Den Sociale Ankestyrelse, Arbejdsdirektoratet) herangezogen, die verdeutlichen sollen, inwiefern Sanktionen tatsächlich angewendet werden. Da Danmarks Statistik hierzu keine Daten öffentlich zur Verfügung stellt, muss hier auf andere Quellen zurückgegriffen werden.

## 8.4 (Potentielle) Probleme bei der Untersuchung

Da im Hinblick auf die Anwendung der in den Rechtsquellen formulierten Politik bereits bestehende Statistiken verwendet werden, liegen hier (potentielle) Probleme, die hier nur begrenzt behoben werden können.

Zum einen können Statistiken vollständig fehlen. Dies ist der Fall im Bereich der Beratungs- und Vermittlungsleistungen, für den es keinerlei öffentliche Statistiken gibt. Daher lässt sich die Anwendung hier nicht überprüfen. Zum anderen können Statistiken unvollständig sein. Erstens kann es sein, dass sie nicht den gesamten Zeitraum von 1990 bis 2005 abdecken, welches für die Statistiken über Geringqualifizierte auf dem dänischen Arbeitsmarkt, für die Statistiken über die Teilnehmer an arbeitsmarktpolitischen Programmen (AMFORA) und für die Verfügbarkeitssta-

63 AMFORA ist ein Überbegriff von Danmarks Statistik. Hierunter sind die im Text und im Literaturverzeichnis angegebenen Statistiken: Danmarks Statistik (diverse Jahrgänge), Danmarks Statistik (AB711) und (AB704) gefasst.

tistiken für versicherte und nichtversicherte Arbeitslose gilt. Ersteres ist nicht so schwerwiegend, da die ersten Daten hierfür 1993 erhoben wurden, die erste Phase demnach noch abgedeckt ist. Für die AMFORA-Statistiken sind jährliche Angaben erst ab 1995 möglich. Allerdings wurde bereits ab 1991 eine quartalsweise Erhebung durchgeführt, die auch über den ganzen Zeitraum bis 2005 weiterverfolgt wurde. Daher wird hier das 2. Quartal jedes Jahres angegeben, um so die Entwicklung der Teilnehmer an den arbeitsmarktpolitischen Programmen nachzuverfolgen. Problematischer ist dies in Bezug auf die Verfügbarkeitsstatistiken, die vor 1998 überhaupt nicht erhoben und auch danach nur sporadisch veröffentlicht wurden. Um diese doch beträchtliche Lücke zu schließen, wurde ein Experteninterview mit dem Ministerialdirektor Thomas Mølsted Jørgensen (2006) im Arbeitsdirektorat geführt, der bereits seit Beginn der neunziger Jahre im Bereich der Arbeitsmarktpolitik tätig ist und somit den Einsatz von Sanktionen im gesamten Zeitraum beurteilen kann.

Zweitens kann die Unvollständigkeit von Daten aufgrund von fehlenden Variablen in der Erhebung herrühren. Dies gilt für die Statistiken SAM1 und SAM2, für AMFORA und auch für die Verfügbarkeitsstatistiken. Im Bereich von SAM1 und SAM2 ist besonders problematisch, dass für den Zeitraum von 1990 bis 1993 die Teilnehmer von und die Ausgaben für aktive Maßnahmen nur hinsichtlich der Rehabilitanden erhoben wurden. In den Ausgaben für 1994 (SAM2) fehlen zusätzlich die versicherten Arbeitslosen.

Im Hinblick auf die AMFORA-Statistiken erweisen sich mehrere Aspekte als schwierig. Grundsätzlich gibt es keine Daten zur Aufschlüsselung der Teilnehmer an Maßnahmen nach deren Qualifikationsniveau. Auch fehlen bei den bestehenden Daten zu den Teilnehmern an aktiven Maßnahmen die Rehabilitanden und für die Teilnehmer an passiven Maßnahmen die Bezieher von Erwerbsunfähigkeitsrente im gesamten Zeitraum der Erhebung. Zusätzlich wurden ab 2005 keinerlei Angaben zu den Nutznießern von Vorruhestandsleistungen mehr gemacht. Daher wird in den Darstellungen, die auf AMFORA beruhen, dass Jahr 2005 vollständig weggelassen. Darüber hinaus wurden Daten zum Eltern- und Bildungsurlaub erst ab 1994 erhoben. Die Angaben zu den Teilnehmern an aktiven Maßnahmen im Zeitraum von 1990 bis 1993 wiederum referieren ausschließlich auf versicherte Arbeitslose, Sozialhilfeempfänger werden nicht berücksichtigt. Aufgrund der Quartalserhebung lassen sich diese Lücken in der AMFORA-Statistik nicht durch andere Daten ergänzen.

Auch die Verfügbarkeitsstatistiken weisen sich durch fehlende Daten aus. Im Besonderen spiegeln die Sanktionen für Sozialhilfeempfänger unter Umständen nicht die 100prozentige Realität wider, da in den Kommunen nicht alle Verfügbarkeitsprüfungsvorgänge dokumentiert wurden (Interview Thomas Mølsted Jørgensen). Allerdings reichen sie dennoch aus, um Trends und Tendenzen aufzuzeigen.

Trotz dieser (potentiellen) Probleme im Hinblick auf die Statistiken lassen sich valide Aussagen über das staatliche Handeln in der dänischen Arbeitsmarktpolitik treffen, da diese nur der Überprüfung der in den Rechtsquellen formulierten Politik dienen. Rückschlüsse auf das staatliche Handeln werden in der Fallstudie nicht allein aufgrund der Statistiken gezogen.

# IV. Arbeitsmarktpolitik in Dänemark 1990–2005: Fallstudie

## 9. Das dänische Arbeitsmarktmodell: Ausgangsbedingungen und deren Wandel

Die seit über einem Jahrzehnt andauernde internationale Aufmerksamkeit erlangte das dänische Arbeitsmarktmodell im Wesentlichen aufgrund zweier Aspekte: zum einen die hohe Flexibilität auf dem dänischen Arbeitsmarkt sowie zum anderen die spezifische Dreierzusammenarbeit zwischen Staat, Gewerkschaften und Arbeitgeberverbänden. Während sich die meisten Arbeiten hierzu mit der Frage nach der Ausgestaltung des Modells sowie deren Bedeutung für die Senkung der Arbeitslosigkeit beschäftigen, steht hier die Frage im Vordergrund, welche Faktoren die Ausgestaltung staatlichen Handelns beeinflussen können. Anhand der Betrachtung der institutionellen Rahmenbedingungen soll herausgefunden werden, welche Handlungsoptionen der Staat im Zeitraum von 1990 bis 2005 hatte.

### 9.1 Institutionelles Setting: Staat, Sozialpartner und Marktakteure

In diesem Kapitel ist von Interesse, wie sich die Aufgaben zwischen den drei zentralen Akteuren in der Arbeitsmarktpolitik – Staat, Sozialpartner und Marktakteure – verteilen. Berücksichtigt wird hier nicht nur das engere Feld der Arbeitsmarktpolitik. Gleichsam von Bedeutung sind die Politikfelder Sozialpolitik, Erwachsenenbildungspolitik und Steuerpolitik. In diesem Zusammenhang soll im Folgenden zusätzlich der Wandel in der Aufgabenverteilung innerhalb des Untersuchungszeitraums nachgezeichnet werden, um so identifizieren zu können, ob die Handlungsoptionen des Staates in Bezug auf das Individuum im Jahr 2005 in ähnlicher Weise bestehen wie im Jahr 1990. Dabei sind fünf Aspekte von zentraler Bedeutung, da diese die wichtigsten Handlungsräume in der dänischen Arbeitsmarktpolitik darstellen:

1) Gesetzgebung und Verwaltung
2) das Arbeitslosenversicherungssystem
3) die Arbeitsvermittlung
4) Querschnittsfelder zur Arbeitsmarktpolitik und
5) der Einfluss der Sozialpartner auf die Arbeitsmarktpolitik.

*Gesetzgebung und Verwaltung*

Heute trägt das Beschäftigungsministerium (*Beskæftigelsesministeriet*) die Gesamtverantwortung für alle Leistungen im Rahmen der Arbeitsmarktpolitik. Es erarbeitet die Gesetze, die auf dem Arbeitsmarkt gelten, wobei hier die Sozialpartner einen gewissen Einfluss haben (siehe unten). Dies war nicht immer so: Zu Beginn der 1990er Jahre teilte sich das damalige Arbeitsministerium (*Arbejdsministeriet*) einen großen Teil der Gesetzgebungsverantwortung mit dem Sozialministerium (*Socialministeriet*). Das Arbeitsministerium war zuständig für die Gesetze zur Regulierung des Arbeitsmarktes und Gesetze bezüglich der versicherten Arbeitslosen. Das Sozialministerium wiederum zeichnete verantwortlich für die nichtversicherten Arbeitslosen (siehe unten). Diese Trennung wurde im Jahr 2001 aufgehoben, indem alle Personen, die arbeitslos und arbeitsfähig sind, unter die Verantwortung des heutigen Beschäftigungsministeriums gestellt sind. Das Sozialministerium trägt lediglich noch die Verantwortung für die Gesetzgebung hinsichtlich der finanziellen Transferleistungen für nichtversicherte Arbeitslose sowie einzelner Maßnahmen, die ausschließlich für Personen mit eingeschränkter Arbeitsfähigkeit gelten.[64] Das Beschäftigungsministerium ist demnach verantwortlich für vier Typen von Gesetzen:

1) allgemeine Gesetze den Arbeitsmarkt betreffend (zum Beispiel Gesetz zur Gleichstellung auf dem Arbeitsmarkt)
2) Gesetze über die Aufgabenverteilung staatlicher, regionaler, kommunaler und nichtstaatlicher Akteure (zum Beispiel Gesetz über die Verantwortung für den und die Steuerung des aktiven Beschäftigungseinsatzes)

64 Darüber hinaus ist das Sozialministerium weiterhin zuständig für Sozialhilfeempfänger, die nicht arbeitsfähig sind.

3) Gesetze über die Bedingungen zum Erhalt von Arbeitslosengeld (primär Gesetz über die Arbeitslosenversicherung) und
4) Gesetze über aktive Maßnahmen (zum Beispiel Gesetz über einen aktiven Beschäftigungseinsatz).

Die Verwaltungsstruktur innerhalb des Ministeriums hat sich in den letzten 15 Jahren nicht wesentlich verändert. Im Ministerium sind verschiedene Verwaltungseinheiten beheimatet: das Institut für Arbeitsumwelt, das Amt für Arbeitsunfälle und Berufskrankheiten, die Arbeitsmarktbehörde und die Arbeitsdirektion, wobei insbesondere die beiden letztgenannten einen näheren Blick verdienen.

Die Arbeitsdirektion (*Arbejdsdirektoratet*) hat die Aufsicht über die Arbeitslosenversicherung, welche von staatlich anerkannten, jedoch unabhängigen Arbeitslosenkassen verwaltet wird (siehe unten). Für sie sind damit die Gesetze, die die finanziellen Angelegenheiten der versicherten Arbeitslosen betreffen, relevant. Darüber hinaus ist die Arbeitsdirektion für die Ausführung unterschiedlicher Gesetze zuständig, die sich auf den vorübergehenden, teilweisen oder permanenten Rückzug vom Arbeitsmarkt beziehen. Damit fungiert die Arbeitsdirektion als eine Art Querschnittsverwaltung, da sie viele Überschneidungen mit anderen Bereichen auch außerhalb des Beschäftigungsministeriums aufweist (Arbejdsdirektoratet 2006).

Die Arbeitsmarktbehörde (*Arbejdsmarkedsstyrelsen* – AMS) ist verantwortlich für die Implementation der aktiven dänischen Arbeitsmarktpolitik. Dadurch ist ihr die staatliche Arbeitsvermittlung unterstellt. Seit 1998 gilt dies auch für die Kommunen (jedoch nur in Bezug auf die Betreuung von Arbeitslosen). Damit spielen für die AMS insbesondere die Gesetze über aktive Maßnahmen eine zentrale Rolle. In diesem Kontext führt die AMS auch die Aufsicht über die Zusammenführung von staatlicher Arbeitsvermittlung und Kommunen im Rahmen der Strukturreform (siehe unten). Die Struktur der Arbeitsmarktbehörde im Hinblick auf die Implementierung verschiedener Politikstrategien ist seit den 1980er Jahren eher dezentral mit weitgehenden Kompetenzen staatlicher Akteure auf regionaler und lokaler Ebene. Diese dezentrale Komponente wurde mit den Reformen von 1994 und 1998 noch verstärkt.

»The public sector and local government are allocated major functions in both the delivery of programmes and in the strategic policy-making process. […] Financial planning and decision making has been decentralised to regionally and locally based institutions, which involve representation from local government.« (Etherington/Jones 2004: 142)

Inwiefern diese ausgeprägte, dezentrale Verwaltungsstruktur durch die Strukturreform umgekehrt wird, ist nur schwer einzuschätzen. Einerseits können durch die Zusammenlegung der 275 zu 100 Kommunen die Vorteile der dezentralen Politik (Bürgernähe, Abstimmung der Bedarfe des Individuums und des lokalen Arbeitsmarktes) verloren gehen. Andererseits kann eine Stärkung der regionalen und lokalen Behörden gegenüber den zentralstaatlichen Akteuren stattfinden (Larsen 2004a).

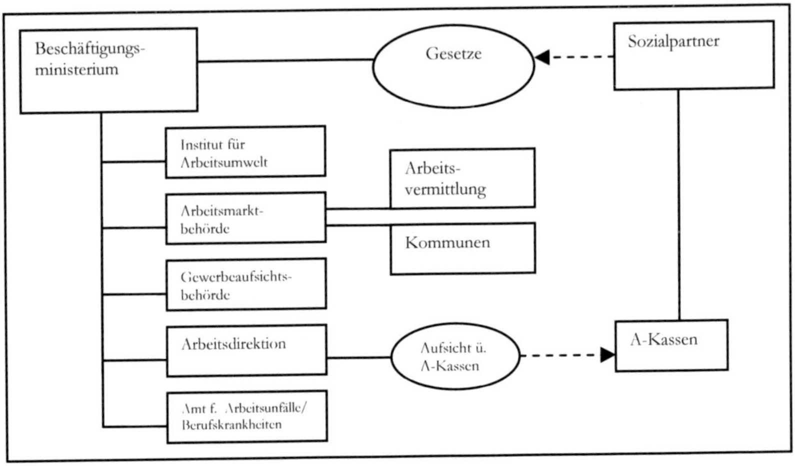


*Abbildung 6: Organisation der dänischen Gesetzgebung und Verwaltung auf dem Arbeitsmarkt*

*Quelle: Eigene Darstellung nach Arbeitsministerium Dänemark (2001a)*

*Das Arbeitslosenversicherungssystem*

Die Arbeitslosenversicherung ist in Dänemark traditionell freiwillig. Sie wird im Rahmen der Arbeitslosenkassen (A-Kassen) verwaltet, die von den Gewerkschaften geleitet werden. Die Mitgliedschaft in einer Arbeitslosenkasse ist nicht an eine Mitgliedschaft in einer Gewerkschaft geknüpft (Arbeitsministerium Dänemark 2001b: 3). Dennoch lassen sich hier gewisse Parallelen aufzeigen: Über 80 Prozent der Arbeitnehmer sind Mitglied einer Gewerkschaft, und knapp 80 Prozent wiederum sind gegen Arbeitslosigkeit versichert (Arbeitsministerium Dänemark 2001a: 11). Das bedeutet unter anderem, dass nicht alle Arbeitnehmer im Fall der Arbeitslosigkeit Anspruch auf Versicherungsleistungen haben. Eine nichtversicherte Person erhält, wenn sie arbeitslos wird, Sozialhilfe. Diese wiederum liegt in der Verantwortung der Kommunen. Es gilt daher, beide Elemente zu betrachten.

Die Arbeitslosenversicherung (*arbejdsløshedsforsikring*) wird heute im Rahmen von 33 staatlich anerkannten Arbeitslosenkassen verwaltet (Arbejdsdirektoratet 2005).[65] Die Anerkennung beziehungsweise Ablehnung einer A-Kasse erfolgt durch den amtierenden Beschäftigungsminister. Finanziert wird die Arbeitslosenversicherung zum einen aus Mitgliedsbeiträgen der Arbeitslosenkassen. Darüber hinaus gibt es zusätzliche Arbeitnehmer- und Arbeitgeberbeiträge sowie staatliche Zuschüsse.

Der bereits seit 1987 existierende Arbeitgeberbeitrag wurde 1992 zunächst durch eine Art Sondermehrwertsteuer von drei Prozent ersetzt, jedoch 1994 zusätzlich zur Sondermehrwertsteuer wieder eingeführt. Diese letztgenannte Änderung fand im Rahmen der Einführung dreier Arbeitsmarktfonds (*arbejdsmarkedsfonde*) statt, die den Arbeitslosengeld-, den Aktivierungs- und den Krankengeldfond umfassten. Die Beiträge der Arbeitnehmer betrugen hierfür 1995 noch sechs Prozent und stiegen bis 1998 auf acht Prozent ihres Einkommens an. Der Arbeitgeberbeitrag wiederum umfasste 1995 noch null Prozent und stieg auf 0,6 Prozent im Jahr 1998. Im Jahr 1999 wurden die drei Fonds zu einem Fond zusammengelegt, wobei zunächst die Sondermehrwertsteuer und im darauf folgenden Jahr der Arbeitgeberbeitrag abgeschafft wurde. Der Arbeitnehmerbeitrag dagegen blieb bei acht Prozent. Die staatlichen Zuschüsse werden erst seit 2002 genau im Gesetz beziffert – nämlich mit 3,3 Milliarden DKK (442 Millionen Euro) plus zusätzliche Leistungen.

Interessant ist hier vor allem, wie sich die Finanzierung der Arbeitslosenversicherung aus den hier genannten Quellen prozentual zusammensetzt. Döhrn u.a. (1998) errechneten für das Jahr 1998, dass ca. 16 Prozent der Leistungen durch die Versicherten, elf Prozent durch die Arbeitgeber und somit ca. 73 Prozent durch den Staat (im Rahmen des Steueraufkommens) erbracht wurden (ebd.: 319).

Die Sozialhilfe (*kontanthjælp*) wird traditionell vollständig durch die öffentliche Hand finanziert, wobei die Hauptverantwortlichen hier die Kommunen waren und sind. Die Finanzierung der gesamten kommunalen Aufgaben setzt sich zum größten Teil aus dem Steueraufkommen der Kommunen und zusätzlich aus dem jährlich zwischen dem Finanzministerium und der Interessenvertretung der Kommunen (kommunale Vereinigung – *Kommunernes Landsforening* – KL) vereinbarten staatlichen Zuschuss (*bloktil-*

65 Im Jahr 1990 waren es noch 41 und 2000 nur noch 35 A-Kassen. Dieser Rückgang wird damit begründet, dass es im Laufe der letzten Jahre sehr viele Zusammenschlüsse von Arbeitslosenkassen gegeben hat (Blæsbjerg/Madsen 2001: 10).

*skuddet*) zusammen. Im Jahr 2005 betrugen die erwarteten Steuereinnahmen der Kommunen ca. 145,4 Milliarden DKK (19,5 Milliarden Euro) und der staatliche Zuschuss umfasste 38,4 Milliarden DKK (5,1 Milliarden Euro) (Finansministeriet 2005: 12).

*Die Arbeitsvermittlung*

Die Arbeitsvermittlung ist heute ein mehrgliedriges System. Bis 1990 hatte die staatliche Arbeitsvermittlung (*statslig arbejdsformidling – AF*) das Monopol. Bis dahin galt:

»Until 1969, when the PES [Public Employment Services – Anm. ML] was established and given a monopoly on job provision in Denmark, Unemployment Insurance Funds (UIF) were in fact allowed to refer their members to vacant jobs. Also after 1969 UIFs played a role in job provision (through the so-called parallel provision), albeit at a more modest level.« (Bredgaard u.a. 2005: 18, FN 3)

1990 wurde die rechtliche Möglichkeit geschaffen, auch private Arbeitsvermittlungen zuzulassen. Aber erst seit dem Programm »Mehr Menschen in Beschäftigung« (*Flere i arbejde*) von 2003 spielen private Akteure eine größere Rolle auf dem dänischen Arbeitsmarkt (Bredgaard u.a. 2005). Jedoch ist die staatliche Arbeitsvermittlung auch heute noch der dominierende Akteur in diesem Bereich. Nur zehn Prozent der Arbeitslosen sollen seitens der AF oder der Kommunen an private Akteure übergeben werden. Dabei ist es dem Arbeitslosen nicht möglich, sich direkt an die private Vermittlungsagentur zu wenden – der Weg dorthin geht nach wie vor über die AF beziehungsweise die Kommunen. Im Jahr 2003 wurde die Vorgabe von zehn Prozent übererfüllt – durchschnittlich 23,1 Prozent der Arbeitslosen wurden durch andere Akteure betreut (Arbejdsmarkedsstyrelsen 2004a). Es ist umstritten, ob mit den privaten Agenturen eine bessere Vermittlung in Beschäftigung erfolgt (Arbejdsmarkedsstyrelsen 2004b; 2004c). Darüber hinaus entstanden zunächst zusätzliche Kosten in der Höhe von 230 Millionen DKK (31 Millionen Euro), wobei die AF trotzdem nahezu ebenso viele Ressourcen zur Verwaltung der ausgelagerten Aufgaben brauchte, wie sie für die eigene, direkte Betreuung der Arbeitslosen benötigt hätte (LO Ugebrev 2004).

Die AF ist bis Ende 2006 die zentrale Vermittlungsstelle für versicherte Arbeitslose. Sie ist in 14 regionale Arbeitsvermittlungsstellen untergliedert (entsprechend der 14 bestehenden Amtskommunen), wobei jede dieser regionalen Arbeitsvermittlungen lokale AF-Büros (durchschnittlich vier Büros pro Region)[66] hat. Die Arbeitsvermittlung ist zum einen zuständig für die Beratung und Hilfestellung für Arbeitgeber. Zum anderen hat sie die Aufgabe, die versicherten Arbeitslosen zu beraten und zu vermitteln, wobei hierzu auch das Angebot an aktiven Maßnahmen an die arbeitslosen Personen zählt. Seit 2001 gibt es hier Überschneidungen mit den Aufgaben der Kommunen. Die Kommunen sind im Rahmen der Arbeitsmarktpolitik grundsätzlich für die Beratung und Vermittlung nicht versicherter Arbeitsloser zuständig. Seit 2001 sind sie darüber hinaus dazu verpflichtet, dafür zu sorgen, dass sich Sozialhilfeempfänger, die nur aufgrund von Arbeitslosigkeit Sozialhilfe erhalten, bei der AF anmelden, um so in aktive Maßnahmen oder in eine Beschäftigung vermittelt zu werden.

Ab Januar 2007 wird im Rahmen der Strukturreform diese hier beschriebene Aufteilung aufgelöst. Die Kommunen werden zusammengelegt und die Regionen neu geordnet. Für die Arbeitsmarktpolitik ist allerdings vor allem die Fusion von staatlicher Arbeitsvermittlung und kommunaler Beratung in so genannte staatliche Jobzentren (*statens jobcentre*) relevant. Ziel ist es, dass alle arbeitslosen, aber arbeitsfähigen Personen die gleiche Anlaufstelle haben, unabhängig vom Versicherungsstatus (siehe Abbildung 7).

Die Begründung für diese Reform ist zum einen die bessere, individuelle Beratung, weil Fachkräfte nun unter einem Dach gebündelt sind und sie somit näher am Bürger agieren (können). Zum anderen ist die Trennung von Geldzahlungen und Vermittlungsleistungen eine wichtige Komponente: Das neue Jobzentrum soll ausschließlich für die Beratung und Vermittlung zuständig sein. Somit können sich die Mitarbeiter des Jobzentrums auf die dem Arbeitsmarkt zur Verfügung stehenden, arbeitslosen Personen konzentrieren (Regeringen 2004; Arbejdsmarkedsstyrelsen 2005).

66 Die Anzahl der lokalen AF-Büros richtet sich nach der Größe der jeweiligen Arbeitsmarktregion. So hat die Region Bornholm nur ein lokales AF-Büro, während die Region Århus sieben hat (Arbejdsformidlingen 2006).

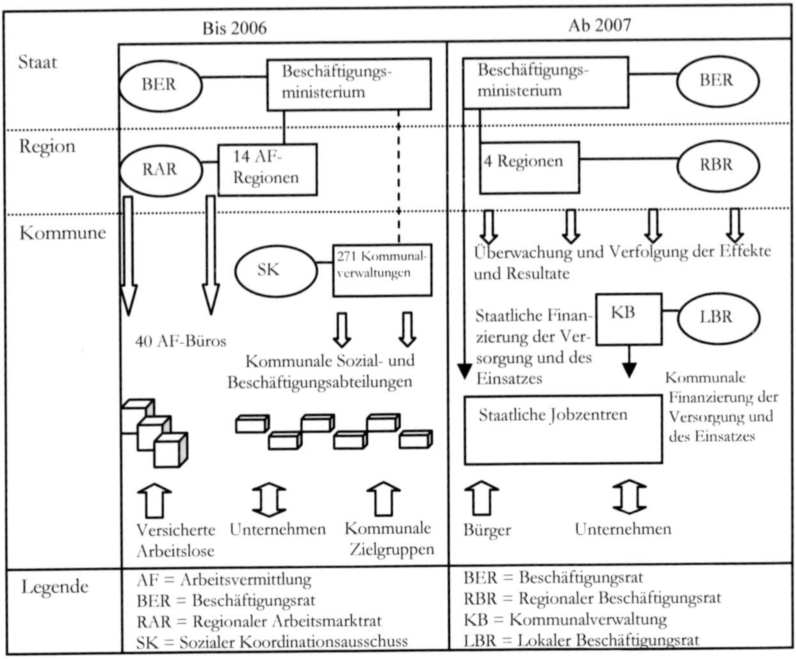


*Abbildung 7: Die dänische Arbeitsvermittlung vor und nach der Strukturreform*

*Quelle: Teilweise eigene Erarbeitung auf der Grundlage von Regeringen (2004), Arbejdsmarkedsstyrelsen (2005) und Beskæftigelsesministeriet (2006)*

## *Querschnittsfelder zur Arbeitsmarktpolitik*

Neben den hier bereits dargestellten Aufgabenbereichen der staatlichen, regionalen, kommunalen und nichtstaatlichen Akteure im Bereich der Arbeitsmarktpolitik gibt es weitere Politikfelder, die nicht konkret der Arbeitsmarktpolitik zuzuordnen sind, jedoch eine Relevanz für diese haben. Neben der bereits geschilderten *Sozialpolitik*, die weit reichende Überschneidungen mit der Arbeitsmarktpolitik aufweist, gibt es noch zwei weitere arbeitsmarktpolitisch relevante Politikfelder.

Die *Erwachsenenbildungspolitik* ist bereits seit den 1980er Jahren ein zentraler Bestandteil der dänischen Arbeitsmarktpolitik, obgleich sie nicht im Verantwortungsbereich des Beschäftigungsministeriums liegt. Das Beschäftigungsministerium hat heute lediglich die gesetzliche Regelung des Bildungsurlaubs inne. Und bis 2002 unterlagen die Arbeitsmarktausbildungen (*arbejdsmarkedsuddannelser* – AMU) dem Beschäftigungsministerium.

Seitdem sind sie, wie die anderen Elemente des Erwachsenenbildungssystems seit Beginn an, dem Bildungsministerium (*Undervisningsministeriet*) zugeordnet. Diese Elemente umfassen im Einzelnen: erstens die Volksaufklärung (*folkeoplysning*), worunter unter anderem die über die dänischen Grenzen hinaus bekannten Volkshochschulen (*folkehøjskoler*) gefasst sind, zweitens die allgemeine Erwachsenenbildung (*almen voksenuddannelse*) sowie drittens die berufsgerichtete Erwachsenenbildung (*erhvervsrettet voksenuddannelse*).

Das dänische Erwachsenenbildungssystem insgesamt ist sehr umfangreich.[67] Die Verantwortungsteilung zwischen Staat, Sozialpartnern und Marktakteuren erweist sich in diesem Zusammenhang als sehr komplex, da sehr viele Akteure in diesem Feld vertreten sind. Jedoch können für den Zeitraum 1990–2005 einige klare Abgrenzungen getroffen werden. Die Hauptverantwortung für die Bildungspolitik trägt das Bildungsministerium. Es formuliert die entsprechenden Gesetze und Regelungen in diesem Bereich. Zusätzlich sind ihm als Bildungseinrichtungen die AMU-Zentren (*arbejdsmarkedsuddannelsescenter*) seit 2001 unterstellt, von denen es heute ca. 23 im ganzen Land gibt. Sie bieten Kurse im Bereich der berufsgerichteten Erwachsenenbildung an. Die Amtskommunen tragen die Verantwortung für die VUC (*voksenuddannelsescenter*), die vor allem Kurse im Bereich der allgemeinen Erwachsenenbildung offerieren. Es gibt ca. 60 VUC in Dänemark (Undervisningsministeriet 2004).[68] Neben den beiden staatlichen Bildungseinrichtungen gibt es noch eine Reihe von unabhängigen Institutionen, zum Beispiel Volkshochschulen, Berufsschulen und Sprachschulen. Diese stellen gemeinnützige oder auch kommerzielle Einrichtungen dar, wobei die Anzahl der kommerziell-privaten Anbieter von Kursen in Dänemark eher gering ist, während die Einrichtungen, die von den Sozialpartnern oder nichtkommerziellen Vereinen oder Verbänden geleitet werden, größeren Zuspruch erfahren (Danmarks Statistik diverse Jahrgänge).

Die Finanzierung der Bildungseinrichtungen – ob nun staatlich oder privat – setzen sich aus zwei Elementen zusammen: zum einen und größten Teil aus staatlichen Zuschüssen und zum anderen aus Teilnehmerge-

---

67 Es existiert bisher keine hinreichende Darstellung des dänischen Erwachsenenbildungssystems – weder auf Deutsch, Englisch oder Dänisch. Dies ist sicherlich dem Fakt geschuldet, dass sich die Dänen in diesem Politikfeld in den letzten 15 Jahren als besonders reformfreudig erwiesen haben. Eine ansatzweise, jedoch nicht vollständige und auch nicht mehr ganz aktuelle Aufarbeitung bietet die OECD mit ihrem »Thematic Review Adult Learning« (OECD 2001b; OECD 2002).

68 1990 gab es noch 79 VUCs und ca. 40 AMU-Zentren (Undervisningsministeriet 2004).

bühren. Hinsichtlich der staatlichen Finanzierung wurde im Laufe der 1990er Jahre für die verschiedenen Elemente der Erwachsenenbildung das Taximetersystem gebräuchlich.[69] Die Teilnehmergebühren wurden für einige Bildungsbereiche Anfang der 1990er Jahre eingeführt. Da sie aber unter Umständen vom Staat übernommen werden (zum Beispiel wenn es sich bei der Teilnahme an einem bestimmten Kurs um eine Aktivierungsmaßnahme handelt) und der Staat darüber hinaus die Teilnahme an verschiedenen Kursen durch diverse Stipendien, die sowohl für Arbeitnehmer, Arbeitslose und Sozialhilfeempfänger gelten, fördert, spielen sie im Kontext der Untersuchung in dieser Arbeit keine signifikante Rolle.

Auch die Steuerpolitik weist eine Relevanz für die Arbeitsmarktpolitik auf, da die Erhebung von Steuern einen Einfluss auf die Höhe des verfügbaren Einkommens einer Person hat. Dies steht hier im Zusammenhang mit dem Verhältnis zwischen Transfereinkommen und niedrigen Erwerbseinkommen, wobei zum einen die Besteuerung der Transferleistungen und zum anderen Steuervergünstigungen bei geringem Erwerbseinkommen von Bedeutung ist. Die Verantwortung zur Erhebung der Steuern liegt ausschließlich bei staatlichen Einrichtungen – einerseits beim Ministerium für Steuern (*Skatteministeriet*) und andererseits bei den Kommunen und Amtskommunen.

### *Der Einfluss der Sozialpartner auf die Arbeitsmarktpolitik*

In der Darstellung der Grundzüge des dänischen Arbeitsmarktmodells wurde bereits angedeutet, dass die Sozialpartner in der Arbeitsmarktpolitik eine zentrale Rolle spielen. So verwalten die Gewerkschaften die Arbeitslosenkassen und leisten im Rahmen dessen auch eine Vermittlungstätigkeit. Außerdem stellen sie einige Erwachsenenbildungseinrichtungen zur Verfügung, die ähnliche Aufgaben wie die staatlichen Einrichtungen übernehmen. Darüber hinaus wird den Sozialpartnern in Dänemark eine wesentliche Kompetenz hinsichtlich der Gestaltung der Löhne und Arbeitsbedingungen zugesprochen. Dies äußert sich darin, dass es nur wenige Ge-

---

69 Das Taximetersystem knüpft die öffentlichen Zuwendungen, die eine Einrichtung erhält, an die Anzahl der Teilnehmer (Vollzeitäquivalent), die den Kurs beziehungsweise die Ausbildung erfolgreich abgeschlossen haben. Dieses System wurde 1990 für die offene Ausbildung, 1991 für die Berufsschulen, 1994 für Weiterführende Ausbildungen, 1995 für die Arbeitsmarktausbildungen und 1996 für die Volkshochschulen eingeführt (OECD 2001b: 21f).

setze gibt, die diese beiden Bereiche regeln.[70] Es gibt keinen rechtlich festgelegten Mindestlohn und nur wenige gesetzliche Regelungen hinsichtlich des Kündigungsschutzes.[71] Außerdem sind die bestehenden rechtlichen Regelungen zum Kündigungsschutz eher schwach ausgeprägt, in dem Kündigungsfristen kurz und Auflagen für individuelle Kündigungen gering sind. Jedoch gilt, dass weite Teile der Bedingungen für Kündigungen in Tarifverträgen zwischen den Sozialpartnern geregelt werden.

Zusätzlich haben die Sozialpartner Einfluss auf den Prozess der Gesetzeserstellung durch ihre Einbindung in die Arbeitsmarktpolitik in so genannten Arbeitsmarkträten und Bildungsräten. Hier hat sich seit 1990 viel getan: Die Position der Sozialpartner wurde im Zusammenhang mit diesen Räten erheblich gestärkt. Alle Räte setzen sich drittelparitätisch aus Arbeitgeber-, Arbeitnehmerorganisationen und staatlichen/regionalen/ kommunalen Vertretern zusammen.

Auf nationaler Ebene wurde 1994 zunächst der nationale Arbeitsmarktrat (*Landsarbeidsrådet* – LAR) ins Leben gerufen. Er beriet das Arbeitsministerium in Bezug auf die Steuerung des Arbeitsmarkteinsatzes und der Ausgestaltung der Arbeitsmarktpolitik (Rådet for Uddannelses- og Erhvervsvejledning 2002). Darüber hinaus war der LAR die Schnittstelle zwischen den regionalen Arbeitsmarkträten und dem Arbeitsministerium. Zusätzlich wurde im Jahr 2000 der Soziale Rat (*Det Sociale Råd*) etabliert, um die Regierung hinsichtlich der Schaffung des so genannten »inklusiven

70 Jedoch hat der Staat hier eine andere Möglichkeit des Agierens, denn er kann in die Tarifverhandlungen eingreifen, wenn es zum Beispiel nicht zu einer Einigung kommt (wie geschehen in den Jahren 1975, 1977, 1979 und 1998), wobei der Eingriff in die Tarifautonomie seitens der dänischen Sozialpartner als sehr problematisch angesehen wird (vgl. u.a. Lind 2000).

71 Aufgrund der fehlenden gesetzlichen Regelungen im Bereich des Kündigungsschutzes gilt Dänemark als einer der flexibelsten Arbeitsmärkte in Europa (OECD 2004: 117). Die Möglichkeit einer wenig rigiden *hiring and firing*-Politik wird dabei jedoch ein engmaschiges soziales Sicherungsnetz gegenübergestellt. Diese Kombination von hoher Flexibilität einerseits und hoher sozialer Sicherheit andererseits wird als Modell der *Flexicurity* bezeichnet (u.a. Braun 2003; Kongshøj Madsen 2002; Larsen 2004b). Das dänische Modell der *Flexicurity* stellt hierbei nur eine Ausprägung dar. Die Niederlande zum Beispiel, die ebenfalls für ihre *Flexicurity*-Politik bekannt sind, sichern die Flexibilität nicht über externe Regelungen (Kündigung), sondern über interne (Teilzeitmodelle) und verknüpfen dies mit den Sozialleistungen (vgl. ausführlich zu den Niederlanden z.B. Oorschot 2001).

Arbeitsmarktes« (*det rummelige arbejdsmarked*) zu unterstützen.[72] Dabei operierte der Soziale Rat im Rahmen der arbeitsmarktorientierten Sozialpolitik (Beskæftigelsesministeriet 2003). Im Jahr 2003 wurden diese beiden Räte zum Beschäftigungsrat (*Beskæftigelsesrådet* – BER) zusammengeschlossen, der nun drei zentrale Aufgaben hat: Zum einen berät er das Beschäftigungsministerium bezüglich aller Aspekte der Beschäftigungspolitik, insbesondere hinsichtlich der Ausgestaltung der Arbeitsmarktpolitik, der Veröffentlichung von Studien sowie der Einführung von Pilotprojekten. Im Zuge dessen fungiert der BER zum anderen als Schnittstelle zwischen dem Ministerium und den regionalen Arbeitsmarkträten, um somit einen besseren, den regionalen Bedürfnissen angepassten, nationalen arbeitsmarktpolitischen Rahmen sicherzustellen. Drittens ist der BER dafür verantwortlich, jährlich einen beschäftigungspolitischen Bericht zu verfassen, der sich vor allem auf die Ergebnisse und Effekte des nationalen Beschäftigungseinsatzes konzentriert.

Auf der regionalen Ebene wurden 1994 ebenfalls 14 regionale Arbeitsmarkträte (*regional arbejdsmarkedsråde* – RAR) eingerichtet. Ihre Aufgabe war und ist es, den Beschäftigungseinsatz in ihrer Region vorzubereiten. Hierbei sollen sie Ziele und Ergebnisse des Einsatzes formulieren, die Arbeitsmarktentwicklungen ihrer Region überwachen und dokumentieren, Vorschläge für Pilotprojekte unterbreiten sowie den Ausbildungs- und Erwerbsbedarf der Region identifizieren (Rådet for Uddannelses- og Erhvervsvejledning 2000).

Auf kommunaler Ebene wurden 1998 die Koordinationsausschüsse (*koordinationsudvalgene*) eingerichtet, die die jeweilige Kommunalverwaltung hinsichtlich des Zieles zur Erreichung der Arbeitsmarktanbindung der Bürger beraten sollen. Im Vordergrund stehen die Gesetze für einen aktiven Beschäftigungseinsatz und einer aktiven Sozialpolitik. Darüber hinaus berät der Koordinationsausschuss auch nichtstaatliche Akteure (Gewerkschaften, Unternehmen) und unterstützt die Zusammenarbeit zwischen der Kommune und deren Kooperationspartnern.

Im Zuge der Strukturreform 2007 strukturieren sich auch die Räte neu. Sie heißen Beschäftigungsrat, regionaler Beschäftigungsrat und lokaler Beschäftigungsrat, wobei sich ihre Aufgaben nicht wesentlich verändern (vgl. Regeringen 2004).

72 Das Konzept des »inklusiven Arbeitsmarktes« beinhaltet, dass so viele Dänen wie möglich auf dem Arbeitsmarkt Platz finden sollen – auch diejenigen, die nicht vollständig erwerbsfähig sind.

Auch in der Erwachsenenbildung gab und gibt es verschiedene Räte und Ausschüsse, in denen die Sozialpartner und der Staat drittelparitätisch vertreten sind und die Politikgestaltung beeinflussen (können). Bereits seit den achtziger Jahren gibt es in Dänemark einen Erwachsenenbildungsrat (*Voksenuddannelsesrådet* – VUR), der hauptsächlich für die Beratung des Bildungsministeriums hinsichtlich der finanziellen Unterstützung von Personen in Erwachsenenbildung verantwortlich ist. Darüber hinaus wurde zur gleichen Zeit ein Bildungsrat für AMUs (*Uddannelsesrådet for arbejdsmarkedsuddannelser* – UR) eingerichtet, der verantwortlich für die Anerkennung aller AMUs und für die Einrichtung oder Abschaffung der lokalen, branchenspezifischen Weiterbildungsausschüsse (*efteruddannelsesudvalg*) war. Die Aufgabe der Weiterbildungsausschüsse ist es, neue oder veränderte Bedarfe im Bereich der Ausbildung zu identifizieren und AMUs zu entwickeln, die diesen Bedarfen entsprechen (Arbejdsministeriet u.a. 1999: 151ff). Während die Weiterbildungsausschüsse als Institution nach wie vor existieren, wurde der Bildungsrat im Jahr 2003 mit der Verwaltung für die Ausbildungsfinanzierung auf dem Arbeitsmarkt (*Arbejdsmarkedets UddannelsesFinansering* – AUF) zum Rat für berufsgerichtete Erwachsene und Weiterbildung (*Rådet for erhvervsrettet voksen- og efteruddannelse* – REVE) zusammengeschlossen (Undervisningsministeriet 2004). Dieser übernimmt nun die Aufgaben der beiden anderen Institutionen. Die Verwaltung für AUF – 2000 etabliert – hatte die Aufgabe, die Ministerien in Bezug auf die Finanzierung der berufsgerichteten Erwachsenenbildung zu beraten, Empfehlungen für die Verteilung der Gelder auf dem Ausbildungsmarkt auszusprechen und den beiden Ministerien in Bezug auf die Bedarfe am Ausbildungsmarkt zu berichten.[73]

73 Über die hier erwähnten wichtigsten Beteiligungsmöglichkeiten der Sozialpartner hinaus gab und gibt es unzählige Ausschüsse, die sich aus heutiger Sicht nicht mehr rekonstruieren lassen. Darüber hinaus ändern sich diese Ausschüsse unter Umständen jährlich. Die Hauptfunktionen dieser Ausschüsse ergeben sich jedoch aus den hier beschriebenen Aufgaben der zentralen Räte, Ausschüsse und Verwaltungen und sind daher hinsichtlich des Einflusses der Sozialpartner auf das staatliche Handeln hinreichend erläutert.

| **Zentrale Änderungen der Organisation der Arbeitsmarktpolitik im Überblick** | |
|---|---|
| 1990 | Aufhebung des staatlichen Arbeitsvermittlungsmonopols |
| 1992 | Abschaffung des Arbeitgeberbeitrages und Einführung einer Sondermehrwertsteuer bzw. Sonderabgabe für Arbeitgeber |
| 1994 | Einführung der drei Arbeitsmarktfonds mit gleichzeitiger Einführung des Arbeitsmarktbeitrags für Arbeitnehmer und Arbeitgeber |
| | Größere Bedeutung der Amtskommunen und Kommunen bei der Finanzierung, Politikgestaltung und -umsetzung |
| | Einrichtung der nationalen und regionalen Arbeitsmarkträte |
| 1997 | Reale Einführung eines Arbeitgeberbeitrags zu den drei Arbeitsmarktfonds |
| 1998 | Einrichtung der lokalen Koordinationsausschüsse |
| | Ausweitung der Bedeutung der Kommunen durch Betreuung arbeitsloser Sozialhilfeempfänger |
| 1999 | Zusammenschluss der drei Arbeitsmarktfonds zu einem Arbeitsmarktfond, Abschaffung der Sondermehrwertsteuer bzw. der Sonderabgabe für Arbeitgeber |
| 2000 | Einrichtung des Sozialen Rates |
| | Einrichtung der Verwaltung für AUF |
| | Abschaffung des Arbeitgeberbeitrags |
| 2002 | Umbenennung des Arbeitsministeriums in Beschäftigungsministerium |
| | Übergang der Verantwortung für die Aktivierung der arbeitsfähigen Sozialhilfeempfänger vom Sozialministerium an das Beschäftigungsministerium |
| 2003 | Zusammenschluss des nationalen Arbeitsmarktrates und des Sozialen Rates zum Beschäftigungsrat |
| | Zusammenschluss der Verwaltung für AUF und des Bildungsrates für AMU zum Rat für berufsorientierte Erwachsenen- und Weiterbildung |
| | Forcierung des Einbezugs nichtstaatlicher Akteure in die Arbeitsvermittlung |
| 2007 | Zusammenführung der staatlichen Arbeitsvermittlung und der kommunalen Betreuung von nichtversicherten Arbeitslosen zu sogenannten Jobzentren |
| | Umstrukturierung der verschiedenen Räte zu den Beschäftigungsräten |

*Abbildung 8: Überblick über die Änderungen in der Organisation der Arbeitsmarktpolitik*

## 9.2 Handlungsoptionen des Staates

Wie das vorangegangene Kapitel gezeigt hat, findet in Dänemark staatliches Handeln auf drei Ebenen statt: national, regional und lokal, wobei die regionalen und lokalen Einheiten Anfang der 1990er Jahre durch eine Dezentralisierung der Arbeitsmarktpolitik an Handlungsspielraum gewonnen haben. Dabei ist das staatliche Handeln hinsichtlich der Arbeitsmarktpolitik im Moment noch ein Zweistrukturensystem, welches zum einen die Beratung und Vermittlung versicherter Arbeitsloser im Rahmen der staatlichen Arbeitsvermittlung und zum anderen die Beratung und Vermittlung nichtversicherter Arbeitsloser seitens der Kommunen beinhaltet. Dieses Zweistrukturensystem wird im Jahr 2007 aufgehoben.

Darüber hinaus konnte in diesem Kapitel demonstriert werden, dass die Sozialpartner in Dänemark einen großen Einfluss auf die Ausgestaltung der Arbeitsmarktpolitik haben. Zum einen sind sie verantwortlich für die Lohnbildung sowie die Regelungen über die Arbeitsbedingungen. Staatliches Handeln findet hier zwar in Bezug auf die nichtstaatlichen Akteure statt (Eingreifen in Tarifverhandlungen sowie minimale gesetzliche Regelungen zum Kündigungsschutz); in Bezug auf das Individuum ist hier vor allem das Handeln der Sozialpartner relevant. So hat der Staat kaum Einfluss auf die Ausgestaltung des Kündigungsschutzes, der für die meisten Berufsgruppen in Tarifverträgen geregelt ist, und kann darüber hinaus keine Gesetze bezüglich der Löhne (zum Beispiel Mindestlohn) erlassen. Zum anderen haben die Sozialpartner Einflussmöglichkeiten auf die Gesetzgebung im Rahmen der Arbeitsmarktpolitik, sowie deren Finanzierung und Implementierung. Dieser Einfluss erstreckt sich jedoch lediglich auf Empfehlungen – insofern hat hier der Staat die dominierende Rolle. Drittens verwalten die Gewerkschaften die unabhängigen Arbeitslosenkassen, worüber finanzielle Leistungen im Falle der Arbeitslosigkeit gezahlt werden. Allerdings hat der Staat grundlegende Einflussmöglichkeiten, da er per Gesetz die Höhe und Dauer von Leistungen festlegt und darüber hinaus den größten Anteil an der Finanzierung der Leistungen bereitstellt.

Zusätzlich wurde in diesem Kapitel verdeutlicht, das nichtstaatliche Akteure seit Beginn der 1990er Jahre an Bedeutung gewonnen haben. So sind private Vermittlungsagenturen nicht nur zugelassen; deren Engagement bei der Beratung und Vermittlung von Arbeitslosen wird zudem forciert. Jedoch sind hier die staatlichen Strukturen der Arbeitsvermittlung nach wie vor die wichtigsten. Darüber hinaus stellen nichtstaatliche Akteure zum Teil Bildungseinrichtungen zur Verfügung, wobei ihr Anteil zu Beginn der 1990er Jahre eher gering war und auch bis heute nur leicht angestiegen ist – vor allem die der privat-kommerziellen Akteure.

Aus dieser Analyse der Organisation der Arbeitsmarktpolitik können daher folgende Elemente staatlichen Handelns in Bezug auf das Individuum identifiziert werden:

Im Hinblick auf die *rechtliche Dimension* sozialstaatlicher Intervention erlässt der Staat Gesetze, die den Rechtstatus von Personen berühren. Hierin wird geregelt, welche Vorbedingungen eine Person erfüllen muss, um Arbeitslosengeld zu erhalten und welchen Pflichten diese im Verlauf der Arbeitslosigkeit nachkommen muss, um den (vollen) Anspruch zu behalten. In diesem Zusammenhang wird auch geregelt, welche Konsequenzen sich aus der Nichterfüllung der Pflichten beziehungsweise aus Fehlverhalten ergeben. Die Durchführung der Sanktionen allerdings liegt nur zum Teil in der Hand des Staates – hinsichtlich der Betreuung von nichtversicherten Arbeitslosen durch die Kommunen. Die Durchführung bezüglich der versicherten Arbeitslosen obliegt dagegen den Arbeitslosenkassen, die von den Gewerkschaften betreut werden. Im Rahmen der Gesetzgebung wird darüber hinaus festgelegt, welche Rechte das Individuum bezüglich der öffentlichen Dienstleistungen im Zusammenhang mit seiner Arbeitslosigkeit hat.

In Bezug auf die *ökonomische Dimension* sozialstaatlicher Intervention hat der Staat die zentralen Möglichkeiten, die Einkommensverhältnisse einer Person in Arbeitslosigkeit zu bestimmen. Darüber hinaus kann er den Ausstieg aus dem Arbeitsmarkt bestimmter Personen – ob permanent oder vorübergehend – finanziell unterstützen. Zusätzlich hat er die Möglichkeit, steuerliche Subventionen zu schaffen. Der Staat legt in diesem Rahmen die Höhe und Dauer von Transferleistungen fest und finanziert diese zu einem erheblichen Teil, wenn nicht sogar vollständig.

Betreffend der *Dimension der personenbezogenen Dienstleistungen* sichert der Staat mehrheitlich das Angebot an Dienstleistungen. Er trägt erstens die Hauptverantwortung für die Betreuung der Arbeitslosen durch die staatliche Arbeitsvermittlung für die versicherten Arbeitslosen und die Kommunen für die nichtversicherten Arbeitslosen. Nichtstaatliche Akteure haben hier zwar an Bedeutung gewonnen, dennoch wird diese Aufgabe nach wie vor überwiegend von öffentlichen Stellen übernommen. Darüber hinaus stellt der Staat zweitens einen großen Teil der Bildungseinrichtungen. Zudem finanziert nahezu ausschließlich der Staat die angebotenen Leistungen wie zum Beispiel Weiterbildungsmaßnahmen, subventionierte Beschäftigung etc.

Das bedeutet, dass der dänische Staat trotz einiger Privatisierungsansätze in allen drei Dimensionen weitgehend das Handeln in Bezug auf das Individuum bestimmt, finanziert und gestaltet. Demnach lässt sich gut untersuchen, inwiefern sich staatliches Handeln im Zuge der aktivierenden

Arbeitsmarktpolitik hinsichtlich des Individuums verändert. Dabei stellt sich zunächst die Frage, wen der Staat mit seiner Arbeitsmarktpolitik adressiert beziehungsweise adressieren sollte.

# 10. Arbeitsmarktentwicklungen in Dänemark

Dänemark wird aufgrund seiner sehr guten Arbeitsmarktperformance in den letzten Jahren sowohl von Politik als auch Wissenschaft beachtet. Sinkende Arbeitslosenquoten, so dass quasi Vollbeschäftigung erreicht wurde, sowie die erfolgreiche Bekämpfung von Jugend- und Langzeitarbeitslosigkeit sind die zentralen Aspekte, die in diesem Kontext genannt werden.

## 10.1 Arbeitslosigkeit in der dänischen Bevölkerung

Tatsächlich gestaltete sich die Entwicklung der Arbeitslosenzahlen ab 1994 sehr positiv. Dänemark gelang es, die Arbeitslosenquote um mehr als die Hälfte zu senken (siehe Abbildung 9). Im europäischen Vergleich rückt Dänemark damit von der Ländergruppe mit überdurchschnittlichen Arbeitslosenquoten (EU-15) zu den Ländern mit den niedrigsten Arbeitslosenquoten auf (siehe Abbildung 9).

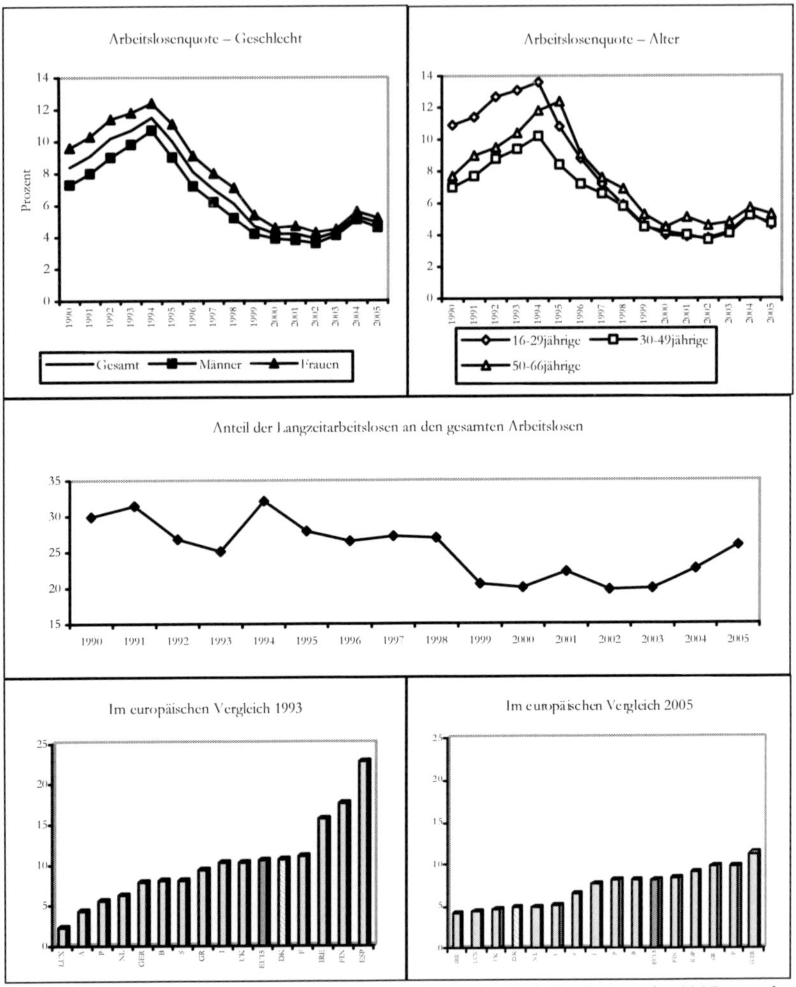


Anmerkung: Es lagen keine Angaben für Schweden und Niederlande im Jahr 2005 vor, daher wurden Angaben von 2004 verwendet.

*Abbildung 9: Arbeitslosenquoten in Dänemark 1990–2005*

*Quelle:* Für *Arbeitslosenquoten in Dänemark Danmarks Statistik (RAS1Z; RAS111; RAS33); für Langzeitarbeitslosigkeit* OECD *(1996; 1997; 2001a; 2005b); für Arbeitslosigkeit im europäischen Vergleich* OECD *(1997; 2005b)*

*Die Daten sind http://campus-verlag.de/isbn/9783593387505 verfügbar.*

Dieser Verlauf lässt sich sowohl bei Männern und Frauen als auch bei den jeweiligen Altersgruppen nachzeichnen. Beachtenswert ist hierbei, dass sich die jeweiligen Arbeitslosenquoten im Laufe der Zeit deutlich annäherten. Darüber hinaus hat hier eine Verschiebung der »Problemgruppen« stattgefunden. So war die Arbeitslosenquote der 15–29-jährigen bis 1994 deutlich höher als die der anderen beiden Alterskohorten. Das Blatt wendete sich im Jahr 1995. Seitdem weist die Gruppe der 50–66-jährigen die höchste Arbeitslosenquote auf (siehe Abbildung 9).

Eine deutliche Senkung der Langzeitarbeitslosigkeit konnte hierbei auch erreicht werden. Der Anteil der arbeitslosen Personen an der Gesamtarbeitslosigkeit, die länger als zwölf Monate ohne Beschäftigung sind, sank von ca. 30 Prozent in den Jahren 1990 und 1991 auf unter 20 Prozent in den Jahren 2002 und 2003, wonach die Langzeitarbeitslosigkeit wieder leicht anstieg (siehe Abbildung 9).

Als Ursache für den Rückgang der Arbeitslosigkeit in Dänemark während der 1990er Jahre werden vier zentrale Faktoren angeführt:

- Maßnahmen zur Ankurbelung des Wirtschaftswachstums
- die moderate Lohnpolitik
- passive Arbeitsmarktprogramme und
- aktivierende Arbeitsmarktpolitik.[74]

So verfolgte Dänemark – gleichzeitig mit den Arbeitsmarktreformen von 1994 – eine antizyklische *Fiskalpolitik*, um so die Wirtschaft anzukurbeln, in dem zum einen ein Wachstumsprogramm (1993) und zum anderen eine Steuerreform (1994) durchgeführt wurden. Das Wachstumsprogramm setzte auf Investitionsanreize, während die Steuerreform eine Senkung der Einkommenssteuer zur Anregung des Privatkonsums beinhaltete. Diese wurde in späteren Jahren durch Abschaffung einzelner Einkommenssteuervergünstigungen sowie der Einführung einer Ökosteuer wieder ausgeglichen (Döhrn u.a. 1999: 457f). Diese Maßnahmen begünstigten ein hohes Wirtschaftswachstum, welches sich durch Überschreitung der Beschäf-

74 Gelegentlich wird als weiteres zentrales Element der geringe Kündigungsschutz angeführt, da hiermit in Zeiten eines wirtschaftlichen Aufschwungs eher Arbeitsplätze entstehen. Dieses Argument kann jedoch für Dänemark nur bedingt gelten, da Dänemark bereits seit Jahrzehnten einen geringen Kündigungsschutz aufweist. Somit hat die Ausgestaltung desselben, wenn überhaupt, nur einen sekundären Einfluss auf den Rückgang der Arbeitslosigkeit im Zusammenhang mit dem Wirtschaftswachstum (zur grundlegenden Auseinandersetzung über die Rolle des Kündigungsschutzes siehe Esping-Andersen/Regini 2000).

tigungsschwelle[75] positiv auf die Entstehung von Arbeitsplätzen auswirkte (vgl. Abbildung 10). Das Wirtschaftswachstum ist jedoch nicht der alleinige Faktor für den dänischen Erfolg. »Nur etwa die Hälfte des Anstiegs der Beschäftigung [...] lässt sich auf das Wachstum des BIP zurückführen.« (Döhrn u.a. 1998: 317)

Die moderate *Lohnpolitik* der 1990er Jahre hatte, so wird es in der Fachliteratur bewertet, eine unterstützende Wirkung für die positive Beschäftigungsbilanz Dänemarks. So ist die Lohnentwicklung insbesondere Anfang und Mitte der 1990er Jahre abgeflacht, während die Produktivitätsrate kontinuierlich stieg. Dies führte dazu, dass sich der Anstieg der Lohnstückkosten verlangsamte. »Insofern hat die Entwicklung von Löhnen und Produktivität sicherlich ihren Anteil an der günstigen Beschäftigungsentwicklung [...].« (Döhrn 1998: 165) Darüber hinaus ist der Lohnfindungsprozess deutlich flexibilisiert worden. Zum einen werden auf zentraler Ebene mittlerweile mehrheitlich Manteltarifverträge abgeschlossen, die auf betrieblicher Ebene »gefüllt« werden. Dies führt zum anderen zu einer größeren Lohndifferenzierung zwischen den Lohngruppen (Döhrn u.a. 1998: 218).

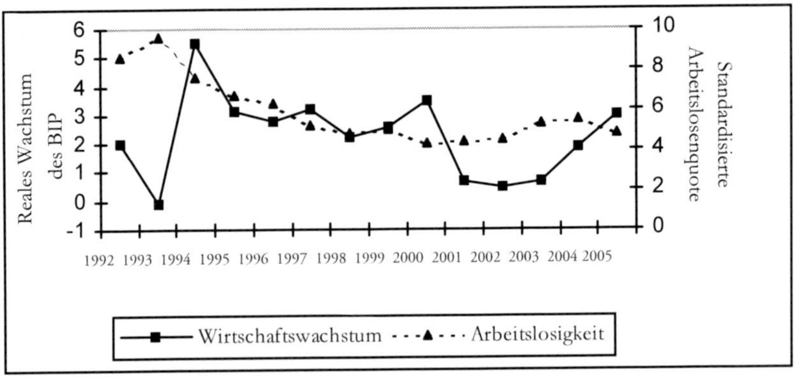


*Abbildung 10: Zusammenhang zwischen Wirtschaftswachstum und Arbeitslosigkeit*

*Quelle: Eigene Darstellung auf der Grundlage von OECD (2005a; 2006)*

Eine ebenfalls beachtliche Rolle bei der Senkung der Arbeitslosenzahlen spielen die 1993 und 1994 eingeführten *passiven Programme*, die den Rückzug

75 Die Beschäftigungsschwelle ist ein Zusammenhang der Zuwachsrate des BIP mit der Beschäftigungsentwicklung in Anlehnung an das Okunsche Gesetz. Für Dänemark lag die Beschäftigungsschwelle in den neunziger Jahren bei 1,5 Prozent. Jeder Prozentpunkt erhöht die Zahl der Beschäftigten um 0,6 Prozent (Döhrn u.a. 1999: 457).

vom Arbeitsmarkt bestimmter Personengruppen förderten. So wurden die Möglichkeiten zum Übergang in den Vorruhestand erheblich erweitert und darüber hinaus Urlaubsprogramme eingeführt, die einen zeitweiligen Rückzug vom Arbeitsmarkt ermöglichen. Da die Zahl der Zugänge zu den Urlaubs- und Vorruhestandsprogrammen die Zahl der Abgänge aus der Arbeitslosigkeit deutlich überschritt (siehe Abbildung 11), kann davon ausgegangen werden, dass dies einen erheblichen Beitrag zum Rückgang der Arbeitslosigkeit geleistet hat. »Insgesamt erhöhte also die neue Arbeitsmarktpolitik kurzfristig nicht die Zahl der Arbeitsplätze, sondern verteilte die vorhandene Arbeit lediglich auf mehr Personen.« (Döhrn u.a. 1998: 322) Da die Ausweitung des Vorruhestandes sowie die Urlaubsprogramme zum größten Teil Ende der 1990er Jahre und Anfang des neuen Jahrtausends zurückgenommen wurden, gleichzeitig aber die Arbeitslosigkeit nicht sehr stark anstieg, kann davon ausgegangen werden, dass auch andere Maßnahmen, wie zum Beispiel das Wirtschaftswachstum aber auch die aktivierende Arbeitsmarktpolitik, zur Senkung der Arbeitslosigkeit beigetragen haben.

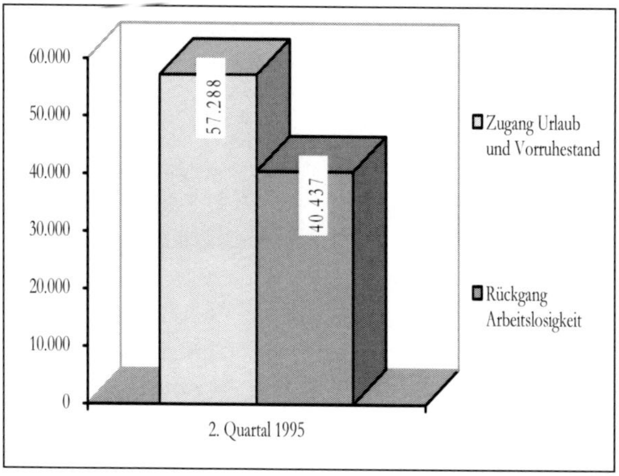


*Abbildung 11: Zusammenhang von Arbeitslosenzahlen und passiven Arbeitsmarktprogrammen*

*Quelle: Danmarks Statistik (AB711; RU121X)*

Die *aktivierende Arbeitsmarktpolitik* wurde gleichzeitig mit den Reformen der passiven Arbeitsmarktprogramme und dem fiskalischen »Kick-Start« eingeführt. Ihr tatsächlicher Effekt auf die Senkung der Arbeitslosigkeit ist umstritten. So kommt Niels Westergaard-Nielsen (2001) in seiner Studie zu dem Ergebnis, dass diese Programme kaum einen Einfluss auf die positive

Beschäftigungsbilanz haben (ebd.: 10). Das Arbeitsministerium wiederum erkannte in einer Studie positive Motivations- und Qualifizierungseffekte, aber auch, dass Arbeitslose in Aktivierungsmaßnahmen länger in Arbeitslosigkeit bleiben, da ihre Suchaktivität während der Aktivierung eingeschränkt ist (Arbejdsministeriert 2000). Darüber hinaus gibt es mehrere Studien, die sich mit den Effekten einzelner Maßnahmen auseinandersetzen. Auch hier sind die Ergebnisse nicht in jedem Fall eindeutig. Lediglich die subventionierte Beschäftigung im privaten und im öffentlichen Sektor[76] wird von nahezu allen Evaluierungsstudien als Maßnahme gewertet, die einen positiven Effekt hat (Langager 1997; Arbejdsmarkedsstyrelsen 1999; Beskæftigelsesministeriet 2002). Ebenfalls tendenziell positiv werden Bildungsangebote im Rahmen der Aktivierung bewertet, wobei die Ausgestaltung der Bildungsmaßnahme einen erheblichen Einfluss auf den Erfolg der Maßnahme hat (Arbejdsministeriet 2000; Beskæftigelsesministeriet 2002). Der Bildungsurlaub wiederum hat keinen signifikanten Effekt auf die Senkung der Arbeitslosigkeit (Langager 1997).

## 10.2 Geringqualifizierte als Problemgruppe auf dem dänischen Arbeitsmarkt

Aufgrund der durchaus positiven Arbeitsmarktbilanz in Dänemark ist nun von Interesse, inwiefern sich diese Entwicklung auch bei den Geringqualifizierten zeigt. Davon ausgehend können Aussagen darüber getroffen werden, ob die Geringqualifizierten in Dänemark auf dem Arbeitsmarkt eine Problemgruppe darstellen. Deshalb ergeben sich für die Geringqualifizierten folgende Fragen: Wie viele Personen können in Dänemark als geringqualifiziert beschrieben werden? Wie ist ihr jeweiliger Anteil an Beschäftigten, Arbeitslosen und Nichterwerbstätigen? Wie gestaltet sich die Arbeitsmarktperformance der Geringqualifizierten (im Unterschied zur allgemeinen Arbeitsmarktperformance)?

76 Evaluierung von subventionierter Beschäftigung vor 1994 (privates und öffentliches Arbeitsangebot – ATB), die den 1994 eingeführten Maßnahmen (privates und öffentliches Jobtraining) im Wesentlichen entsprechen, zeigen jedoch, dass subventionierte Beschäftigung im öffentlichen Sektor keinen beziehungsweise sogar einen negativen Effekt haben (Ingerslev 1995).

Der Anteil der Geringqualifizierten[77] an der dänischen Bevölkerung[78] ist im Laufe der letzten 15 Jahre deutlich und kontinuierlich gesunken (siehe Abbildung 12). Trotz des nach wie vor hohen Anteils der Geringqualifizierten in der dänischen Bevölkerung (immerhin über ein Drittel), weisen diese eine im Vergleich sehr geringe Beschäftigung auf: Nur 29,2 Prozent der Beschäftigten im Jahr 2005 waren Geringqualifizierte. Außerdem sind überdurchschnittlich viele Geringqualifizierte arbeitslos. Waren 1995 noch 56,2 Prozent der Arbeitslosen geringqualifiziert, so sind es auch im Jahre 2005 immer noch 44,1 Prozent. Auch außergewöhnlich hoch ist der Anteil der Geringqualifizierten an den Nichterwerbstätigen: Im Jahr 1993 waren 69,9 Prozent der Personen außerhalb des Arbeitsmarktes geringqualifiziert, im Jahr 2005 noch 58,7 Prozent (Abbildung 12).

Wird die Arbeitsmarktperformance der Geringqualifizierten im Vergleich zu den Mittel- und Hochqualifizierten betrachtet, zeigt sich die grundsätzlich schlechtere Bilanz für die Geringqualifizierten gleichsam deutlich. So fällt die Beschäftigungsquote der Geringqualifizierten in den letzten 15 Jahren sehr viel niedriger aus als die der Mittel- und Hochqualifizierten – wobei sich der Abstand zwischen den Bildungsgruppen bis 2005 sogar leicht vergrößert hat. Auch die Arbeitslosenquote der Geringqualifizierten ist im Laufe der letzten 15 Jahre grundsätzlich höher als die der Mittel- und Hochqualifizierten, allerdings haben sich die Arbeitslosenquoten untereinander angenähert. Gleichzeitig stiegen aber auch die jeweiligen Nichterwerbsquoten in allen drei Bildungsgruppen an, wobei hier die Geringqualifizierten mit Abstand die höchste Nichterwerbsquote aufweisen. Dabei verzeichnen die Geringqualifizierten die höchsten Zuwachsraten bei der Nichterwerbstätigkeit (siehe Abbildung 13).

77 Als Geringqualifizierte gelten Personen, die der unteren Qualifikationsstufe angehören. Das bedeutet, dass diese Personen keine Berufsausbildung und höchstens einen Schulabschluss (Realschule oder Gymnasium) aufweisen.

78 Die dänische Bevölkerung bezieht sich hier auf die Personen im Alter zwischen 15 und 69 Jahren, die NICHT in Ausbildung sind.

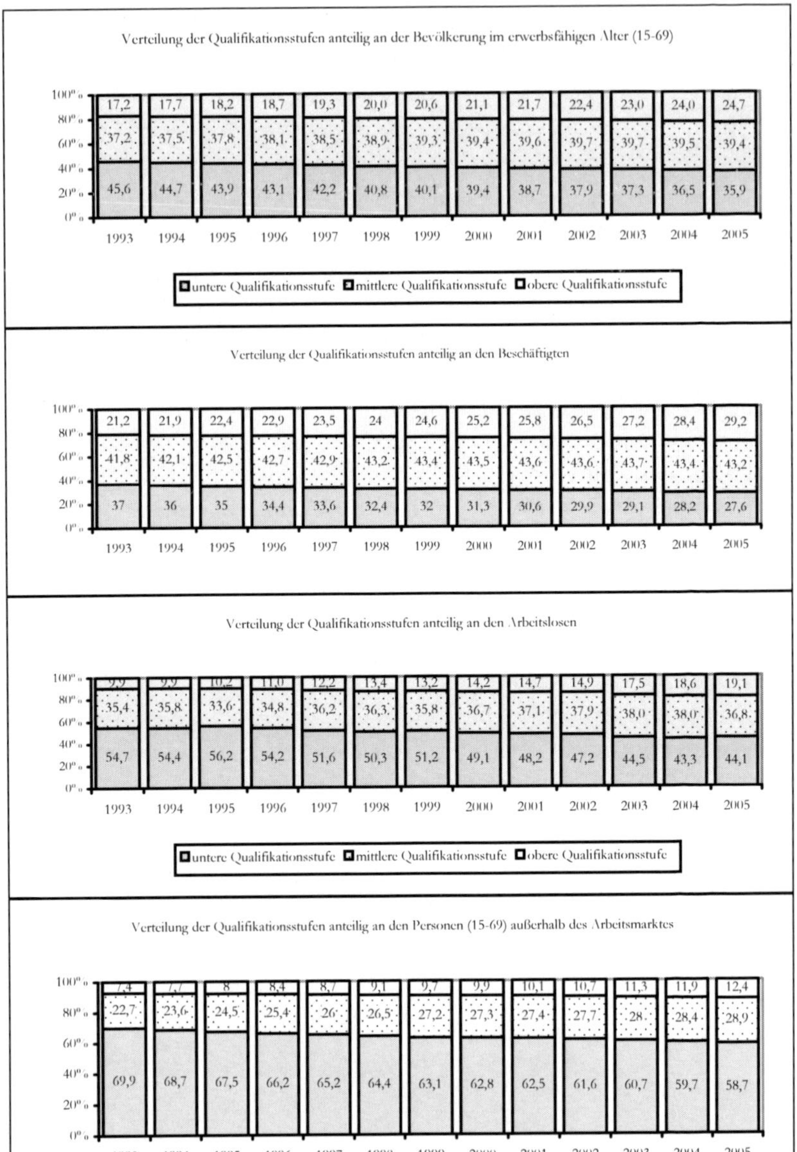


*Abbildung 12: Geringqualifizierte in der dänischen Bevölkerung*

*Quelle: Danmarks Statistik (HFU2)*

*Die Daten sind unter http://campus-verlag.de/isbn/9783593387505 verfügbar.*

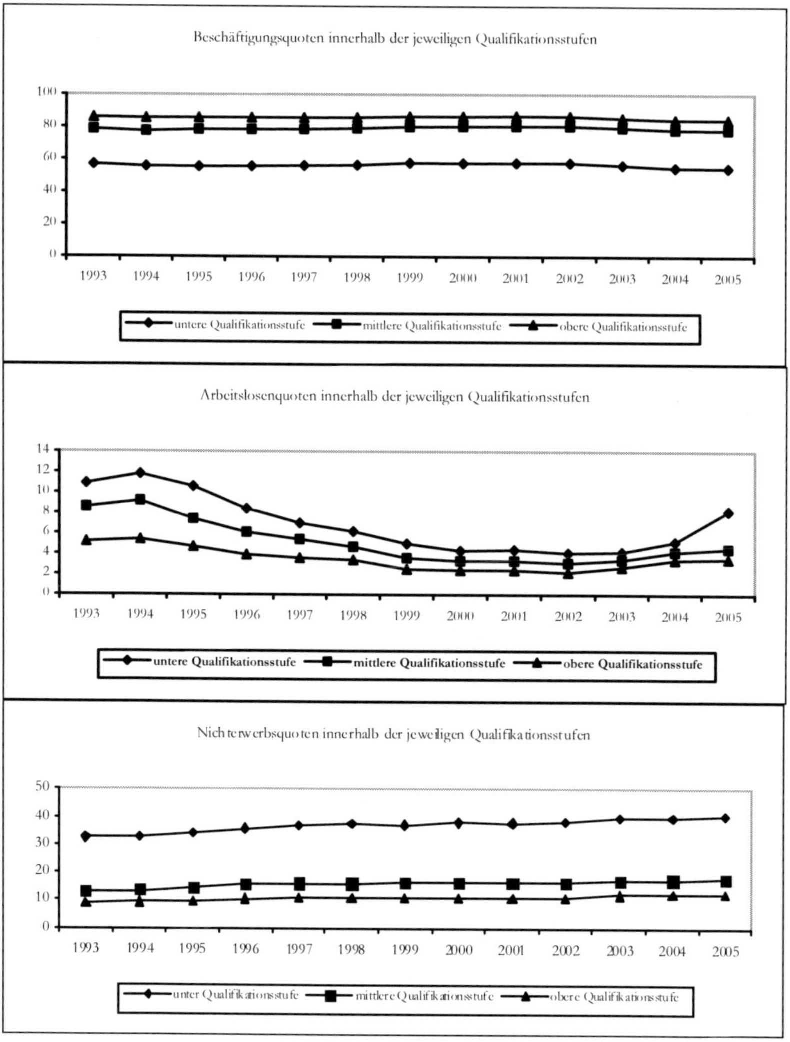


*Abbildung 13: Arbeitsmarktperformance der Geringqualifizierten in Dänemark*

*Quelle: Danmarks Statistik (HFU2)*

*Die Daten sind unter http://campus-verlag.de/isbn/9783593387505 verfügbar.*

Die hier vorgestellten und beschriebenen Daten zu den Geringqualifizierten zeigen deutlich, dass diese eine Problemgruppe auf dem dänischen Arbeitsmarkt darstellen. Zwar ist ihr Anteil an der dänischen Bevölkerung im erwerbsfähigen Alter (ohne Personen in Ausbildung) um nahezu zehn Prozent gesunken, jedoch sind sie nach wie vor eine äußerst präsente Gruppe. Sie weisen eine deutlich höhere Arbeitslosigkeit, eine signifikant höhere Nichterwerbstätigkeit und somit auch eine geringere Beschäftigung als die anderen Bildungsgruppen auf. Allerdings sind die Geringqualifizierten keine homogene Gruppe – sie weisen unterschiedliche soziodemographische Merkmale auf, die im Folgenden vorgestellt werden sollen. Damit kann identifiziert werden, welche Geringqualifizierten besonders schlecht gestellt sind auf dem dänischen Arbeitsmarkt.

1993 waren mehr Frauen als Männer geringqualifiziert, wobei sich die Werte bis zum Jahr 2005 angenähert haben. Auch in der Altersstruktur lassen sich nur geringe Unterschiede zwischen 1993 und 2005 ausmachen. Eine deutliche Senkung des Anteils kann nur bei den 15–29-jährigen festgestellt werden. Die Altersgruppe der 50–69-jährigen stellt den größten Anteil an den Geringqualifizierten, dicht gefolgt von der Altersgruppe der 30–49-jährigen. Am deutlichsten zeigt sich die Problematik der Geringqualifizierten bei der Aufschlüsselung nach der Herkunft. 1993 waren nur etwa 0,6 Prozent der Personen im Alter von 30–64 Einwanderer beziehungsweise deren Nachkommen, aber 51,9 Prozent dieser Gruppe waren geringqualifiziert. Bei den Personen dänischer Herkunft waren es nur 46,9 Prozent. Auch im Jahr 2005 zeichnet sich der Unterschied deutlich ab: Zwar stieg der Einwandereranteil an den Personen im Alter von 30–64 Jahren auf 8,7 Prozent, und gleichzeitig sank der Anteil der Geringqualifizierten an dieser Gruppe, jedoch sind die Unterschiede zur dänischen Bevölkerung immer noch gravierend. So waren nur 30,7 Prozent der Personen dänischer Herkunft geringqualifiziert – eine deutliche Senkung im Vergleich zu 1993. Es waren immer noch 49,2 Prozent der Personen ausländischer Herkunft geringqualifiziert – eine nur leichte Senkung im Vergleich zu 1993 (siehe Abbildung 14).

Dies zeigt, dass es nach allen drei soziodemographischen Merkmalen beträchtliche Unterschiede in der Qualifikation geben kann: Frauen sind (geringfügig) öfter geringqualifiziert als Männer, je älter eine Person, desto wahrscheinlicher ist sie geringqualifiziert. Und wenn die Person ausländischer Herkunft ist, ist sie häufiger geringqualifiziert als eine Person dänischer Herkunft.

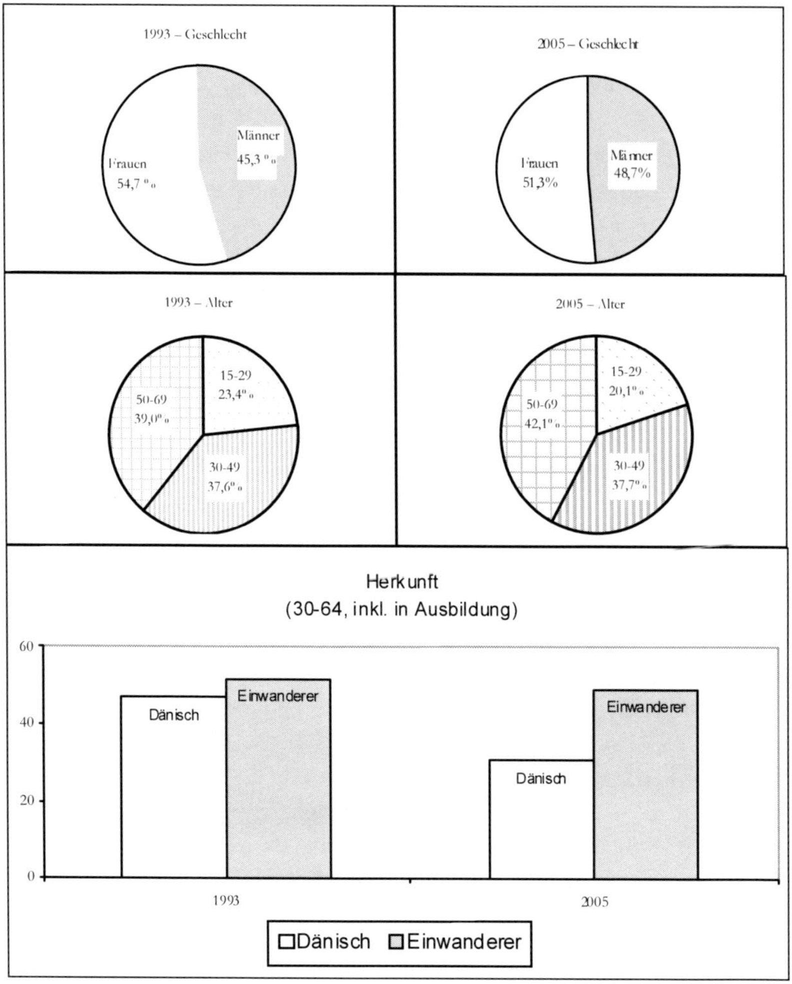


*Abbildung 14: Soziodemographische Struktur der Geringqualifizierten*

*Quelle: Danmarks Statistik (HFU1; HFU2)*

*Die Daten sind unter http://campus-verlag.de/isbn/9783593387505 verfügbar.*

Interessant ist nun, wie sich die Arbeitsmarktperformance der einzelnen Gruppen innerhalb der Geringqualifizierten gestaltet. Dabei wird ersichtlich, dass geringqualifizierte Frauen eine deutlich niedrigere Beschäftigungsquote aufweisen als geringqualifizierte Männer. Ein gravierender Unterschied lässt sich auch in den Beschäftigungsquoten der jeweiligen Altersgruppen nachzeichnen: So weisen insbesondere die 50–69-jährigen Geringqualifizierten eine sehr niedrige Beschäftigungsquote auf, während die der 30–49-jährigen Geringqualifizierten die höchste ist. Dabei sind die Beschäftigungsquoten der 15–29-jährigen Geringqualifizierten und der 30–49-jährigen Geringqualifizierten im Vergleich zwischen 1993 und 2005 gesunken (auch wenn sie zwischendurch leicht angestiegen sind), während die Beschäftigungsquote der 50–69-jährigen Geringqualifizierten gleich blieb (siehe Abbildung 15).

Ebenfalls lassen sich Unterschiede zwischen den soziodemographischen Merkmalen hinsichtlich der Nichterwerbstätigkeit feststellen. So sind geringqualifizierte Frauen weit häufiger nichterwerbstätig als geringqualifizierte Männer. Für beide Geschlechter gilt, dass deren Nichterwerbsquoten seit 1993 deutlich gestiegen sind. Die Altersgruppe der 50–69-jährigen Geringqualifizierten weist mit Abstand die höchste Nichterwerbstätigkeit auf, während die Nichterwerbstätigkeit der 15–29-jährigen Geringqualifizierten nur etwas höher ist als die der 30–49-jährigen Geringqualifizierten. Dabei kann bei den beiden letztgenannten im Verlauf von 1993 bis 2005 ein deutlicher Anstieg der Nichterwerbsquote nachgezeichnet werden, während die der 50–69-jährigen Geringqualifizierten nahezu konstant blieb (siehe Abbildung 15).

Im Vergleich zu den regulären Arbeitslosenquoten zeigt die Entwicklung der Arbeitslosigkeit bei den Geringqualifizierten, dass hier insbesondere die Altersgruppe der 15–29-jährigen stark betroffen ist. Die Arbeitslosenquote der 50–69-jährigen ist dagegen vergleichsweise gering (siehe Abbildung 15). Dies ist ein völlig anderes Bild, als die Gesamtarbeitslosenquote Dänemarks zeichnet. Allerdings gilt über alle soziodemographischen Merkmale hinweg, dass Geringqualifizierte deutlich größere Probleme bezüglich ihrer Arbeitsmarktverknüpfung aufweisen – nicht nur hinsichtlich der Arbeitslosigkeit, sondern insbesondere auch in Bezug auf die hohe Nichterwerbstätigkeit.

Dieser Umstand verlangt nach einem zielgerichteten staatlichen Handeln in der dänischen Arbeitsmarktpolitik. Das folgende Kapitel soll nun zeigen, wie Arbeitslose, Beschäftigte sowie Nichterwerbstätige – und insbesondere auch Geringqualifizierte – in der dänischen Arbeitsmarktpolitik seit Beginn der 1990er Jahre adressiert wurden (und werden).

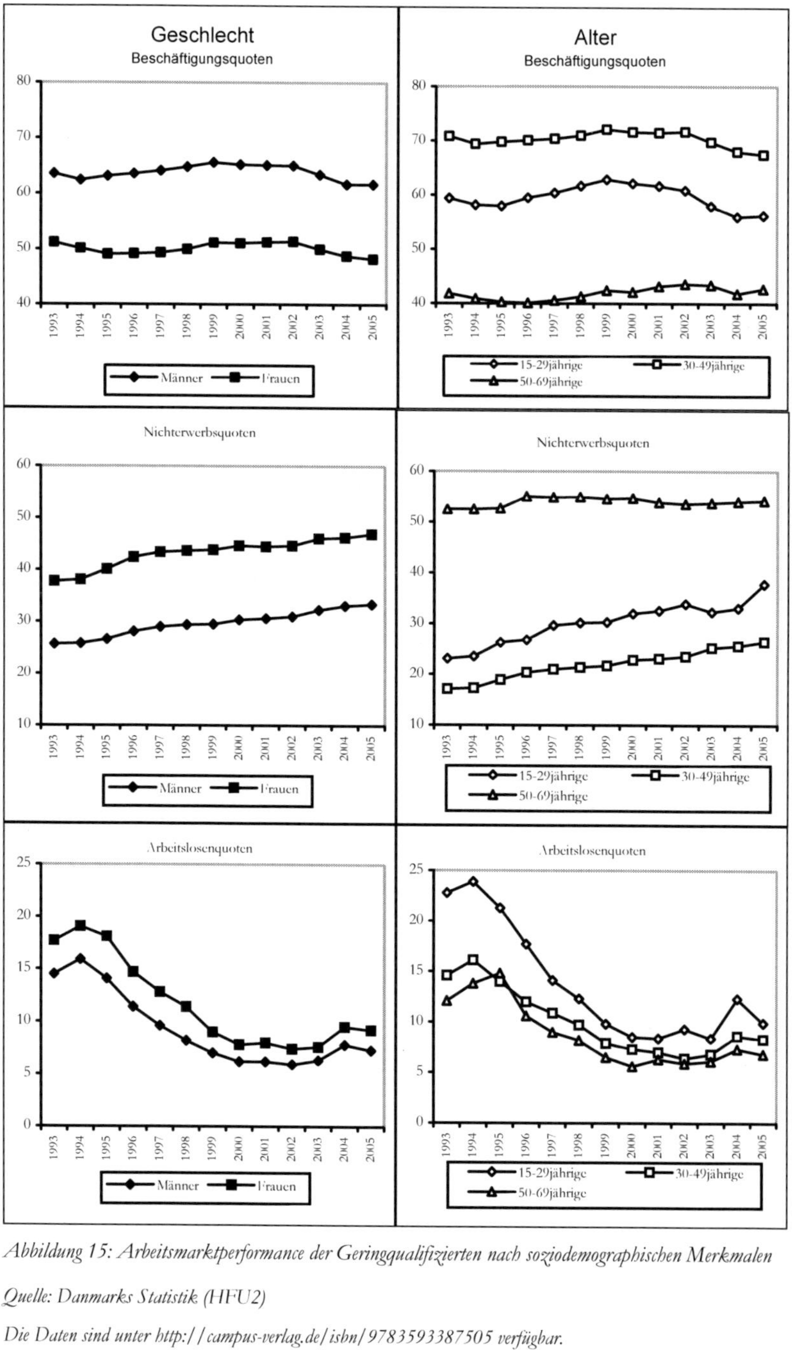


*Abbildung 15: Arbeitsmarktperformance der Geringqualifizierten nach soziodemographischen Merkmalen*

*Quelle: Danmarks Statistik (HFU2)*

*Die Daten sind unter http://campus-verlag.de/isbn/9783593387505 verfügbar.*

## 11. Staatliches Handeln in der dänischen Arbeitsmarktpolitik 1990–2005

Die dänische Arbeitsmarktpolitik hat ihre Ursprünge im Jahr 1907, als die gewerkschaftlich verwalteten Arbeitslosenkassen eingeführt wurden, welche Arbeitnehmer im Falle der Arbeitslosigkeit absichern sollten, so dass sie nicht auf die Armenpolitik angewiesen waren. Eine Arbeitsmarktpolitik im modernen Sinn, bestehend aus Geldleistungen, Vermittlungsleistungen und aktiven Maßnahmen, kann allerdings erst – in Anlehnung an die Entwicklung des modernen Wohlfahrtsstaates – seit den siebziger Jahren beobachtet werden. Mehrere gravierende Reformen im Bereich der Arbeitsmarkt- und Sozialpolitik legten die Grundlage für die heutige Ausgestaltung der Politik:

Bereits in den fünfziger Jahren wurden mit den so genannten Arbeitsmarktausbildungen Kurse geschaffen, die es Geringqualifizierten und Facharbeitern ermöglichen sollten, weiterführende Qualifizierungen zu erlangen. Ende der siebziger Jahre kamen zusätzlich noch die Erwachsenenbildungszentren hinzu, die Allgemeinbildung anboten, um zum Beispiel den Schulabschluss nachzuholen. Aber erst in den achtziger Jahren wurden Bildungsangebote als arbeitsmarktpolitische Maßnahmen insbesondere für junge und geringqualifizierte Arbeitslose eingesetzt.

1969 wurde die staatliche Arbeitsvermittlung gegründet. Damit verloren die Arbeitslosenkassen zwar ihre bis dato bestehende Aufgabe als Arbeitsvermittler, jedoch gewannen sie gleichzeitig an Mitgliedern hinzu, da die Zugangsbegrenzungen zu den A-Kassen (und somit zum Arbeitslosengeld) erheblich gelockert wurden.

Mitte der siebziger Jahre wandelte sich die Armenpolitik in eine Sozialpolitik, die eine grundlegende Versorgung aller bedürftigen Bürger durch die Sozialhilfe gewährleistete.

Ende der siebziger Jahre wiederum erblickte eine auch heute noch sehr populäre Leistung das politische Tageslicht: der Vorruhestand. Ursprünglich geplant für Arbeiter, die ihre körperlich schwere Arbeit gegen Ende ihres Erwerbslebens nicht mehr ausüben konnten, weitete sich dieses Programm bereits in den achtziger Jahren bis weit in die Angestellten- und Beamtenkreise aus.

Ebenfalls Ende der siebziger Jahre wurden die ersten aktiven Maßnahmen eingeführt. 1977 konnten erstmals die Kommunen Arbeitsangebote in Form subventionierter Beschäftigung an Sozialhilfeempfänger vergeben.

Ein Jahr später wurde diese Möglichkeit auch für versicherte Arbeitslose geschaffen.

Die Arbeitsmarktpolitik wurde in den neunziger Jahren also nicht neu erfunden. Allerdings rückte sie nun aufgrund der schwierigen Lage auf dem Arbeitsmarkt auf der politischen Agenda weit nach oben. Die verwendeten Grundelemente wurden jedoch bereits in den Jahrzehnten davor geschaffen. Im Folgenden wird herausgearbeitet, wie diese verschiedenen Elemente in den neunziger Jahren arrangiert wurden, wo die Schwerpunkte lagen und wie staatliches Handeln vollzogen wurde. Dazu wurde der Untersuchungszeitraum in vier Phasen eingeteilt. Die Grundlage hierfür bieten die von der jeweiligen dänischen Regierung erarbeiteten Reformpakete:

1) Die Anfänge der Aktivierungsrhetorik bis 1993
2) Die Arbeitsmarktreformen I und II insbesondere im Bezug auf das Arbeitslosengeld in den Jahren 1994 und 1996
3) Die Arbeitsmarktreform III im Hinblick auf die Sozialhilfeempfänger und Erwerbsunfähigen 1998 und
4) Die Beschäftigungsreform der liberal-konservativen Regierung seit 2001

Aufgrund der starken Interdependenz der verschiedenen Elemente innerhalb der Phasen wird jedoch an dieser Stelle nicht dem entwickelten Untersuchungsdesign entlang der drei Dimensionen sozialstaatlicher Intervention gefolgt. Vielmehr werden zunächst folgende Maßnahmengruppen gebildet:

1) Transferleistungen bei Arbeitslosigkeit
2) Frühverrentungsprogramme
3) Freistellungsprogramme und
4) aktive Maßnahmen

Am Ende jeder einzelnen Phase werden die empirischen Fakten anhand des ursprünglichen Untersuchungsdesigns zusammengefasst und analysiert. Bevor aber auf das explizite staatliche Handeln eingegangen wird, erfolgt zu Beginn jeder einzelnen Phase ein kurzer Einblick in den jeweiligen Diskurs der entsprechenden Zeit. Hierdurch wird ersichtlich, welche Zielsetzungen in der Politik formuliert wurden und welche besonderen Problemverständnisse vorherrschten.

## 11.1 Klassische Arbeitsmarktpolitik 1990–1993: Favorisierung passiver Transferleistungen

Erstaunlicherweise wurden der Begriff der Aktivierung sowie Teile der damit verbundenen Rhetorik bereits 1990 in die dänische Arbeitsmarktpolitik eingeführt. Mit dem »Regierungsvorschlag über Aktivierung und Bildung« (Regeringen 1990) beschrieb die damalige konservativ-liberale Regierung unter Poul Schlüter eine nötige Wende in der Arbeitsmarktpolitik – aktivierende Maßnahmen statt passiver Leistungen (ebd.: I). Damit sollte in erster Linie Flaschenhalsproblemen auf dem Arbeitsmarkt vorgebeugt (ebd.: 1), also die Entstehung von *Mismatches* verhindert werden. Das Ziel »Senkung der Arbeitslosigkeit« tauchte jedoch nicht auf, obwohl Dänemark zu Beginn der 1990er Jahre bereits eine – auch im europäischen Vergleich – überdurchschnittliche Arbeitslosigkeit verzeichnete. Dabei wurde das Problem der Arbeitslosigkeit in zweierlei Hinsicht sehr ernst genommen. Zum einen wurde die Exklusion Einzelner durch den Transferleistungsbezug thematisiert: Personen würden sich beim Erhalt passiver Leistungen ausgestoßen, außen vor, isoliert und unbrauchbar fühlen, was sich negativ auf die Motivation zum persönlichen Einsatz gegen die Arbeitslosigkeit auswirke. Daraus wiederum entstünden schnell weitere soziale Probleme (ebd.: 29). Zum anderen wurden auch die gesellschaftlichen Kosten des Transferleistungssystems benannt: So würde es zu großen volkswirtschaftlichen Problemen kommen, wenn die Ausgaben für Transferleistungen weiterhin steigen würden (ebd.: 29). Daher wurden zwar im Rahmen der Problemlösungsvorschläge die aktiven Maßnahmen gegenüber den passiven Transferleistungen stärker betont, jedoch sollte hierfür keine Krone zusätzlich ausgegeben werden. Die Finanzierung der aktiven Seite sollte durch sinkende Ausgaben auf der passiven Seite erfolgen (ebd.: I). Vorgeschlagen wurde:

- die Aktivierung junger Arbeitsloser unter 30 Jahren, wobei die Aktivierung später auch auf andere Altersgruppen ausgedehnt werden sollte (ebd.: 2 und 3);
- die Qualifizierung von Beschäftigten (ebd.: 2) und
- eine stärkere Leistung-für-Gegenleistung-Orientierung in der Sozialpolitik (ebd.: 29).

Von diesen Vorschlägen fanden sich tatsächlich einige Aspekte in der Umsetzung wieder, wie dieses Kapitel zeigen wird. Beispielhaft sind hierfür die

Einführung des Bildungsurlaubes sowie der Rehabilitationsleistung für Personen mit eingeschränkter Erwerbsfähigkeit. Ein grundlegender Wandel hin zu einer Aktivierungspolitik fand jedoch nicht statt – die passiven Leistungen spielten bis 1993 noch eine deutlich größere Rolle als die aktiven Maßnahmen. Dies zeigen vor allem die Einführung von neuen Frühverrentungs- und Freistellungsprogrammen sowie die geringen Verfügbarkeitsverpflichtungen für Arbeitslosengeld- und Sozialhilfeempfänger.

*Transferleistungen bei Arbeitslosigkeit*

Die wichtigste Transferleistung bei Arbeitslosigkeit war das Arbeitslosengeld, welches durch eine freiwillige Versicherung erreicht werden konnte. Bestand keine Versicherung, konnte der Arbeitslose Sozialhilfe beziehen. Trotz der Freiwilligkeit und der zusätzlichen sozialen Absicherung hatte die Arbeitslosenversicherung einen hohen Stellenwert. Knapp 80 Prozent der dänischen Bevölkerung im erwerbsfähigen Alter waren Mitglied einer Arbeitslosenkasse (Eigene Berechnungen auf der Grundlage von Danmarks Statistik RAS33; AB513X; AB513)[79] und 70 Prozent der Leistungsempfänger bezogen Arbeitslosengeld, 30 Prozent Sozialhilfe (Danmarks Statistik SAM1).

Der Zugang zum *Arbeitslosengeld* wurde primär durch den Versicherungsstatus bestimmt, der sich aus der Mitgliedschaft in einer Arbeitslosenkasse (A-Kasse) ergab. Mitglied einer A-Kasse konnten nur Personen werden, die zwischen 16 und 65 Jahren alt und darüber hinaus bereits mindestens zehn Wochen einer Beschäftigung nachgegangen waren beziehungsweise nachweisen konnten, dass sie kurz zuvor eine Berufsausbildung von mindestens 18-monatiger Dauer abgeschlossen hatten (Arbeitslosenversicherungsgesetz 1993).[80] Somit war das Arbeitslosengeld eine Versicherungsleistung; der Versicherungsbeitrag war gleichsam der Mitgliedsbeitrag für die A-Kasse.[81]

---

79 Genauer gesagt betrug die Mitgliedsquote 1993 77,5 Prozent. In den folgenden Jahren stieg der Anteil der Versicherten an der Erwerbsbevölkerung sogar noch weiter an und pendelte sich bei ca. 79 Prozent ein (ebd.).

80 Auch für Selbständige gab es spezielle A-Kassen. Das Recht auf Mitgliedschaft ergab sich daraus, dass die Person mehr als nur vorübergehend und in wesentlichem Umfang selbständig tätig war (Arbeitslosenversicherungsgesetz 1993).

81 Neben der regulären Vollversicherung konnten sich Teilzeitbeschäftigte als Teilversicherte bei der A-Kasse anmelden. Diese Möglichkeit war gesetzlich festgelegt und führte hinsichtlich der Beschäftigungsanforderungen sowie der Höhe der Leistung zu An-

Eine Mindestdauer von einem Jahr Mitgliedschaft war Vorbedingung für den Erhalt von Arbeitslosengeld. Zusätzlich zum Versicherungsstatus musste der Arbeitslose auch eine Mindestbeschäftigungsdauer von 26 Wochen vor der Arbeitslosigkeit[82] nachweisen, um Arbeitslosengeld erhalten zu können (ebd.). Diese Beschäftigungsanforderung war leicht zu erfüllen, da neben regulärer Beschäftigung auch nahezu jede Anstellung mit Lohnsubvention angerechnet werden konnte (Beschäftigungsanforderungsverordnung 1991). Die Zugangsbeschränkungen zum Arbeitslosengeld fielen demnach zu Beginn der 1990er Jahre nicht sehr hoch aus und fokussierten primär auf den Versicherungsstatus. Die hohe Versicherungsquote und der hohe Anteil der Bezieher von Arbeitslosengeld zeigen, dass *de facto* nur wenige Beschränkungen im Zugang zum Arbeitslosengeld bestanden.

Hatte der Arbeitslose diese erste Hürde genommen, so musste er ein weiteres zentrales Kriterium erfüllen, um Arbeitslosengeld beziehen zu können: Er musste dem Arbeitsmarkt zur Verfügung stehen. Diese Verfügbarkeitsverpflichtung umfasste drei Elemente: Erstens musste der Arbeitslosengeldempfänger bei der staatlichen Arbeitsvermittlung (AF) arbeitssuchend gemeldet sein. Zweitens musste die arbeitslose Person selbst aktiv Arbeit suchen. Und drittens musste sie in der Lage sein, Arbeit zu übernehmen (Arbeitslosenversicherungsgesetz 1993).

Dabei galt, dass der Arbeitslose nicht jede Art von Arbeit annehmen beziehungsweise suchen musste. In den ersten zwölf Monaten der Arbeitslosigkeit durfte er sich auf Stellenangebote und -ausschreibungen beschränken, die seiner Ausbildung, Qualifikation und/oder seinem vorherigen Tätigkeitsfeld entsprachen. Erst nach einem Jahr Leistungsbezug musste er auch Stellen berücksichtigen beziehungsweise annehmen, die außerhalb seines Fachgebiets lagen (Verfügbarkeitsverordnung 1993). Für den gesamten Zeitraum der Arbeitssuche beziehungsweise -vermittlung galt, dass der Arbeitlose Wegzeiten von bis zu drei Stunden zwischen Wohnort und Arbeitsstelle in Kauf zu nehmen hatte (Verfügbarkeitsverwaltungsrichtlinie 1993).

Somit gewährte nur eine wirkliche Verfügbarkeit am Arbeitsmarkt – zum Ausdruck gebracht durch Anmeldung, Arbeitssuche und Arbeitsannahme – ein Anrecht auf Arbeitslosengeld. Dabei waren diese Anforderun-

---

passungen entsprechend dieses Versicherungsstatus (Arbeitslosenversicherungsgesetz 1993).

82 Dabei wurden nur Beschäftigungsperioden angerechnet, die in den Zeitraum der Mitgliedschaft fielen (Arbeitslosenversicherungsgesetz 1993).

gen nicht überhöht – im Gegenteil: Insbesondere die lange »Schonfrist« hinsichtlich der beruflichen Mobilität zeigt eine geringe Verfügbarkeitsverpflichtung während des Leistungsbezuges.

Relevant war hierfür natürlich, welche Konsequenzen sich aus der Nichterfüllung der Pflichten ergaben. Hierfür waren zwei Optionen für Sanktionen vorgesehen: Zum einen bestand die Möglichkeit, das Arbeitslosengeld für einen definierten Zeitraum zu streichen. Kündigte eine Person ihre reguläre oder vermittelte Beschäftigung ohne hinreichende Gründe beziehungsweise wurde dieser Person aus Gründen gekündigt, die primär ihr selbst zuzuschreiben waren, konnte die Person für fünf Wochen kein Arbeitslosengeld erhalten. Geschah dies allerdings bei vermittelter Arbeit innerhalb der ersten Woche, so betrug die Sperrzeit nur zwei Wochen.[83] Gleichsam zwei Wochen Sperre erhielt ein Arbeitsloser, der vermittelte Arbeit ohne hinreichenden Grund ausschlug.[84]

Zum anderen konnte die Person ihr Recht auf Arbeitslosengeld vollständig verlieren, wenn sie als nicht verfügbar galt. Dies war der Fall, wenn die Person zweimal innerhalb von zwölf Monaten reguläre oder vermittelte Arbeit gekündigt beziehungsweise dreimal innerhalb von sechs Monaten vermittelte Arbeit ausgeschlagen hatte; darüber hinaus, wenn sie von den festgelegten Gesprächen mit der Arbeitsvermittlung und/oder der A-Kasse fernblieb und Maßnahmen ausschlug oder abbrach – jeweils unter der Voraussetzung, dass keine hinreichenden Gründe dafür vorlagen. Erneutes Recht auf Arbeitslosengeld konnten diese Personen allerdings über eine »Abkürzung« erlangen: Bereits nach 300 Stunden regulärer oder subventionierter Beschäftigung innerhalb von zehn Wochen bestand wieder ein Anspruch (Verfügbarkeitsverordnung 1993).

Damit war der Sanktionskatalog Anfang der 1990er Jahre bereits sehr umfangreich und bot viele Möglichkeiten, unerwünschtes Verhalten bei

83 Als hinreichende Gründe galten hier zum Beispiel: Krankheit (wobei bei länger währender Krankheit eine generelle Verfügbarkeit am Arbeitsmarkt durch die A-Kasse in Frage gestellt werden konnte), keine Betreuungsmöglichkeiten für Kinder oder pflegebedürftige Familienmitglieder im Haushalt (auch hier konnte eine generelle Verfügbarkeit seitens der A-Kasse in Frage gestellt werden), Übernahme anderer dauerhafter Arbeit, Beginn einer Ausbildung, Person war teilversichert und Arbeitgeber verlangte mehr als sechs Stunden Arbeit pro Tag (Verfügbarkeitsverordnung 1993).

84 Als hinreichende Gründe galten hier im Wesentlichen die in Fußnote 83 genannten. Hinzu kamen zum einen, dass die vermittelte Arbeit nicht der Qualifikation und/oder dem vorherigen Tätigkeitsfeld der Person entsprach (galt nur für die ersten zwölf Monate der Arbeitslosigkeit) und zum anderen, dass die Person voll versichert war, ihr jedoch nur eine Teilzeitstelle angeboten wurde (Verfügbarkeitsverordnung 1993).

Arbeitslosen zu bestrafen. Gegen die Einstufung der Sanktionen als »hart« sprechen vor allem die grundsätzlich geringen Verfügbarkeitsanforderungen – also die wenigen Gelegenheiten für Sanktionen. Allerdings konnten die Sperrzeiten mit bis zu über zehn Wochen sehr lang sein und die Höhe der Sanktion (der Verlust des gesamten Arbeitslosengeldes) zeugt von einer gewissen Schärfe, zumal der dadurch eintretende Einkommensverlust sehr hoch ausfallen konnte. Allerdings wurden die Sanktionen zu Beginn der neunziger Jahre nur sehr selten angewandt. Denn im Vordergrund stand weniger die Überprüfung und Gewährleistung der Verfügbarkeit, sondern die Aufrechterhaltung des Rechts auf Arbeitslosengeld (Interview: Thomas Mølsted Jørgensen).

Der Höchstsatz des zu versteuernden[85] Arbeitslosengeldes betrug 1.660 Euro brutto im Monat.[86] Dabei wurde davon ausgegangen, dass der Brutto-Maximalbetrag in der Regel um nicht mehr als zehn Prozent unterschritten würde, außer wenn das vorherige Einkommen sehr gering ausfiel. Denn gleichzeitig galt, dass das Arbeitslosengeld maximal 90 Prozent des vormaligen Einkommens betragen durfte (Arbeitslosenversicherungsgesetz 1993). Das bedeutete, dass Personen, die weniger als 22.130 Euro brutto im Jahr verdienten, 90 Prozent ihres vormaligen Einkommens und somit nicht den Höchstbetrag erhielten. Dagegen erhielten Personen mit einem Einkommen von 39.840 Euro brutto im Jahr[87] zwar den vollen Betrag, welches allerdings dann nur noch 50 Prozent ihres vormaligen Einkommens entsprach. Das Arbeitslosengeld hatte demnach einen deutlichen Umverteilungseffekt, da Geringverdiener im Verhältnis zu ihrem vorherigen Einkommen besser gestellt waren als Gutverdiener. Allerdings konnte diese Umverteilung den Effekt haben, dass Geringverdiener keine finanziellen Anreize hatten, Arbeit aufzunehmen.

---

85 Neben der Steuer gab es zu Beginn der neunziger Jahre keine weiteren Abzüge vom Arbeitslosengeld, es sei denn, der Arbeitslose ging einer Tätigkeit (entlohnt oder unbezahlt) nach. Dann wurde das Arbeitslosengeld entsprechend gekürzt (Verordnung über Einnahmen beim Arbeitslosengeld 1993). Außerdem gab es noch die Möglichkeit eines ergänzenden Arbeitslosengeldes, wenn ein Vollversicherter einer Teilzeitbeschäftigung nachging, welches die Differenz zwischen der tatsächlichen und der regulären wöchentlichen Arbeitszeit und somit auch den Verdienstausfall ausgleichen sollte (Arbeitslosenversicherungsgesetz 1993). Jedoch wurde diese Möglichkeit nur selten in Anspruch genommen (Danmarks Statistik div. Jahrgänge).

86 Dies entsprach in etwa 995 Euro netto pro Monat, berechnet auf der Grundlage des Steuerfreibetrags von 5.120 Euro pro Jahr, der Grundsteuer von 22 Prozent sowie einer durchschnittlichen Kommunalsteuer von 30 Prozent.

87 Dies entspricht dem doppelten Arbeitslosengeldhöchstsatz.

Beachtlich ist dies auch im Hinblick auf den Zeitraum, in dem versicherte Arbeitslose diese Leistung erhielten. Zwar war es nach dem Gesetz grundsätzlich nur möglich, für zweieinhalb Jahre Arbeitslosengeld zu beziehen, da die Beschäftigungsanforderung von 26 Wochen in einer Rahmenfrist von drei Jahren erfolgen musste (Arbeitslosenversicherungsgesetz 1993). Weil jedoch subventionierte Beschäftigung und somit die Teilnahme an bestimmten aktiven Maßnahmen zu einer erneuten Erfüllung der Beschäftigungsanforderung führte, konnte die tatsächliche Dauer erheblich länger sein, nämlich inklusive der Mindestdauer der Maßnahmen bis zu neun Jahre.[88] Das dänische Arbeitslosengeld war demnach eine sehr generöse Leistung in Höhe und Dauer. Hinzu kommt, dass es eine nahezu universelle Leistung war, weil die Zugangsbeschränkungen gering waren und die Leistung nahezu unkonditionalisiert gewährt wurde.

Hatte die arbeitslose Person kein Anrecht auf Arbeitslosengeld – zum Beispiel aufgrund des fehlenden Versicherungsstatus oder der Überschreitung der Maximaldauer – so konnte sie *Sozialhilfe* beantragen und beziehen. Zugang zur Sozialhilfe gewährte die Bedürftigkeit, wenn eine Person sich selbst und ihre Familie aufgrund von Veränderungen in den Verhältnissen – wie zum Beispiel Arbeitslosigkeit[89] – nicht mehr versorgen konnte. Diese Person sowie deren Ehepartner durfte jedoch kein Vermögen besitzen (Beistandsgesetz 1993). Auch ein hohes Einkommen des Ehepartners konnte einen Sozialhilfebezug verhindern, da dieses Einkommen – abgesehen von dem Betrag, den der Ehepartner selbst als Sozialhilfe erhalten hätte – von der Sozialhilfe abgezogen wurde (Sozialhilfeverwaltungsrichtlinie 1993). Personen mit einem einkommensstarken Ehepartner hatten hier also das Nachsehen, da sie nicht als bedürftig gelten konnten, während Personen, deren Ehepartner Geringverdiener oder Empfänger von Sozialleistungen waren, eher das Bedürftigkeitskriterium erfüllten.

---

88 Rechnungsgrundlage: 1. ALG-Periode 2,5 Jahre, im Anschluss daran Maßnahme der subventionierten Beschäftigung (mindestens neun Monate – siehe unten), dann erneutes Recht auf ALG für 2,5 Jahre, dann für einige Gruppen (siehe unten) erneute Maßnahme (wiederum neun Monate), daher wiederum 2,5 Jahre ALG = 9 Jahre.

89 Andere Veränderungen waren: Krankheit, Schwangerschaft/Geburt, Gefängnisaufenthalt oder Scheidung. Sozialhilfe konnte jedoch nur bezogen werden, sofern keine anderen Leistungen gezahlt wurden. Aber nicht jede prekäre Situation gewährleistete das Recht auf Sozialhilfe. So konnten Personen, die zum Beispiel im Niedriglohnsektor beschäftigt waren, eine Ausbildung machten oder höhere Ausgaben als Einnahmen verzeichneten, kein Anrecht auf Sozialhilfe geltend machen (Sozialhilfeverwaltungsrichtlinie 1993).

Auch hinsichtlich der Pflichten, die während des Bezugs von Sozialhilfe erfüllt werden mussten, wurde der Ehepartner mit einbezogen. Sowohl an den Leistungsempfänger als auch an dessen Ehepartner wurde die Anforderung gestellt, die persönlichen Arbeitsmöglichkeiten auszunutzen. Das bedeutet, dass beide vermittelter Arbeit zur Verfügung stehen mussten, geförderte Arbeitsangebote anzunehmen und an beschäftigungsfördernden Maßnahmen teilzunehmen hatten (Beistandsgesetz 1993).[90] Die Pflichten beim Leistungsbezug fielen hier also einerseits deutlich geringer aus als beim Arbeitslosengeld, da die Anmeldung bei der Arbeitsvermittlung und die aktive Arbeitssuche keine Bedingungen für Sozialhilfeempfänger waren. Andererseits konnte der Einbezug des Ehepartners in die Verpflichtung von erheblicher Tragweite sein. Da jedoch für den Ehepartner im Grunde nur im Falle eines eigenen Sozialhilfe- beziehungsweise Arbeitslosengeldbezugs diese Verpflichtung bestand, und sie aufgrund des Leistungsbezugs selbst schon der Verfügbarkeitsverpflichtung unterlagen, spielte der »Partneraspekt« im Grunde keine Rolle.

Inwiefern die Verfügbarkeitsverpflichtung eine Relevanz hatte, lässt sich nur anhand der Sanktionsmöglichkeiten nachzeichnen. Und diese fielen eher gering aus. So hatte das Ausschlagen vermittelter Arbeit, geförderter Arbeitsangebote und beschäftigungsfördernder Maßnahmen lediglich zur Konsequenz, dass der Sozialhilfeempfänger so lange keine Leistung beziehen konnte, wie das entsprechende Angebot bestand (Sozialhilfeverwaltungsrichtlinie 1993), also nicht durch andere Personen besetzt wurde. Da zu Beginn der 1990er Jahre eine hohe Arbeitslosigkeit herrschte, kann davon ausgegangen werden, dass dies im Regelfall schnell geschah, was bedeutet, dass die Sanktionen zwar hoch aber tendenziell nicht von langer Dauer waren und daher nicht bedeutend ins Gewicht fielen. Darüber hinaus wurde von diesen Maßnahmen ebenso wie beim Arbeitslosengeldsystem wenig Gebrauch gemacht. Die Sachbearbeiter der kommunalen Behörden hatten häufig Hemmungen, Sanktionen zu verhängen, weil die Sozialhilfe als letztes Sicherheitsnetz im sozialen System gesehen wurde (Interview: Thomas Mølsted Jørgensen). Darüber hinaus ist anzunehmen, dass die Sanktionen, wenn sie denn verhängt wurden, anders aus-

90 Dies galt natürlich nicht, wenn der Ehepartner bereits einer Beschäftigung nachging beziehungsweise eine Ausbildung machte. Außerdem waren von dieser Verpflichtung Partner ausgenommen, die andere Sozialleistungen wie zum Beispiel Vorruhestandsleistungen bezogen (Sozialhilfeverwaltungsrichtlinie 1993).

fielen, als im Gesetz vorgesehen (siehe Angaben hierzu ab der 3. Phase: 1998–2001).

Im Unterschied zum Arbeitslosengeld war die Sozialhilfe als Transferleistung aufgrund der Bedürftigkeitsanforderung viel individueller ausgerichtet und setze sich aus drei Teilen zusammen:

Die Höhe des Grundbetrages (*grundydelse*) richtete sich nach dem Alter der Person und der Dauer des Leistungsbezugs (siehe Tabelle 9). Wesentlicher Aspekt hierbei war, dass dieser Grundbetrag nach neun Monaten Sozialhilfebezug für über 23-jährige um ca. zwölf Prozent abgesenkt wurde.

Zusätzlich zu diesem Grundbetrag konnte ein Wohnzuschlag (*boligtillæg*) gewährleistet werden, der die faktischen Wohnkosten (Miete, Strom, Gas, Wasser, Heizung etc.) abdecken sollte.[91]

Als weitere Zusatzleistung gab es die Kinderzulage (*børnetillæg*), welche auf der Grundlage des Unterhaltsanspruchs für jedes einzelne Kind berechnet wurde, jedoch maximal 170 Euro pro Kind im Monat betrug (Beistandsgesetz 1993).

Generell galt, dass die steuerfreie Sozialhilfe nicht den Höchstsatz des Arbeitslosengeldes nach Abzug der Steuern überschreiten durfte.[92] Für Personen, die zuvor ein Einkommen bezogen hatten, wurde eine individuelle Höchstgrenze berechnet. Allerdings durfte die Sozialhilfe nicht höher als 90 Prozent des vormaligen Erwerbseinkommens sein (Sozialhilfeverwaltungsrichtlinie 1993).

Die Sozialhilfe konnte ähnlich hoch ausfallen wie das Arbeitslosengeld, wobei zusätzlich keine rechtliche Beschränkung der Bezugsdauer vorlag. Zwar war es erklärtes Ziel, dass sich der Sozialhilfeempfänger so schnell wie möglich wieder selbst versorgen konnte (Beistandsgesetz 1993), *de jure* konnte der Leistungsbezug jedoch bis zum Eintritt ins reguläre Rentenalter dauern. Die Sozialhilfe war also ebenso wie das Arbeitslosengeld insgesamt betrachtet eine nahezu universelle Transferleistung mit geringen Zugangsbeschränkungen und wenigen Pflichten.

---

91 Die individuelle Prüfung für den Wohnzuschlag beinhaltete unter anderem die Frage, ob der Wohnraum angemessen ist. Stellte sich heraus, dass die Ausgaben für die Wohnung für die Person/Familie zu hoch waren und preiswerterer Wohnraum zur Verfügung stand, musste sich die Person/Familie entscheiden: Entweder zieht sie in die preiswertere Wohnung oder sie akzeptiert einen Wohnzuschlag, der geringer ausfällt als ihre Kosten, da er auf der Grundlage des billigeren Wohnraums errechnet wird (Sozialhilfeverwaltungsrichtlinie 1993).

92 Da die Kommunen unterschiedliche Steuersätze hatten, gab es keine einheitliche, landesweit gültige Höchstgrenze.

| | *Grundbetrag* | | *Kinderzulage* | *Insgesamt* | |
|---|---|---|---|---|---|
| | *Bis 9. Monat* | *Ab 10. Monat* | | *Bis 9. Monat* | *Ab 10. Monat* |
| *Ehepaar, 2 Kinder* | 2x441 | 2x388 | 2x170 | 1.222 | 1.113 |
| *Ehepaar ohne Kinder* | 2x441 | 2x388 | | 882 | 773 |
| *Alleinerziehend, 2 Kinder* | 441 | 388 | 2x170 | 781 | 728 |
| *Single* | 441 | 388 | | 441 | 388 |
| *– unter 23*[93]*, eig. Wohnung* | 486[94] | | | 486 | 486 |
| *– unter 23*[93]*, bei Eltern* | 277 | | | 277 | 277 |

*Tabelle 9: Sozialhilfe für definierte Gruppen (exklusive Wohnzuschlag), Angaben in Euro*

*Quelle: Eigene Zusammenstellung auf der Grundlage des Beistandsgesetzes (1993)*

### *Frühverrentungsprogramme*

Arbeitslosengeld und Sozialhilfe waren Geldleistungen, die gezahlt wurden, während eine grundsätzliche Verfügbarkeit am Arbeitsmarkt gegeben sein musste. Zusätzlich gab es im dänischen Transferleistungskatalog Geldleistungen, die einen Ausstieg aus dem Arbeitsmarkt zuließen, wobei die Frühverrentungsprogramme auf einen permanenten Rückzug vom Arbeitsmarkt fokussierten.

Die *Erwerbsunfähigkeitsrente* (*førtidspension*) stellte eine Besonderheit unter den Transferleistungen zum permanenten Rückzug vom Arbeitsmarkt dar, da sie nicht zwangsläufig einen vollständigen Ausstieg förderte. Die Grundlage für die Zahlung dieser Leistung bildete die klassifizierte Erwerbsunfähigkeit einer Person im erwerbsfähigen Alter (18–67[95]). Es wurde unterschieden zwischen:

– Personen im Alter von 18–60 Jahren, die eine unbedeutende Erwerbsfähigkeit aufwiesen (höchste Erwerbsunfähigkeitsrente),

93 Personen unter 23 Jahren, die eine Versorgungspflicht gegenüber einem Ehepartner oder Kindern hatte, erhielten den regulären Grundsatz für über 23-jährige. Gleiches galt für Personen unter 23, die vorher ein Einkommen nachweisen konnten, welches die Grundleistung für über 23-jährige überstieg (Beistandsgesetz 1993).

94 Dieser Betrag liegt über der Sozialhilfegrundleistung von Singles über 23 Jahren, weil diese zusätzlich Wohnzuschlag beantragen können. Bei Sozialhilfeempfängern mit eigener Wohnung ist dieser bereits in der Grundleistung enthalten.

95 Zu Beginn der neunziger Jahre war 67 das Eintrittsalter in die Volkspension – die reguläre Rente (Rentengesetz 1990).

- Personen im Alter von 60–67 Jahren mit unbedeutender Erwerbsfähigkeit sowie Personen im Alter von 18–60 Jahren mit einer Einschränkung der Erwerbsfähigkeit um zwei Drittel (mittlere Erwerbsunfähigkeitsrente) und
- Personen im Alter von 18–67 Jahren, deren Erwerbsfähigkeit um die Hälfte eingeschränkt war beziehungsweise Personen im Alter von 50–67 Jahren, wenn soziale oder gesundheitliche Verhältnisse hierfür sprachen (normale Erwerbsunfähigkeitsrente) (Rentengesetz 1993).

Der Anspruch auf diese Leistungen konnte nur gestellt werden, wenn es keinerlei Möglichkeiten gab, die Erwerbsfähigkeit zu verbessern, zum Beispiel durch medizinische Behandlung, Umgestaltung des Arbeitsplatzes oder Rehabilitationsleistungen (siehe aktive Maßnahmen) (Rentenverwaltungsrichtlinie 1990). Es handelte sich hierbei also um eine Art Invalidenrente, wobei die Schwere der Invalidität, die hauptsächlich aus gesundheitlichen Aspekten hergeleitet wurde, die Höhe der Leistung bestimmte. Tatsächlich jedoch war die Erwerbsunfähigkeitsrente die meistbeanspruchte Frühverrentung im dänischen System – 1993 bezogen über 70 Prozent der Frührentner diese Leistung, was einer Zahl von ca. 260.000 Personen entsprach – 21 Prozent aller Transferleistungsbezieher (Danmarks Statistik SAM1). Dies lässt die Annahme zu, dass die Interpretationen von Invalidität und Erwerbsunfähigkeit sehr weit gefasst wurden und die Erwerbsunfähigkeitsrente als Möglichkeit zu einem einfachen Ausstieg aus dem Arbeitsmarkt auch für eigentlich erwerbsfähige Personen genutzt wurde.

Von dieser Leistung konnten aber nur diejenigen, die den Höchstsatz erhielten, ihren gesamten Lebensunterhalt bestreiten. Die Erwerbsunfähigkeitsrente umfasste für alle Personen den steuerpflichtigen Grundbetrag (*grundbeløb*) und den Pensionszuschlag (*pensionstillæg*). Je höher der Grad der Erwerbsunfähigkeit, desto mehr Zuschläge wurden zusätzlich zu den Grundleistungen gewährt. Hinzu konnten ein Invaliditätsbetrag (*invaliditetsydelse*) und bei der schwersten Erwerbsunfähigkeit zusätzlich ein steuerpflichtiger Erwerbsunfähigkeitsbetrag (*erhvervsudygtighedsbeløb*)[96] kommen.[97]

96 Weitere Zuschläge konnte es geben, wenn die Person blind oder stark sehbehindert war (Beistandszuschlag – *bistandstillæg*) oder wenn die Person eine ständige Pflege benötigte (Pflegezuschlag – *plejetillæg*). Außerdem gab es einen persönlichen Zuschlag (*personlig tillæg*) für Heizkosten, wenn die Person in besonders schwierigen finanziellen Verhältnissen lebte (Rentengesetz 1992).

97 Unter bestimmten Bedingungen fielen die Leistungen bei Ehepaaren niedriger aus. Bezog zum Beispiel der Ehepartner irgendeine andere Form von Rente (zum Beispiel

Es wurden also drei Stufen von Erwerbsunfähigkeitsrente unterschieden, die folgende monatliche Bruttomaximalbeträge umfassten: die höchste Erwerbsunfähigkeitsrente mit unbedeutender Erwerbsfähigkeit bis zu 1.374 Euro, die mittlere Erwerbsunfähigkeitsrente bei ca. zwei Drittel Erwerbsunfähigkeit bis zu 996 Euro und die normale Erwerbsunfähigkeitsrente in Höhe von 735 Euro.

Die Abstufung zeigt, dass Personen mit eingeschränkter Erwerbsfähigkeit durchaus auf andere Einkommen – zum Beispiel Erwerbseinkommen, Arbeitslosengeld, Sozialhilfe – zurückgreifen mussten und auch durften. Es handelte sich hierbei also um eine nicht sonderlich generöse Leistung, die lediglich auf der höchsten Stufe eine Art Mindestsicherung bot. Allerdings war so auch die »Abschiebung auf das Abstellgleis« ohne Erwerbstätigkeit nicht vorprogrammiert wie es beim Vorruhestand der Fall war.

Der *Vorruhestand* (*efterløn*) war – anders als die Erwerbsunfähigkeitsrente – nicht nur auf Personen beschränkt, die gesundheitliche Probleme aufwiesen. Allerdings war der Vorruhestand ausschließlich Personen vorbehalten, die Mitglied einer A-Kasse waren. War die Person zwischen 60 und 67 Jahre alt, mindestens zehn beziehungsweise ab 1992 mindestens 20 Jahre Mitglied einer A-Kasse und hatte Anrecht auf Arbeitslosengeld, konnte sie nach einem entsprechenden Antrag in den Vorruhestand gehen (Arbeitslosenversicherungsgesetz 1993). Die Zugangsbedingungen zum Vorruhestand waren demnach nicht besonders hoch. Eine 20-jährige Mitgliedschaft in einer A-Kasse konnte von den meisten Personen über 60 problemlos nachgewiesen werden, da die Mitgliedschaft auch in Nichtbeschäftigungszeiten weiterlaufen konnte.

Die Höhe der Vorruhestandsleistung entsprach der Höhe des individuellen Arbeitslosengeldes (Arbeitslosenversicherungsgesetz 1993), also maximal 1.660 Euro brutto im Monat. Damit wurden insbesondere Geringverdiener begünstigt, da sie somit nur marginale Einkommenseinbußen beim Übergang in den Vorruhestand hinnehmen mussten. Für Besserverdienende war der Vorruhestand weniger reizvoll, obwohl auch für sie die Vorruhestandsleistungen immer noch recht hoch waren.[98] Denn die reine

Volkspension), betrug der Grundbetrag nur etwa 95 Prozent vom regulären Betrag. Bezog der Ehepartner ebenfalls Erwerbsunfähigkeitsrente, so wurden nur noch ca. 85 Prozent des Invaliditätsbetrags und 75 Prozent des Erwerbsunfähigkeitsbetrags gezahlt (Rentengesetz 1991). Dieses negative Ehegattensplitting wurde im Jahr 1992 jedoch abgeschafft.

98 Zusätzlich konnten die Vorruheständler einer Erwerbsarbeit von bis zu 200 Stunden jährlich nachgehen (Verordnung über die Höhe des Vorruhestandsgeldes 1993). Bis

Volksrente ist deutlich niedriger als die Vorruhestandsleistungen. Für das Individuum muss dies allerdings nicht zwangsläufig bedeuten, dass es auch weniger Geld zur Verfügung hat. Bereits seit den achtziger Jahren wurde die staatliche Rente durch zweite und dritte Säulen der Vorsorge ergänzt. Für den Staat machte dies aber gravierende Unterschiede aus. So betrugen die jährlichen staatlichen Ausgaben 1993 für die Volksrente 10.170 Euro pro Rentner aber 16.194 Euro pro Vorruheständler (Eigene Berechnungen auf der Grundlage von Danmarks Statistik SAM1 und SAM2). Der Vorruhestand war damit im Vergleich zu anderen Rentenprogrammen eine sehr generöse Leistung, die jedoch nicht jedem offen stand. Da allerdings die Mitgliedschaft in der A-Kasse die zentrale Anforderung für den Erhalt dieser Leistung war und knapp 80 Prozent aller erwerbsfähigen Dänen diesen Bestand erfüllten, waren die Zugangsbeschränkungen eher niedrig angesetzt.

Diese wurden mit der Einführung des *erweiterten Vorruhestandes* (*overgangsydelse*) im Jahr 1992 sogar noch weiter zurückgenommen, auch wenn dieser eigentlich als vorübergehende Leistung (Verwaltungsrichtlinie über den erweiterten Vorruhestand 1992) konzipiert war. Der erweiterte Vorruhestand ermöglichte es, sich bereits ab dem 55. Lebensjahr aus dem Erwerbsleben zurückzuziehen. Aber nur Personen, die mit dem 60. Lebensjahr auch die Bedingungen für den regulären Vorruhestand erfüllen würden, konnten diese Leistung beantragen. Darüber hinaus musste die Person zuvor mindestens zwölf Monate arbeitslos gewesen sein, jedoch nach wie vor das Anrecht auf Arbeitslosengeld besitzen. Dabei konnten Personen mit der Möglichkeit auf erweiterten Vorruhestand auch ein Arbeitsangebot ausschlagen (womit die Verfügbarkeit am Arbeitsmarkt nicht mehr hundertprozentig gewährleistet war), um direkt im Anschluss die Transferleistung zu beantragen (Arbeitslosenversicherungsgesetz 1992). Mit dieser Regelung wurde also primär die Altersbeschränkung des regulären Vorruhestands ausgehebelt und somit die Möglichkeit, erwerbsfähige Personen aus dem Arbeitsmarkt zu locken, erweitert.[99]

---

1992 galt außerdem, dass bei einem Austreten aus dem Vorruhestand (zum Beispiel zur erneuten Arbeitsaufnahme) nicht mehr in diesen zurückgekehrt werden konnte (Arbeitslosenversicherungsgesetz 1992). Dies wurde dahingehend geändert, dass nun einmalig eine Rückkehr in den Vorruhestand möglich war, jedoch nur wenn der Austritt zuvor aufgrund einer Rückkehr in den Arbeitsmarkt erfolgte (ebd. 1993). Personen im Vorruhestand waren somit nahezu vollständig vom Erwerbsleben abgekoppelt.

99 Im Gegensatz zum regulären Vorruhestand war es dem Bezieher dieser Leistung erlaubt, Arbeit jeglicher Art nachzugehen, wobei das Einkommen hieraus zu einem entsprechen-

Die Höhe der Geldleistung wiederum entsprach in etwa denen der regulären Vorruhestandsregelung. In dem Zeitraum, in dem die Person im erweiterten Vorruhestand noch Arbeitslosengeld bekommen hätte, erhielt sie Leistungen in der Höhe des individuellen Arbeitslosengeldes (1.660 Euro). Im Anschluss daran machte der erweiterte Vorruhestand nur noch 80 Prozent des Arbeitslosengeldhöchstsatzes (1.330 Euro brutto im Monat) aus, wobei unerheblich war, ob der individuelle Betrag darunter oder darüber lag (Arbeitslosenversicherungsgesetz 1992). Somit war auch der erweiterte Vorruhestand eine generöse Transferleistung, die darauf ausgerichtet war, eine hohe Absicherung beim Austritt aus dem Arbeitsmarkt zu gewährleisten. Hier profitierten auch wieder die Geringverdiener besonders, da die Differenz zwischen vormaligem Erwerbseinkommen und der Transferleistung gering blieb.

Sowohl beim regulären als auch beim erweiterten Vorruhestand ist besonders interessant, dass vor dem Erhalt dieser Leistungen nicht nur die formalen Bedingungen für Arbeitslosengeld wie die Dauer der Mitgliedschaft und die Beschäftigungsanforderung erfüllt sein mussten, sondern auch, dass Personen, die eine der beiden Formen von Vorruhestand beziehen wollten, dem Arbeitsmarkt grundsätzlich zur Verfügung stehen mussten. Diese finanziellen Transferleistungen zielten somit eindeutig darauf ab, erwerbsfähigen Personen den Rückzug vom Arbeitsmarkt zu ermöglichen. Dabei hatte die Einführung des erweiterten Vorruhestandes zunächst (noch) keine gravierenden Einflüsse auf die Entwicklung der Erwerbsbevölkerung in Dänemark – zwar stieg die Zahl der Personen, die Vorruhestandsleistungen bezogen, an, jedoch war der Zuwachs nicht größer als in den Jahren zuvor (Danmarks Statistik SAM1; siehe auch Abbildung 17).

*Freistellungsprogramme*

Ebenfalls an erwerbsfähige Personen adressiert waren so genannte Freistellungsprogramme, die allerdings nur einen vorübergehenden Rückzug vom Arbeitsmarkt unterstützten. 1992 wurde der *Elternurlaub* (*forældreorlov*)

---

den Abzug in den Leistungen führte (Arbeitslosenversicherungsgesetz 1992). Diese Arbeit konnte auch – mit einigen Einschränkungen – zu einem erneuten Erwerb des Anspruchs auf Arbeitslosengeld führen, wenn nämlich die grundsätzlichen Zugangsbedingungen dafür erfüllt waren (Beschäftigungsanforderung, Mitgliedschaft etc.) (Verordnung über den erweiterten Vorruhestand 1992). Damit bestand die Möglichkeit, zwischen dem erweiterten Vorruhestand und dem Arbeitslosengeld mit den entsprechenden Unterbrechungen durch Beschäftigungsaufnahme hin und her zu wechseln.

eingeführt, der es Menschen mit Kindern zwischen null und acht Jahren (Elternurlaubsgesetz 1993) ermöglichen sollte, über die gesetzlichen Bestimmungen des Mutterschutzes und des Vaterschaftsurlaubes[100] hinaus Zeit mit ihren Kindern zu verbringen, ohne ihren Arbeitsplatz zu gefährden.

Anfänglich nur für Beschäftigte konzipiert, wurde ab 1993 das Zuhausebleiben auch für Arbeitslose staatlich subventioniert. Beschäftigte hatten allerdings keinen Rechtsanspruch auf diese Leistung. Vielmehr musste eine Vereinbarung zwischen dem Arbeitgeber und dem Arbeitnehmer über den Zeitpunkt und die Dauer des Ausstiegs getroffen werden. Subventioniert wurden seitens des Staates mindestens 13 und maximal 36, ab 1993 52 Wochen. Die Höhe betrug 80 Prozent des Höchstsatzes des Arbeitslosengeldes (also 1.330 Euro brutto im Monat), welches an den »Urlauber« gezahlt wurde.[101] Dauer und Höhe galten gleichermaßen für Arbeitslose, jedoch hatten diese einen Rechtsanspruch auf den subventionierten Elternurlaub (Elternurlaubsgesetz 1993).

Der Bezug der Elternurlaubsleistung war allerdings an einige Bedingungen geknüpft: Erstens musste die Person, die in den Elternurlaub gehen wollte, Mitglied einer A-Kasse und arbeitslosengeldberechtigt sein. Zweitens durfte das Kind im Zeitraum der Elternurlaubsleistung nicht bezie-

100 Der Mutterschutz und der Vaterschaftsurlaub bildeten die gesetzliche Grundlage des Rechtes der Eltern auf Zeit mit ihrem Kind direkt nach der Geburt. Sie umfassten das Recht (und zum Teil die Pflicht) der Mutter, vier Wochen vor dem errechneten Geburtstermin sowie 14 Wochen nach der Geburt von der Arbeit abwesend zu sein. Darüber hinaus bestand das Recht auf weitere zehn Wochen »frei« nach der Geburt, welche entweder von der Mutter oder dem Vater in Anspruch genommen werden konnten. Dabei durfte jedoch nur ein Elternteil auf einmal von diesem Recht Gebrauch machen. Ausnahme von dieser Regel war der zweiwöchige Vaterschaftsurlaub, den der Vater direkt, spätestens jedoch vor Ende der 14. Woche nach der Geburt nehmen durfte (Gleichbehandlungsgesetz 1990). Voraussetzung für Transferleistungen während des Mutterschutzes beziehungsweise Vaterschaftsurlaubs war eine Mindestbeschäftigungsdauer von 13 Wochen vor Inanspruchnahme der Leistung beziehungsweise das bestehende Recht auf Arbeitslosengeld, wobei hier eine Leistung entsprechend des individuellen Arbeitslosengeldes gezahlt wurde. Für Beschäftigte entsprach die Leistung dem Verdienstausfall, wobei diese maximal 90 Prozent des Arbeitslosengeldhöchstsatzes entsprechen durfte (Gesetz über Transferleistungen bei Krankheit oder Geburt 1993). Mutterschutz und Vaterschaftsurlaub waren als solche jedoch eine rein familien- und gesundheitspolitische Regelung mit keinerlei Relevanz für die Arbeitsmarktpolitik, insbesondere im Hinblick darauf, dass diese kurzen Zeiten des Mutterschutzes beziehungsweise Vaterschaftsurlaub nicht signifikant zur Vereinbarkeit von Familie und Beruf beitragen können.

101 Zahlte der Arbeitgeber in dieser Zeit jedoch weiter Lohn, so wurde die Leistung an ihn überwiesen (Elternurlaubsgesetz 1993).

hungsweise nur eingeschränkt von der öffentlichen Kinderbetreuung profitieren.[102] Für Beschäftigte galt darüber hinaus, dass sich der Arbeitgeber verpflichten musste, einen versicherten Arbeitslosen ab Beginn des Elternurlaubs als Stellvertreter zu den gleichen Lohn- und Arbeitsbedingungen wie den »Urlauber« zu beschäftigen. Aber der Stellvertreter durfte nicht über eine subventionierte Beschäftigungsmaßnahme angestellt werden (ebd. 1993).

Die Einführung der Elternurlaubsleistung hatte zwei Aspekte. Zum einen zielte diese Maßnahme auf familienpolitische Effekte ab, indem die Möglichkeiten der persönlichen Kinderbetreuung verstärkt wurden. Zum anderen sollte ein arbeitsmarktpolitischer Effekt erzeugt werden. Arbeitslose kamen so aus der Arbeitslosigkeit heraus, indem sie entweder einfach aus der Statistik verschwanden, weil sie diese Leistung in Anspruch nahmen oder indem sie auf einen Stellvertreterplatz kamen, weil ein Beschäftigter diese Leistung erhielt. Die Ausgestaltung dieser Maßnahme bildete aber in anwendungsorientierter Hinsicht eine problematische Konstellation. Die Verbindung aus dem fehlenden Rechtsanspruch für Beschäftigte und der Verpflichtung zur Jobrotation für den Arbeitgeber allgemein sowie die Einschränkung, dass der Stellvertreter nicht auf einen subventionierten Arbeitsplatz angestellt werden konnte, hatten unter Umständen dazu geführt, dass weder die familienpolitische noch die arbeitsmarktpolitische Komponente tatsächlich vollends wirksam wurden.

### *Aktive Maßnahmen*

Neben den hier aufgeführten passiven Maßnahmen agierte der Staat auch aktiv, um Personen (wieder) in den Arbeitsmarkt einzugliedern beziehungsweise um ihnen zu helfen, ihre Beschäftigung aufrecht zu erhalten. Dieses aktive Handeln lässt sich anhand von zwei wesentlichen Aspekten charakterisieren: zum einen die Vermittlungsleistung, die durch die Verwaltung erbracht wurde und zum anderen die aktiven Maßnahmen, die für Arbeitslose zur Verfügung standen, um eine bessere (Wieder-)Eingliederung in den Arbeitsmarkt zu erreichen.

Das Recht auf *Beratung und Vermittlung* durch die staatliche Arbeitsvermittlung (*arbejdsformidling* – AF) war den versicherten Arbeitslosen vorbe-

102 Es galt, dass Kinder von null bis zwei Jahren gar nicht und Kinder zwischen drei und acht Jahren maximal halbtags in einem öffentlichen Betreuungsangebot sein durften (Elternurlaubsgesetz 1993).

halten (Arbeitslosenversicherungsgesetz 1993). Generell war dieses Recht eher allgemeiner Natur. Es wurden allerdings Eck-Termine für Beratungsgespräche festgelegt, auf die der Arbeitslose aber keinen Rechtsanspruch hatte: Der erste Termin umfasste die Anmeldung bei der AF. Nach drei Monaten Arbeitslosigkeit sollte dann ein weiteres persönliches Gespräch erfolgen, in welchem die Beschäftigungs- sowie Bildungsmöglichkeiten des Arbeitslosen ausgelotet wurden (Arbeitsangebotsverordnung 1993). Nach einem halben Jahr Arbeitslosigkeit wiederum war ein verpflichtendes Gespräch mit der A-Kasse des Arbeitslosen eingeplant, um sicherzustellen, dass dieser seine Beschäftigungsmöglichkeiten kannte und auch ausnutzte (Beratungspflichtverordnung 1993). Ein weiteres Gespräch war außerdem für Arbeitslose ohne abgeschlossene Berufsausbildung nach neun Monaten Arbeitslosigkeit vorgesehen, um so erste Schritte für ein Bildungsangebot einzuleiten, auf das diese Person nach zwölf Monaten Arbeitslosigkeit Anrecht hatte (siehe unten) (Arbeitsangebotsverordnung 1993). Darüber hinaus waren weitere Termine mit den Behörden vorgesehen, die jedoch keine festgelegten Zeitpunkte umfassten. Hierbei handelte es sich um Gespräche, die nach der Beendigung von Maßnahmen und erneuter Arbeitslosigkeit (primär AF) (ebd.) sowie bei rapportiertem Fehlverhalten seitens des Arbeitslosen (primär A-Kasse) stattfanden (Beratungspflichtverordnung 1993). Diese Gespräche sollten einerseits Aufschluss darüber geben, ob der Arbeitslose seine Möglichkeiten hinsichtlich Beschäftigungs- und Bildungsmaßnahmen kannte und ausnutzte. Damit hatten sie einen Beratungscharakter. Andererseits dienten sie auch der Kontrolle, indem überprüft werden sollte, ob die betreffende Person alle Verfügbarkeitskriterien erfüllte.

Für nichtversicherte Arbeitslose war die Kommunalverwaltung für die Beratung und Vermittlung zuständig (Beistandsgesetz 1993). Auch hier wurde nur ein allgemeines Recht auf Beratung formuliert, welches aber noch weniger präzisiert wurde als bei der AF beziehungsweise A-Kasse. Die nach drei Monaten Sozialhilfebezug stattfindende Einschätzung der persönlichen Situation des zukünftigen Hilfebedarfs kam ohne direkten Kontakt aus (Sozialhilfeverwaltungsrichtlinie 1993). Sie hatte daher nicht den Charakter einer Beratung sondern eher einer Beurteilung und Klassifizierung, wobei Personen, die Sozialhilfe aufgrund fehlender Beschäftigung bezogen, auch eine Beratung hinsichtlich von Beschäftigungs- und Bildungsmöglichkeiten erhalten sollten (ebd.). Dabei hatte der Sozialhilfeempfänger weder das Recht auf Beratung noch das Recht auf eine Vermittlung in reguläre Beschäftigung. Diese konnte aber zumindest von der Kommunalverwaltung durchgeführt werden (Arbeitslosenversicherungsgesetz 1993), wobei auf lokaler beziehungsweise regionaler Ebene Zusammenarbeitsabkommen zwischen Kommunalverwaltung und AF geschlossen werden sollten (Gesetz über kommunalen Beschäftigungseinsatz 1993).

Es existierten demnach zwei getrennte Beratungs- und Vermittlungssysteme für versicherte und nichtversicherte Arbeitslose, in denen in ähnlicher Weise standardisierte Beratungs- und Vermittlungsverläufe stattfanden. Gleichzeitig lag die Möglichkeit für eine individuelle Abstimmung der Maßnahmen auf die Bedürfnisse und Fähigkeiten des Arbeitslosen ausschließlich beim Vermittler beziehungsweise Berater. Im Gesetz war dies nicht vorgesehen.

Ebenfalls im Gesetz nicht formuliert war ein allgemeines Recht auf *aktive Maßnahmen*. Allerdings bestanden bestimmte Rechte auf die Teilnahme an einzelnen Maßnahmen im Bereich der subventionierten Beschäftigung und der Bildungsmaßnahmen.[103]

Die früheste Form der *subventionierten Beschäftigung* – das Arbeitsangebot (*arbejdstilbud* – ATB), welches bereits in den achtziger Jahren eingeführt wurde – war für versicherte Langzeitarbeitslose unter 60 Jahren konzipiert (Arbeitsangebotsgesetz 1993).[104] Es sollte wenn möglich ein Jahr, musste aber spätestens 21 Monate nach Eintritt in die Arbeitslosigkeit erfolgen (Arbeitsangebotsverordnung 1993). Versicherte Arbeitslose unter 25 Jahren hatten bereits nach einem Jahr Arbeitslosigkeit Anspruch auf ein ATB.

Lehnte die Person das ATB ab, so hatte sie kein Recht auf ein weiteres. Grundsätzlich hatten alle Arbeitslosen nur einen einmaligen Anspruch auf diese Maßnahme. Lediglich Personen unter 25 beziehungsweise über 50 Jahren hatten nach Abschluss des ersten ATB und einer erneuten Arbeitslosigkeitsperiode von sechs Monaten ein Anrecht auf ein weiteres Arbeitsangebot.

Das ATB sollte in erster Linie in privaten Unternehmen stattfinden und musste mindestens neun Monate dauern. Für die ersten neun Monate wurden Lohnzuschüsse gezahlt. Der Arbeitslose sollte zu regulären Beschäftigungs- und Lohnbedingungen angestellt werden, wobei der Arbeitgeber

103 Diesem nicht zuzuordnen ist die Möglichkeit für Sozialhilfeempfänger, ehrenamtliche Arbeit auszuführen. Allerdings waren im gesamten Untersuchungszeitraum nur wenige Sozialhilfeempfänger in einer solchen Maßnahme (Danmarks Statistik AB711).

104 Auch Personen über 60 Jahren konnten ein ATB erhalten, jedoch nur, wenn welche »übrig« waren (Arbeitsangebotsverordnung 1993).

einen Zuschuss von 5,80 Euro pro Arbeitstunde erhielt[105], was bei einer Vollzeitstelle monatlich 920 Euro brutto entsprach. Wurde der Arbeitslose im öffentlichen Sektor angestellt[106], so betrug die Mindestdauer der Maßnahme lediglich sieben Monate[107] bei gleicher Bezuschussung (Arbeitsangebotsgesetz 1993). Allerdings wurde hier ein Maximallohn festgelegt, der bei 12,30 Euro pro Arbeitsstunde (zuzüglich Urlaubsgeld) lag, was bei Vollzeitbeschäftigung einem Monatslohn von 1.950 Euro brutto entsprach.

Für Sozialhilfeempfänger – insbesondere Personen, deren Arbeitsmarktlage als besonders schwierig bewertet wurde[108] – gab es statt des ATB zwei andere Möglichkeiten subventionierter Beschäftigung.[109] Eine wurde als »Anstellung im privaten Unternehmen« bezeichnet und hatte im Wesentlichen den Charakter des ATB für Privatunternehmen, jedoch mit einigen anderen Ausprägungen: Der Zuschuss wurde jährlich festgesetzt und war mit 6,80 Euro pro Arbeitsstunde, also ca. 1.078 Euro im Monat bei einer Vollzeitbeschäftigung, etwas höher als beim ATB. Außerdem konnte er bis zu zwölf Monate gezahlt werden. Voraussetzung war, dass der Sozialhilfeempfänger seit mindestens drei Monaten arbeitslos war (Gesetz über kommunalen Beschäftigungseinsatz 1993).

Zweitens konnten Sozialhilfeempfänger, die seit mindestens drei Monaten arbeitslos waren, in so genannten Beschäftigungsprojekten angestellt

---

105 Jedoch nur, wenn es zu einer Nettoausweitung des Beschäftigungsstandes kam. Darüber hinaus galt, dass die Anstellung von Personen mit Lohnsubventionen nicht wettbewerbsverzerrend wirken durfte und das Verhältnis zwischen subventionierter und regulärer Beschäftigung in einem Unternehmen angemessen sein sollte. Als angemessen wurde dabei angesehen, dass bei einem Unternehmen mit bis zu 50 Angestellten ein geförderter auf fünf reguläre Arbeitnehmer kommen durfte. Bei Unternehmen mit mehr als 50 Angestellten lag das Verhältnis bei eins zu zehn (Arbeitsangebotsverordnung 1993).

106 Bis 1993 galt noch, dass zehn Prozent der Langzeitarbeitslosen mit dieser Maßnahme im öffentlichen Sektor angestellt werden mussten. Ab 1993 galt nur, dass der Staat mindestens zehn Prozent der gesamten Lohnausgaben, die für diese Leistung aufgebracht wurden, finanzieren musste (Arbeitsangebotsverordnung 1992/1993).

107 Für das ATB im öffentlichen Sektor galt, dass die Person Anrecht auf eine reguläre Arbeitszeit (37 Stunden pro Woche) hatte. Wurde dies nicht gewährleistet, verlängerte sich die Dauer des ATB um die jeweils reduzierten Wochenstunden (Arbeitsangebotsverordnung 1993).

108 Gesondert genannt wurden hier als Beispiele unter anderem ungelernte Frauen, Flüchtlinge und Einwanderer (Verwaltungsrichtlinie über kommunalen Beschäftigungseinsatz 1993).

109 Die im Folgenden beschriebenen Formen der subventionierten Beschäftigung galten bis 1990 für alle Arbeitslosen (versichert und nichtversichert) unter 30 Jahren (Gesetz über Beschäftigungsmöglichkeiten für junge Menschen 1990).

werden, im Rahmen derer die Lohnkosten vollständig durch den Staat übernommen wurden (ebd.). Das Ziel der Beschäftigungsprojekte war nicht wirtschaftlicher (produktiver) Natur, sondern ausschließlich die Beschäftigung von Arbeitslosen. Im Unterschied zum erstgenannten und zum ATB wurden im Rahmen der Beschäftigungsprojekte nur Tätigkeiten ausgeführt, die unter regulären Bedingungen nicht erfüllt wurden (ebd.). Sie fanden in staatlichen beziehungsweise gemeinnützigen Organisationen statt und wurden jeweils für ein Jahr bewilligt, konnten aber mit entsprechender Beantragung verlängert werden. Allerdings mussten Arbeitslose in einem Beschäftigungsprojekt dem Arbeitsmarkt auch weiterhin zur Verfügung stehen, also vermittelte reguläre Arbeit annehmen (Gesetz über kommunalen Beschäftigungseinsatz 1993).

Über die Subventionierung von Anstellungsverhältnissen in Unternehmen beziehungsweise staatlichen Einrichtungen hinaus gab es für versicherte und nichtversicherte Arbeitslose die Möglichkeit der Förderung von selbständiger Tätigkeit, wenn sie einen Geschäftsplan hatten. Versicherte Arbeitslose unter 60 Jahren, die bereits mindestens fünf Monate arbeitslos waren, konnten Gründungsgeld (*iværksætterydelse*) in Höhe von 50 Prozent des Arbeitslosengeldhöchstsatzes für maximal dreieinhalb Jahre erhalten (Arbeitsangebotsgesetz 1993). Sozialhilfeempfänger, die mindestens drei Monate arbeitslos waren, erhielten dagegen 50 Prozent der individuellen Sozialhilfe für ein Jahr (Beistandsgesetz 1993).

Zusätzlich zu den genannten Maßnahmen, die alle bereits in den achtziger Jahren eingeführt wurden, entstand 1992 eine neue Subvention, welche zielgruppenspezifisch ausgerichtet war: die Förderung von haushaltsnahen Dienstleistungen und Kinderbetreuung durch arbeitslose Pädagogen, Kindergärtner, Haushaltshilfen sowie Krankenpfleger (Haushaltshilfegesetz 1992). Das Ziel war nicht vorrangig, die Arbeitslosen wieder in Beschäftigung zu bringen, sondern vielmehr die Ausweitung der Anstellungen für haushaltsbezogene Dienstleistungen in den jeweiligen Kommunen (Haushaltshilfeverordnung 1992). Diese Leistung galt ausschließlich für versicherte Arbeitslose und umfasste für Haushaltsdienstleistungen und Krankenpflege einen Zuschuss von 80 Prozent des individuellen Arbeitslosengeldes (also maximal 1.330 Euro pro Monat), welches die Person bei Arbeitslosigkeit erhalten hatte, und von 60 Prozent (also maximal 996 Euro) für eine Tätigkeit in der Kinderbetreuung. Die Dauer dieser Förderung betrug ein Jahr. Dabei waren die Leistungen zum einen an die Auflage gebunden, dass die Person eine Mindestarbeitszeit von 30 Stunden pro

Woche sowie einen Lohn nach den regulären Bedingungen erhielt. Zum anderen mussten die Personen, die angestellt werden sollten, vorab mindestens vier Wochen arbeitslos gewesen sein (Haushaltshilfegesetz 1992).

Nicht nur Arbeitslosen – im Sinne von erwerbsfähigen Personen ohne Beschäftigung – standen Maßnahmen der subventionierten Beschäftigung zur Verfügung. Im Rahmen der so genannten 50/50-Anstellung erhielten Arbeitgeber, die eine Person mit eingeschränkter Erwerbsfähigkeit anstellten, 50 Prozent des Lohnes als staatliche Subvention. Diese Arbeitsplätze galten als besonders geschützt – also zum Beispiel nicht den regulären Kündigungsbedingungen unterworfen – und konnten von unbegrenzter Dauer sein (Beistandsgesetz 1993).

Es gab also zu Beginn der neunziger Jahre einen umfangreichen Katalog an Maßnahmen der subventionierten Beschäftigungen, der den Arbeitslosen sehr attraktive Möglichkeiten bot. So waren die Leistungen bei der Teilnahme an ATB oder ähnlichen Maßnahmen in der Regel höher als das Arbeitslosengeld. Darüber hinaus konnte ein erneutes Recht auf Arbeitslosengeld erworben werden.

Diese Möglichkeiten boten sich im Rahmen der *Bildungsmaßnahmen* nicht. Allerdings konnten durch die Bildungsmaßnahmen nicht nur Arbeitslose sondern auch Beschäftigte adressiert werden. Während Arbeitslose mit Hilfe der Bildungsmaßnahmen wieder in den Arbeitsmarkt integriert werden sollten, konnte mit Hilfe solcher Maßnahmen unter Umständen die Arbeitslosigkeit von Beschäftigten verhindert werden. Somit stellten Bildungsmaßnahmen einerseits eine Reaktion dar, andererseits hatten sie aber auch präventiven Charakter.

Für versicherte Arbeitslose gab es verschiedene Möglichkeiten, an Bildungsmaßnahmen teilzunehmen. Im Wesentlichen wurde hier zwischen zwei Formen unterschieden: Bildungsangebot (*uddannelsestilbud* – UTB) und Bildung mit Bildungsleistung (*uddannelsesydelse* – UY). Der zentrale Unterschied lag darin, dass das UTB von der Arbeitsvermittlung unterbreitet wurde, während die UY vom Arbeitslosen selbst organisiert werden musste (Arbeitsangebotsgesetz 1993).

Ein Recht auf ein UTB hatten nur versicherte Arbeitslose zwischen 25 und 50 Jahren, die keine abgeschlossene Berufsausbildung vorweisen konnten. Das UTB war also speziell auf Geringqualifizierte ausgerichtet. Es konnte entweder anstatt des ersten Arbeitsangebots nach zwölf Monaten Arbeitslosigkeit erfolgen oder im Anschluss daran nach weiteren sechs Monaten Arbeitslosigkeit gewährt werden (Arbeitsangebotsgesetz 1993).

Das Recht auf UTB umfasste Bildungsmaßnahmen mit einer Dauer von mindestens drei (Arbeitsangebotsverordnung 1993) und maximal 18 Monaten, wobei allerdings die Maßnahme um weitere zwölf Monate verlängert werden konnte, wenn die Ausbildung dies erforderte (Arbeitsangebotsgesetz 1993).

Die Auswahl des UTB seitens der Arbeitsvermittlung geschah auf der Grundlage der Gespräche zwischen Arbeitsvermittler und Arbeitslosem nach drei beziehungsweise neun Monaten des Leistungsbezugs (siehe oben), beinhaltete allerdings keine grundsätzliche Einschränkung der Möglichkeiten – von allgemein bildenden Maßnahmen über berufsorientierte Kurse bis hin zu vollständigen Ausbildungsgängen. Der Arbeitslose konnte die Maßnahme zwar ohne Folgen für den Leistungsbezug ablehnen, verlor damit aber seinen erneuten Anspruch auf ein UTB (Arbeitsangebotsverordnung 1993). Während der Teilnahme an einem UTB erhielt der Arbeitslose Bildungsleistung, die in der Höhe seinem individuellen Arbeitslosengeld entsprach (Arbeitsangebotsgesetz 1993). Sofern keine anderen staatlichen Leistungen[110] gezahlt wurden, erhielten auch Personen, die selbst eine Bildungsmaßnahme fanden und an dieser teilnahmen, Bildungsleistung – Personen unter 25 nur 50 Prozent des Arbeitslosengeldhöchstsatzes.

Personen unter 25 hatten nach sechs Monaten Arbeitslosigkeit und somit vor dem ersten ATB[111] ein Recht darauf, eine Aus- oder Weiterbildung zu beginnen und Bildungsleistung für bis zu zwei Jahre zu beziehen, auch wenn dies über die Anspruchsdauer des Arbeitslosengeldes hinausgehen sollte. Arbeitslose zwischen 25 und 60 Jahren dagegen hatten erst ein Anrecht auf Bildungsmaßnahmen mit Bildungsleistung nach dem ersten absolvierten ATB, zwar auch bis zu zwei Jahre, jedoch nur so lange, wie ein Anrecht auf Arbeitslosengeld bestand (Arbeitsangebotsgesetz 1993). Dieses Recht wurde nicht gewährt, wenn

110 Andere staatliche Leistungen konnten Erwachsenenbildungsvergütungen sein wie zum Beispiel AMU-Vergütung als Stipendium im Rahmen des Erwachsenenbildungssystem (siehe unten), aber auch reguläre Ausbildungsvergütungen wie zum Beispiel die staatliche Bildungsvergütung, die entweder als Stipendium oder als Darlehen an Studenten und Auszubildende gezahlt wird, die sich in ihrer Erstausbildung befinden.

111 Interessant ist hierbei, dass die Anzahl der Bildungsmaßnahmen vor dem ersten ATB quotiert waren. Das bedeutet, dass in ganz Dänemark im Jahr 1990 nur 40.000 Teilnahmewochen für diese Maßnahme aufgewendet werden durften, wobei diese Gesamtzahl nach der Größe der Regionen aufgeteilt wurde (Quotierungsverordnung 1990). Waren diese vor Jahresfrist abgelaufen, so durfte die Arbeitsvermittlung keine weiteren Bildungsmaßnahmen vor dem ersten ATB gewähren. Das bedeutete, dass nur 769 Personen ein ganzes Jahr lang von dieser Maßnahme hätten profitieren können.

- ein ATB aus Gründen abgebrochen wurden, die im Wesentlichen dem Arbeitslosen zuzurechnen sind
- wenn ein ATB ausgeschlagen wurde
- bereits das Recht auf ein zweites ATB erworben wurde und
- nach dem zweiten ATB (Arbeitsangebotsverordnung 1993).

Damit wurden die Bildungsmaßnahmen für den Großteil der Arbeitslosen den Maßnahmen der subventionierten Beschäftigung untergeordnet. Dass die subventionierte Beschäftigung als arbeitsmarktpolitisches Instrument präferiert wurde, zeigt darüber hinaus erstens die Tatsache, dass das ATB auch über die Höchstbezugsdauer von Arbeitslosengeld hinaus reichen konnte, die Bildungsleistung aber in der Regel nicht. Zweitens konnte der Arbeitslose im Rahmen des ATBs mehr Geld erhalten, da er ja zu den regulären Lohnbedingungen angestellt werden musste. Drittens konnte durch die ATBs ein erneutes Anrecht auf Arbeitslosengeld erworben werden, durch die Bildungsleistung jedoch nicht. Und viertens zeigt sich die Bevorzugung von subventionierter Beschäftigung auch in den Teilnehmerzahlen: Nur etwas mehr als 20 Prozent aller Teilnehmer an aktiven Maßnahmen befanden sich in Bildungskursen, nahezu 80 Prozent also in subventionierter Beschäftigung (Danmarks Statistik diverse Jahrgänge). Allerdings mussten Personen, die Bildungsleistungen erhielten, dem Arbeitsmarkt nicht zur Verfügung stehen – ebenso wie Personen, die sich in einem ATB befanden.

Zusätzlich zu den bereits seit den achtziger Jahren bestehenden Möglichkeiten der Qualifizierung für Arbeitslose wurde 1993 ein Beratungs- und Bildungsprogramm eingerichtet, welches sich an versicherte Arbeitslose zwischen 25 und 60 Jahren wenden sollte, die es auf dem Arbeitsmarkt besonders schwer hatten – Langzeitarbeitslose, Personen mit schwachem Bildungshintergrund, Arbeitslose mit veralteter Ausbildung und arbeitslose Einwanderer und Flüchtlinge, die zwar eine Ausbildung hatten, bisher aber keinen dänischen Ausbildungsnachweis erwerben konnten (Arbeitsangebotsverordnung 1993). Bestandteil dieses Beratungs- und Bildungsprogramms konnten sein: Bewerbungskurse, Praktika (bis zu einem Monat), kürzere Weiterbildungskurse sowie reguläre Ausbildungsangebote (Bildungs- und Beratungsverwaltungsrichtlinie 1993). Während der Teilnahme an diesem speziellen Beratungs- und Bildungsprogramm erhielten die Arbeitslosen Bildungsleistungen und mussten dem Arbeitsmarkt nicht zur Verfügung stehen (Arbeitsangebotsverordnung 1993).

Diesen Bildungsmaßnahmen für versicherte Arbeitslose stand lediglich eine Möglichkeit der Qualifizierung von Sozialhilfeempfängern gegenüber. Es war der Kommunalverwaltung möglich, Bildungsmaßnahmen durchzuführen (Gesetz über kommunalen Beschäftigungseinsatz 1993). Das heißt, sie konnten die Teilnahme an kostenpflichtigen Kursen zum Beispiel in AMU-Zentren, technischen Schulen, Handelsschulen, Volkshochschulen etc. kaufen, um die Sozialhilfeempfänger dort unterrichten zu lassen (Verwaltungsrichtlinie über kommunalen Beschäftigungseinsatz 1993).[112] Dabei oblag es der Kommunalverwaltung zu entscheiden, welche Kurse für den einzelnen Sozialhilfeempfänger als angebracht gelten sollten (ebd.). Allerdings hatten die Sozialhilfeempfänger keinen Rechtsanspruch auf diese Leistung.

Dem Sozialhilfeempfänger wurde im Rahmen dieser Bildungsmöglichkeit sowohl die Teilnehmergebühren erlassen als auch weiterhin Leistungen gezahlt. Handelte es sich zum Beispiel um eine Arbeitsmarktausbildung, so konnte er eine so genannte AMU-Vergütung erhalten. Diese Leistung war allerdings nicht speziell für Sozialhilfeempfänger konzipiert (siehe unten). Erhielten die Sozialhilfeempfänger während der Teilnahme an einer Bildungsmaßnahme keine Bildungsvergütung, so bezogen sie einfach weiterhin ihre Sozialhilfe (ebd.).

Während also versicherte Arbeitslose bestimmte Rechtsansprüche auf Bildungsmaßnahmen hatten, auch wenn diese Maßnahmen im Vergleich zur subventionierten Beschäftigung unattraktiver für den Arbeitslosen waren, so bestand für Sozialhilfeempfänger nur die *Möglichkeit* der Teilnahme an Qualifizierungsmaßnahmen. Es lag also im Ermessen und Wohlwollen der Kommunalverwaltung, ob und welche Kurse »gekauft« wurden und wer daran teilnehmen konnte.

Eine besondere Form der Förderung der Rückkehr in den Arbeitsmarkt gab es für Personen mit eingeschränkter Erwerbsfähigkeit. Diese definierte sich nicht nur über physische oder psychische Merkmale wie bei der Erwerbsunfähigkeitsrente, sondern nahm auch die sozialen Verhältnisse in den Blick. Als Beispiele für Zielgruppen dieser Maßnahmen wurden Menschen mit Behinderungen, Langzeitarbeitslose, Personen mit schwieri-

---

112 Im Rahmen des Gesetzes über Beschäftigungsmöglichkeiten für junge Menschen, welches bis 1991 galt und darauf hin von dem hier genannten Gesetz abgelöst wurde, stand für versicherte und nichtversicherte Arbeitslose nur die Möglichkeit zur Verfügung, an AMU-Kursen teilzunehmen (Gesetz über Beschäftigungsmöglichkeiten für junge Menschen 1991).

gem Bildungshintergrund und Einwanderer und Flüchtlinge sowie kriminelle und/oder drogenabhängige Personen angeführt (Rehabilitationsverwaltungsrichtlinie 1993). Die Rehabilitation war eine Maßnahme, in der aktive Maßnahmen aufeinander abgestimmt werden sollten, welche im Wesentlichen Bildungsmaßnahmen, Umschulungen, aber auch erwerbsbezogene Trainingsmaßnahmen in Unternehmen – zum Beispiel als subventionierte Beschäftigung – und Unterstützung zur Selbständigkeit umfassen konnten (Beistandsgesetz 1993).[113]

Hinsichtlich der Bildungsmaßnahmen lag der Schwerpunkt auf kompetenzgebenden Kursen wie zum Beispiel dem Nachholen des Schulabschlusses, einer Berufsausbildung oder aber AMUs (Rehabilitationsverwaltungsrichtlinie 1993). Die zu vollziehenden Maßnahmen mussten vorab in einem Erwerbsplan festgehalten werden (Beistandsgesetz 1993). Der Erwerbsplan umfasste konkrete Ziele, Zeitrahmen sowie den Inhalt der durchzuführenden Maßnahmen und zielte auf die schnellstmögliche Platzierung des Leistungsempfängers auf dem ersten Arbeitsmarkt ab (Rehabilitationsverordnung 1993). Nur das Einhalten des Erwerbsplans berechtigte zum Bezug einer Rehabilitationsleistung in Höhe von 1.680 Euro brutto pro Monat (Personen unter 23 Jahren erhielten nur die Hälfte hiervon[114]), die – abhängig vom Erreichen der Ziele des Erwerbsplans – bis zu fünf Jahre geleistet werden konnte (Beistandsgesetz 1993).[115] Damit lag die Rehabilitationsleistung über den regulären Transferleistungen, also höher als das Arbeitslosengeld, aber auch höher als die Vorruhestandsleistungen. Dabei stellte die Rehabilitationsleistung eine subsidiäre Leistung dar, was bedeutet, dass sie nur gezahlt werden sollte, wenn keine anderen Leistungen für die entsprechenden Maßnahmen vorgesehen waren – zum Beispiel Lohn mit Lohnzuschuss bei Trainingsmaßnahmen, staatliche Ausbildungsförderung etc. (Rehabilitationsverordnung 1993). Insofern standen Perso-

---

113 Es stellte somit vielmehr eine Kombinationsleistung aus Bildung und subventionierter Beschäftigung dar. Da jedoch primär das Training im Rahmen dieser Leistung im Vordergrund stand, wird sie hier eher den Bildungsmaßnahmen zugeordnet.

114 Hatte die Person unter 23 Jahren jedoch zuvor ein Erwerbseinkommen, das den Anspruch auf den Maximalbetrag des Krankengeldes nach dem Gesetz über Krankheit und Geburt erfüllen ließ, oder aber hatte sie Anrecht auf die reguläre Sozialhilfe (siehe oben), konnte sie die volle Rehabilitationsleistung erhalten (Rehabilitationsverordnung 1993).

115 Allerdings konnte diese Periode verlängert werden, zum Beispiel wenn eine Behinderung bei der zu rehabilitierenden Person vorlag oder aber Krankheit zu einer Unterbrechung des Rehabilitationsverlaufs führte (Rehabilitationsverordnung 1993).

nen, die diese Rehabilitationsleistung bezogen, die gleichen Maßnahmen zur Verfügung wie den Arbeitslosen und Sozialhilfeempfängern.

Die angeführten Möglichkeiten für versicherte und nichtversicherte Arbeitslose, an Kursen teilzunehmen, gab es auch für Beschäftigte, wobei für diese die Rechtsansprüche sowie Förderungen anders gestaltet waren. Aber vor allem hinsichtlich der Ausgestaltung der Kursmöglichkeiten gab es weitgehende Überschneidungen mit denen für Arbeitslose. Einen ganz wesentlichen Aspekt stellten hier die Arbeitsmarktausbildungen (*arbejdsmarkedsuddannelser* – AMU) dar. Diese waren eine Maßnahme zur berufsorientierten Erwachsenenbildung, die insbesondere für Angelernte sowie Facharbeiter konzipiert war, um deren Berufsqualifikation zu erhalten, weiterzuentwickeln und zu verbessern. Angelernte sollten eine Ausbildung und Facharbeiter eine Weiterbildung erhalten können.[116] Im Rahmen der Teilnahme an einer AMU konnte die sich weiterbildende Person für die Dauer des Kurses (mind. eine Woche) eine so genannte AMU-Vergütung (*AMU-godtgørelse*) als Ausgleich für den Einkommensverlust[117] erhalten, welche dem Arbeitslosengeld entsprach. Allerdings musste die Person über 20 Jahre alt sein und im Falle von Arbeitslosigkeit musste die A-Kasse (für versicherte Arbeitslose) beziehungsweise die Arbeitsvermittlung (für Sozialhilfeempfänger) eine Empfehlung für die Teilnahme an dem entsprechenden Kurs ausgesprochen haben (AMU-Gesetz 1990). Zunächst war die Teilnahme an den AMU-Kursen kostenlos. Aber bereits 1992 eröffnete der Gesetzgeber die Möglichkeit für die Erhebung von Teilnahmegebühren, die aber vor allem auf unternehmensangepasste Kurse fokussiert waren (AMU-Gesetz 1992).

Neben der AMU-Vergütung für AMU-Kurse gab es für alle anderen Erwachsenen- und Weiterbildungssegmente die Möglichkeit, eine staatliche Erwachsenenbildungsunterstützung zu erhalten. Diese war extra für Personen mit einem geringen Bildungsniveau konzipiert – Personen also, die nur eine kurze Schulausbildung und eine kurze oder keine Berufsausbildung absolviert hatten. Diese Leistung war ausschließlich den Beschäftigten vorbehalten, welche mindestens seit einem halben Jahr angestellt waren. Damit sollte sichergestellt werden, dass Geringqualifizierte eine Finanzie-

116 Für Arbeitslose wurde in diesem Bereich die Möglichkeit geschaffen, an Umschulungen beziehungsweise an berufsvorbereitenden Maßnahmen teilzunehmen (AMU-Gesetz 1993).

117 War kein Einkommensverlust gegeben, so erhielt die Person auch keine Leistung (AMU-Gesetz 1990).

rungsmöglichkeit für die Teilnahme an Weiterbildungen während der Arbeitszeit hatten. Die Leistung entsprach dem Höchstsatz des Arbeitslosengeldes und konnte mindestens eine und maximal 16 Wochen bezogen werden (VUS-Gesetz 1993), und zwar für alle allgemeinbildenden und berufsgerichteten Kurse außer unternehmensinterner Weiterbildungen oder Gewerkschaftskurse (VUS-Verordnung 1993).

Zwar zeigte die Fokussierung auf Personen mit geringer Bildung, dass durch die Erwachsenen- und Weiterbildung eine höhere Dichte an formalen Bildungsabschlüssen erreicht werden sollte. Allerdings konnte eine reguläre Berufsausbildung nicht über die Teilnahme an den Kursen erworben werden. Aber 1993 schuf die konservativ-liberale Regierung die Möglichkeit der Berufsausbildung für Erwachsene (*voksenerhvervsuddannelse* – VEUD), auch Erwachsenenlehrling (*voksenlærling*) genannt. Im Grunde wurde das Gesetz über Berufsausbildungen um eine Klausel erweitert, die die Möglichkeit einräumte, den Bildungs- und Beschäftigungshintergrund einer Person bei der Ausgestaltung der Ausbildung hinsichtlich der Dauer und des Inhalts zu berücksichtigen (Berufsausbildungsgesetz 1993). Konkret bedeutete dies, dass Personen mit mehrjähriger Berufserfahrung, aber ohne formale Berufsausbildung diese erheblich verkürzen konnten (von regulär drei Jahre auf zwei bis zweieinhalb Jahre), indem vor allem der Praxisteil wegfiel (Arbejdsministeriet u.a. 1999).[118]

1992 implementierte die konservativ-liberale Regierung eine weitere Bildungsmaßnahme, die allerdings zunächst auf Beschäftigte begrenzt war: den Bildungsurlaub. Dieser konnte auf der Grundlage einer Vereinbarung zwischen Arbeitgeber und Arbeitnehmer für mindestens vier und maximal 36 Wochen gewährt werden (Bildungsurlaubsgesetz 1992), wobei die Person frei wählen konnte, welcher Form von Bildungsmaßnahmen sie nachgehen wollte. Ihr waren keinerlei Beschränkungen auferlegt (Bildungsurlaubsverwaltungsrichtlinie 1992). Dem Beschäftigten wurde in diesem Zeitraum eine Urlaubsleistung in Höhe von 80 Prozent des Arbeitslosengeldhöchstsatzes (1.330 Euro brutto im Monat) gezahlt.[119]

118 Die Ausgestaltung des Erwachsenenberufsausbildungsprogramms ist weder im Gesetz noch in einer übergeordneten Verordnung beziehungsweise Verwaltungsrichtlinie festgehalten. Vielmehr wurde es in den spezifischen Regelungen zu den einzelnen Berufsausbildungen für eben diese beschrieben. Daher wird hier nicht auf eine Rechtsquelle zurückgegriffen, sondern auf eine Sekundärquelle.

119 Erhielt der »Bildungsurlauber« jedoch währenddessen weiterhin sein reguläres Gehalt, so wurde die Leistung an den Arbeitgeber gezahlt.

Um überhaupt in den Bildungsurlaub gehen zu können, musste der Beschäftigte seit mindestens zehn Jahren in der Firma angestellt und mindestens sieben Jahre Mitglied einer A-Kasse sowie arbeitslosengeldberechtigt gewesen sein. Damit die Leistung auch gezahlt werden konnte, musste der Arbeitgeber wiederum in der Urlaubsperiode einen versicherten Arbeitslosen entsprechend der Arbeits- und Lohnbedingungen des Urlaubers anstellen (Bildungsurlaubsgesetz 1992), jedoch nicht im Rahmen von subventionierter Beschäftigung (Bildungsurlaubsverordnung 1992). Damit sollten arbeitslosen Personen die Chance eingeräumt werden, zurück auf den regulären Arbeitsmarkt zu kommen. Aber auch eine generelle Anhebung des Bildungsniveaus galt als Ziel des Programms.

1993 wurde der Bildungsurlaub ausgeweitet. Erstens mussten Beschäftigte nun »nur noch« fünf Jahre im Unternehmen und drei Jahre Mitglied einer A-Kasse gewesen sein. Zweitens wurde der Bildungsurlaub auf mindestens eine und maximal 52 Wochen ausgedehnt. Drittens war es nun auch für versicherte Arbeitslose und Selbständige möglich, in den Bildungsurlaub zu gehen, wobei diese beiden Gruppen ein Recht auf diese Leistung erhielten, während bei Beschäftigten nach wie vor eine Vereinbarung mit dem Arbeitgeber getroffen werden musste (Bildungsurlaubsgesetz 1993). Die hohen Anforderungen selbst nach den Lockerungen von 1993 lassen vermuten, dass Beschäftigte die Möglichkeit des Bildungsurlaubes wenig nutzen konnten.

Insgesamt war also auch der Katalog der Bildungsmaßnahmen für Arbeitslose, Personen mit eingeschränkter Erwerbsfähigkeit und für Beschäftigte sehr umfangreich. Jedoch waren die Bildungsmaßnahmen den Formen der subventionierten Beschäftigung immer untergeordnet, da mit diesen weit weniger Rechte und auch finanzielle Möglichkeiten einhergingen. Insbesondere für Sozialhilfeempfänger gab es kaum Gelegenheiten, Bildungskurse zu besuchen. Am weitesten ausgebaut waren die Möglichkeiten für Beschäftigte. Für Arbeitslose aber war es allemal attraktiver, in eine subventionierte Beschäftigung zu gehen als an Kursen teilzunehmen.

### *Bilanz der Arbeitsmarktpolitik 1990–1993: Eher passiv als aktiv*

Die hier dargestellten Fakten zur dänischen Arbeitsmarktpolitik 1990–1993 zeigen auf, dass der konservativ-liberale Kurs zu Beginn der neunziger Jahre durch eine Forcierung von passiven Maßnahmen geprägt war. Dabei klang zunächst alles recht viel versprechend. Die Rhetorik der Regierung ging zum Teil deutlich in die Richtung einer Aktivierungsstrategie: Soziale Exklusion sollte vermieden werden und eine stärkere Verknüpfung von Rechten mit Pflichten erfolgen. Allerdings zeigten sich bereits in der Absichtserklärung zu den Reformen auf dem Arbeitsmarkt zwei grundlegende Probleme: Zum einen war die Zielformulierung nicht klar – es sollten unterschiedliche, zum Teil auch diametral gegenüberliegende Ziele erreicht werden. Und zum anderen wurde die Mittelaufwendung für mehr aktive Maßnahmen begrenzt – keine Krone zusätzlich sollte hierfür ausgegeben werden. Dies war sicherlich ein Grund dafür, warum es letztlich bei der Rhetorik blieb und eine Aktivierungsstrategie nicht konsequent verfolgt wurde.

Staatliches Handeln war demnach insgesamt eher passiv als aktiv ausgerichtet. Nicht die Förderung der Teilnahme am Erwerbsleben stand im Vordergrund, sondern vielmehr Dekommodifizierung. Dies zeigt sich über alle Dimensionen staatlichen Handelns hinweg (siehe Tabelle 10).

Die Transferleistungen, die aufgrund von Arbeitslosigkeit bezogen wurden, waren *de facto* kaum konditionalisiert: Die Zugangsbedingungen waren niedrig und es gab kaum Pflichten, die mit dem Recht auf Geldleistungen verknüpft waren. Zusätzlich wurden Sanktionen bei Fehlverhalten selten verhängt, auch wenn es hierfür eine umfangreiche gesetzliche Grundlage gab. Gleichzeitig war der Zugang zu Frühverrentungsprogrammen leicht, auch wenn hinsichtlich des Vorruhestandes einige Bedingungen (zum Beispiel jahrzehntelange Mitgliedschaft in einer A-Kasse) erfüllt sein mussten. Dagegen wurde die Erwerbsunfähigkeitsrente häufig als Alternative hierzu verwendet, da es bei der Auslegung von Erwerbsunfähigkeit als Vorbedingung für diese Leistung sehr viel Spielraum gab (*rechtliche Dimension*).

Außerdem waren die passiven Leistungen generös bemessen: Alle Geldleistungen waren sehr hoch und darüber hinaus war das Arbeitslosengeld mit einer Bezugsdauer von bis zu neun Jahren als sehr lange Leistung angelegt. Auch wurden die Geldleistungen zum Ausstieg aus dem Arbeitsmarkt noch um zusätzliche Programme wie Frühverrentung erweitert (*ökonomische Dimension*).

Die aktiven Aspekte des staatlichen Handelns wiederum waren demgegenüber weniger stark ausgeprägt. Ein Recht auf Beratungs- und Vermittlungsleistungen gab es nur für versicherte Arbeitslose, ein allgemeines Recht auf die Teilnahme an aktiven Maßnahmen überhaupt nicht (*rechtliche Dimension*).

Im Rahmen der aktiven Maßnahmen wurden die verschiedenen Formen der subventionierten Beschäftigung weit häufiger genutzt als Bildungsmaßnahmen, obwohl letztere mit der Einführung des Bildungsurlaubes ausgebaut wurden. Da an diesen weitreichende Verpflichtungen geknüpft waren (Mitglied einer A-Kasse, Jobrotation), wurde er vermutlich wenig genutzt. Eine Anstellung im Rahmen einer subventionierten Beschäftigung wiederum führte zu erneuten Anspruchsrechten auf Arbeitslosengeld, was sicherlich ein bedeutender Faktor für die vielfache Inanspruchnahme dieser Maßnahme war. Das Beratungs- und Vermittlungssystem wiederum war relativ starr. Individuelle Beratungsprozeduren waren gesetzlich nicht vorgesehen und oblagen dem Willen und der Kompetenz des einzelnen Sachbearbeiters (*Dienstleistungs-Dimension*).

Dieses eher passive als aktive staatliche Handeln spiegelte sich auch deutlich in Bezug auf die Geringqualifizierten wieder. Die hohen Lohnersatzleistungen im Falle der Arbeitslosigkeit sowie die ausgebauten Möglichkeiten zum früheren Rückzug vom Arbeitsmarkt waren insbesondere für Geringqualifizierte – da diese in der Regel Geringverdiener waren und häufig in Jobs arbeiteten, die körperlich sehr anspruchsvoll waren – höchst bedeutsam. Denn mit den hohen Transferleistungen gab es kaum Anreize, einer niedrig entlohnten Beschäftigung nachzugehen beziehungsweise auf dem Arbeitsmarkt zu verbleiben. Dennoch waren die Ansätze einer Aktivierungspolitik vorhanden, insbesondere erkennbar in den recht umfangreichen Möglichkeiten der Teilnahme an aktiven Maßnahmen.

| Rechtliche Dimension | Schwerpunkt Geldleistungen |
|---|---|
| *Recht auf Geldleistungen* | |
| Zugangsbedingungen | Geringe Zugangsbeschränkungen für ALG und SH, Mittelschwere Zugangsbeschränkungen für Ausstiegsleistungen |
| Verfügbarkeitsverpflichtung | Geringe Verfügbarkeitsverpflichtung im ALG und der SH |
| Sanktionen | Rechtlich hoch und von langer Dauer (insbesondere bei ALG), praktisch jedoch kaum angewendet (insbesondere SH) |
| *Recht auf Dienstleistungen* | |
| Beratung und Vermittlung | Recht nur für versicherte Arbeitslose |
| Aktive Maßnahmen | Kein allgemeines Recht, aber Recht auf einzelne Maßnahmen für versicherte Arbeitslose |
| Ökonomische Dimension | Generöse Leistungen insbesondere zum Ausstieg |
| *Geldleistungen Arbeitslosigkeit* | |
| Höhe | Hoch |
| Dauer | Lang |
| *Geldleistungen Ausstieg aus Arbeitsmarkt* | |
| Permanent | Ausweitung der Möglichkeiten, hohe Leistungen insbesondere für Versicherte und für vollständig Erwerbsunfähige |
| Vorübergehend | Einführung dieser Möglichkeit bei hohen Leistungen |
| *Geldleistungen als Arbeitsanreiz* | Nicht vorhanden |
| Dienstleistungs-Dimension | Wenig Forcierung der Rückkehr auf Arbeitsmarkt |
| *Beratung* | |
| Koordinierung | Abhängig vom Willen und der Fähigkeit des Sachbearbeiters |
| Standardisierung | Allgemeingültiges, festgelegtes Beratungsprozedere |
| *Aktive Maßnahmen* | |
| Qualifizierung | Ausbau durch Einführung des Bildungsurlaubes, jedoch im Vergleich zu subventionierter Beschäftigung weniger genutzt |
| Subventionierte Beschäftigung | Gut ausgebaut, viel genutzt – vermutlich vor allem, da hierdurch Recht auf ALG erneut erlangt werden kann |

*Tabelle 10: Staatliches Handeln in der dänischen Arbeitsmarktpolitik 1990–1993*

Hierbei sind vor allem die vielen Bildungsmöglichkeiten für Geringqualifizierte zu benennen, wobei sich diese zumeist auf versicherte Arbeitslose und auf Beschäftigte beschränkten. Als Kurse dienten hierfür vor allem die AMUs, welche jedoch nicht zu einer formalen Qualifikation führen. Allerdings wurde auch ein Erwachsenenlehrlingsprogramm eingeführt, das genau auf diese Problematik abzielte. Insgesamt fokussierte das staatliche Handeln in Bezug auf die Geringqualifizierten mehr auf Deaktivierung und Dekommodifizierung als auf die Förderung des Verbleibs auf dem Arbeitsmarkt.

## 11.2 Mischform zwischen klassischer und aktivierender Arbeitsmarktpolitik 1994–1997: Aktivlinie mit passiven Elementen

Ob die konservativ-liberale Schlüter-Regierung tatsächlich noch eine ausgearbeitete Programmatik für eine Aktivierungsstrategie in der Arbeitsmarktpolitik eingeführt hätte, kann aus heutiger Sicht nicht mehr nachvollzogen werden. Zu vermuten ist es, da sie 1991 die so genannte Zeuthen-Kommission[120] einsetzte, die mit deutlichen Vorschlägen in Richtung Aktivierung aufwartete (Zeuthen-Udvalget 1992). Jedoch stolperte die Regierung 1992 über die so genannte Tamilen-Affäre[121], so dass es zu Neuwahlen kam. Im Wahlkampf traten die Sozialdemokraten aggressiv mit dem Hauptthema Arbeitslosigkeit an. Als sie unter Poul Nyrup Rasmussen und mit drei weiteren Parteien zusammen 1993 die Regierung bildeten, begannen sie, auch ihr Regierungsprogramm vor allem auf die Umgestaltung der Arbeitsmarktpolitik auszurichten. Ein »Neuer Kurs auf bessere Zeiten« (Regeringen 1993a) sollte nun eingeschlagen werden.

---

120 Wie auch die Hartz-Kommission in Deutschland, wurde die Zeuthen-Kommission in Dänemark nach ihrem Vorsitzenden benannt.

121 Die Tamilen-Affäre umfasste einen Skandal, der die Ausländeraufenthaltsrechte von tamilischen Flüchtlingen aus Sri Lanka berührte. Bereits Ende der achtziger Jahre verordnete der damalige Justizminister Erik Ninn-Hansen, dass alle tamilischen Anträge auf Familienzusammenführung nicht mehr bearbeitet werden sollten. Dies war ungesetzlich. Gleichzeitig war es jedoch auch ungesetzlich, wenn sich die Angestellten im öffentlichen Dienst nicht an die Anweisungen des Justizministers halten würden. Als dieser Fall bekannt wurde, gab es harsche Kritik, öffentliche Untersuchungen, und Ninn-Hansen wurde vor das oberste Gericht gestellt (was in der dänischen Geschichte bis dato nur viermal vorgekommen war – das letzte Mal 1910). Aufgrund des öffentlichen Drucks zog sich die Regierung zurück und Neuwahlen wurden angesetzt (Henrichsen 2000).

Eindeutiges Ziel war die Senkung der Arbeitslosigkeit mit allen zur Verfügung stehenden Mitteln – nicht nur der Arbeitsmarktpolitik. Denn die Arbeitslosigkeit stellte aus der Sicht der Regierung das bedeutendste Problem dar, das andere Probleme mit verursachte. Die hohe Arbeitslosigkeit, so die Regierung, führe zu großen individuellen und gesellschaftlichen Kosten, da Lebensqualität verloren ginge, die Produktion und auch der Wohlstand sinke, soziale Probleme auftreten und der Staatshaushalt stark belastet würde (ebd.: 3). Dabei wurde die hohe Arbeitslosigkeit zu diesem Zeitpunkt primär als konjunkturelles Phänomen betrachtet, denn als strukturelles Problem. Dementsprechend zielten ein großer Teil der Lösungsansätze auf konjunkturelle Verbesserungen im Rahmen einer klassisch-keynesianischen Politik ab: deutliche Senkung der Marginalsteuer für die Bevölkerung und öffentliche Investitionen, um so Wachstum und Beschäftigung zu erreichen (ebd.: 24).

Neben der Steuer- und Investitionspolitik wurde der Arbeitsmarktpolitik eine große Bedeutung zur Bewältigung des Problems der Arbeitslosigkeit beigemessen. Denn waren die wirtschaftlichen Voraussetzungen gegeben (Wachstum = Beschäftigung), musste das Arbeitskräfteangebot qualifiziert sein, um die Nachfrage entsprechend bedienen zu können (Regeringen 1993b). Dabei blieb die sozialdemokratisch geführte Regierung in der grundlegenden Rhetorik der bereits 1990 formulierten Aktivierungspolitik: Der Schwerpunkt sollte weg von der passiven Versorgung hin zu einem aktiven Einsatz verschoben werden (ebd.: 1).

Das Ziel der Arbeitsmarktpolitik war demnach nicht mehr auf die Senkung der Arbeitslosigkeit ausgerichtet – dies sollte der Finanz-, Geld- und Wirtschaftspolitik überlassen werden. Vielmehr sollte verhindert werden, dass es zu Ungleichheiten in der Gesellschaft und zu einem erhöhten Risiko der sozialen Ausgrenzung der Arbeitslosen kam (ebd.:4). Allerdings wurde auch nach wie vor betont, dass eine hohe Arbeitslosigkeit den Staatshaushalt stark belaste (ebd.: 4). Insgesamt sollte vor allem eine Strategie der Qualifizierung erfolgen, denn ein großer Teil der Arbeitslosigkeit sei nicht mehr konjunkturell bedingt (sic!), sondern stelle ein viel grundlegenderes Problem in der Volkswirtschaft dar (ebd.: 4) Dabei sollte zunächst für versicherte Arbeitslose, später auch für Sozialhilfeempfänger, das Recht auf die Teilnahme an aktiven Maßnahmen gestärkt werden, aber auch eine erhöhte Pflicht hierzu erfolgen (ebd.: 3). Dies bezog sich insbesondere auf Langzeitarbeitslose (ebd.: 2). Aber auch Personen ohne Berufsausbildung, die besonders häufig und besonders lang von Arbeitslosigkeit betroffen waren, sollten stärker und zielgerichteter aktiviert werden (ebd.: 2f). Für alle sollte das Angebot an aktiven Maßnahmen massiv ausgeweitet werden, wobei sich der Einsatz der Maßnahmen nach den individuellen Fähigkeiten und Bedürfnissen richten sollte (ebd.: 2).

Die in diesem Reformpapier angelegten Vorschläge zu einer veränderten Arbeitsmarktpolitik wurden, wie dieses Kapitel zeigen wird, auch weitgehend umgesetzt. Die Rechte hinsichtlich der Teilnahme an aktiven Maßnahmen wurden ausgebaut, gleichzeitig aber auch die Verfügbarkeitspflichten beim Leistungsbezug deutlich erhöht. Die Aktivierung mit einem Schwerpunkt auf der Qualifizierung wurde forciert. Gleichzeitig verschwieg dieses Papier jedoch die Elemente der gleichzeitig stattfindenden Deaktivierungspolitik: So wurde der Vorruhestand massiv erweitert und auch die bereits 1992 eingeführten Urlaubsprogramme noch einmal deutlich ausgebaut. Somit kann in dieser Phase zwar der Beginn der tatsächlichen Aktivierungspolitik auf der Grundlage einer Aktivierungsrhetorik nachgezeichnet werden, allerdings war der Schwerpunkt hierauf noch nicht eindeutig erkennbar. Aktivierung und Deaktivierung wurden gleichzeitig als Instrumente zur Bekämpfung der Arbeitslosigkeit genutzt.

### *Transferleistungen bei Arbeitslosigkeit*

Mit den Arbeitsmarktreformen I und II vollzog das Gesetz zur Regelung des *Arbeitslosengeldes* eine Wandlung: Es beschrieb veränderte Zugangsbedingungen, Konditionalisierungen und Sanktionsmöglichkeiten. Auch Höhe und Dauer des Arbeitslosengeldes erfuhren zum Teil erhebliche Einschränkungen.

Augenfällig ist zunächst, dass 1994 eine leichte Absenkung des Arbeitslosengeldes erfolgte – von monatlich 1.660 Euro im Vorjahr auf 1.637 Euro Brutto[122]. Unter Berücksichtigung der Steuerreform[123] allerdings stieg

122 Hinzu kam, dass die Indexierung im Jahr 1994 negativ war und -2,0 Prozent betrug. Dies bedeutet, dass die faktische Absenkung hinsichtlich dessen, was der Arbeitslose letztlich im Geldbeutel hatte, bedeutend war. Betrug das Arbeitslosengeld 1993 noch 1.766 Euro Brutto, waren es 1994 nur noch 1.673 Euro – also fast 100 Euro weniger! Zusätzlich wurde 1994 ein Beitrag für die Arbeitsmarktrente (*arbejdsmarkedstillægspension*) eingeführt, den nicht nur Beschäftigte, sondern auch Arbeitslose leisten mussten (Arbeitsmarktrentengesetz 1994). Allerdings sollten Arbeitslose nur ein Drittel des Beitrags zahlen (Arbeitslosenversicherungsgesetz 1994).

123 Zwar wurden auf der einen Seite eine Bruttosteuer – der Arbeitsmarktbeitrag (*arbejdsmarkedsbidrag* – AMB) – eingeführt und der Steuerfreibetrag deutlich abgesenkt, gleichzeitig

der Nettobetrag leicht an – von 996 Euro im Jahr 1993 auf 1.000 Euro im Jahr 1997. Für Geringverdiener jedoch wurde auch hier kein finanzieller Anreiz geschaffen, Erwerbsarbeit aufzunehmen.

Gravierender noch waren die Änderungen in den Zugangsbedingungen. So konnte nun durch die Teilnahme an subventionierter Beschäftigung kein Anrecht auf Arbeitslosengeld mehr erworben werden (Beschäftigungsanforderungsverordnung 1994).[124] Zusätzlich wurde die Beschäftigungsanforderung – also die Zeit, die man gearbeitet haben musste, bevor man Arbeitslosengeld bekommen konnte – von 26 auf 52 Wochen erhöht. Darüber hinaus wurde das Mindestalter für die Mitgliedschaft in einer Arbeitslosenkasse von 16 auf 18 Jahren angehoben (Arbeitslosenversicherungsgesetz 1994). Damit war es nun Personen unter 19 Jahren nicht mehr möglich, Arbeitslosengeld zu beziehen. Diese Änderungen zeigen eine deutliche Verschärfung der Zugangsbedingungen. Somit gestaltete sich ab 1994 das Erwerben des Rechts auf Arbeitslosengeld deutlich schwieriger als zuvor.

Zentrale Änderungen gab es auch im Hinblick auf die Bezugsdauer des Arbeitslosengeldes. 1994 wurde diese auf maximal sieben Jahre festgelegt (Arbeitslosenversicherungsgesetz 1994) und 1996 noch einmal auf maximal fünf Jahre verkürzt (ebd. 1996). In diese Maximalbezugsdauer wurde nun grundsätzlich die Teilnahme an Maßnahmen einberechnet.[125] Im Falle von Krankheit, Geburt oder Inanspruchnahme des Erziehungsurlaubes (siehe unten) konnte der Zeitraum verlängert werden (ebd. 1994).

Die Leistungsdauer wurde also mit den Arbeitsmarktreformen deutlich eingeschränkt. Besondere Umstände gab es für Personen, die älter als 50 Jahre waren. Würden sie mit ihrem 60. Lebensjahr das Recht auf Vorruhestand erfüllen, so konnten sie bis zu diesem Zeitpunkt Arbeitslosengeld

---

jedoch wurde die Grundsteuer von 22 auf 10 Prozent gesenkt (Ziel war, die Grundsteuer auf letztlich 5,5 Prozent zu senken, was im Jahr 2002 erreicht wurde) (Personenbesteuerungsgesetz 1997).

124 Dabei muss unterschieden werden, um welche Art von subventionierter Beschäftigung es sich handelte. Ging es um Beschäftigung mit Lohnzuschuss als Maßnahme für versicherte oder nichtversicherte Arbeitlose, so fand die hier beschriebene Regel Anwendung. Subventionierte Beschäftigung aber, die als Förderung personenbezogener Dienstleistungen im Haushalt stattfand (siehe unten), fiel nicht hierunter und wurde somit entsprechend eines regulären Beschäftigungsverhältnisses für die Beschäftigungsanforderung angerechnet (Beschäftigungsanforderungsverwaltungsrichtlinie 1995).

125 Eine Ausnahme hiervon bildete zunächst der Bildungsurlaub, denn eine Inanspruchnahme konnte die Bezugsperiode verlängern (Arbeitslosenversicherungsgesetz 1994). Dies galt jedoch nur bis 1996 (ebd. 1996).

erhalten (ebd.). Damit konnte sich ihre Bezugsdauer im Vergleich zur regulären Dauer erheblich verlängern – nämlich im Extremfall auf bis zu 17 Jahre![126] Genau andersrum verhielt es sich bei Personen, die bereits über 60 Jahre alt waren und Arbeitslosengeld bezogen. Sie konnten maximal zweieinhalb Jahre Arbeitslosengeld beziehen (ebd.). Dabei schien die generelle Kürzung in der Dauer keine grundlegenden Auswirkungen auf den sozialen Status der Arbeitslosen zu haben. Ein Anstieg bei der Anzahl der Sozialhilfeempfänger ließ sich nicht verzeichnen – im Gegenteil: Sowohl die Anzahl der Arbeitslosengeldbezieher als auch die der Sozialhilfeempfänger sank deutlich in den Jahren 1994 bis 1997 (Danmarks Statistik SAM1).

Die Bezugsdauer des Arbeitslosengeldes wurde zusätzlich nun in zwei Perioden aufgeteilt – die Passiv- und die Aktivperiode. Diese sollten anzeigen, zu welchem Zeitpunkt die arbeitslose Person welche Bedingungen erfüllen musste. Die Passivperiode umfasste zunächst vier, später zwei Jahre. Die Aktivperiode dagegen betrug grundsätzlich drei Jahre. Eine Ausnahme von dieser Regelung stellte die Aktivierung von Personen unter 25 Jahren ohne Berufserfahrung dar. Diese sollten bereits nach sechs Monaten in die Aktivperiode übergehen (Arbeitslosenversicherungsgesetz 1996).

Über den gesamten Zeitraum der sieben beziehungsweise fünf Jahre Arbeitslosengeldbezug musste die Person alle Verfügbarkeitskriterien, wie sie bereits Anfang der neunziger Jahre formuliert waren, erfüllen (Verfügbarkeitsverpflichtungsverwaltungsrichtlinie 1994). Darüber hinaus musste eine Person, die bereits seit mehr als zwölf Monaten arbeitslos war, nun nicht nur außerhalb ihres Fachgebiets suchen, sondern auch tägliche Fahrtzeiten von mehr als drei Stunden bei der Stellensuche einkalkulieren (Verfügbarkeitsverordnung 1994).

Als Neuerung und Präzisierung wurde zusätzlich ein Individueller Handlungsplan (*individuel handlingsplan* – IHP) als Instrument eingeführt. Dieser stellte eine Vereinbarung zwischen Arbeitsvermittlung und Arbeitslosen dar, der die einzelnen Schritte und Maßnahmen zur Förderung der Rückkehr in den Arbeitsmarkt beinhaltete. Die Inhalte des IHPs legten somit fest, für welche Aspekte die arbeitslose Person verfügbar sein musste. Dabei enthielt jeder IHP eine Klausel, dass vermittelte Arbeit auch wäh-

126 Es kann an dieser Stelle vermutet werden, dass die Ausweitung der Leistungsdauer für über 50-jährige insbesondere in Anbetracht der hohen Arbeitslosigkeit zu Beginn der neunziger Jahre zum Ziel hatte, schwer vermittelbare Personen nicht unnötiger sozialer Härte auszusetzen.

rend der Teilnahme an einer Maßnahme angenommen werden musste.[127] Ausgenommen hiervon waren zunächst noch Bildungsmaßnahmen, aber nur bis 1996 (Verfügbarkeitsverordnung 1994/1996). Auch musste ein Arbeitsloser, dessen Maßnahme nur einen geringen Umfang hatte, während der Teilnahme aktiv Arbeit suchen. Darüber hinaus galt für alle Arbeitslosen (auch diejenigen ohne IHP), dass sie aktiv Arbeit suchen mussten, wenn sie nicht an Maßnahmen teilnahmen (ebd. 1994).[128] Dies bedeutete eine stärkere Betonung der Pflichten für alle Personen.

Für Arbeitslose in der Aktivperiode fielen die Pflichten noch höher aus, insbesondere hinsichtlich der Teilnahme an Maßnahmen. Zum einen galt ab dieser Periode eine Verpflichtung zur Ausarbeitung eines Handlungsplans für den Arbeitslosen. Zum anderen musste er während der gesamten Aktivperiode Vollzeit an Maßnahmen teilnehmen. Wenn also eine Maßnahme weniger als 37 Stunden pro Woche[129] umfasste, konnte seitens der Arbeitsvermittlung ein ergänzendes Angebot für eine weitere Maßnahme erfolgen, und der Arbeitslose hatte die Pflicht, diese auch anzunehmen und durchzuführen (Verfügbarkeitsverordnung 1995). Das Recht auf Arbeitslosengeld ging also nun mit einer wesentlich höheren Verpflichtung zum Engagement gegen die persönliche Arbeitslosigkeit einher, wobei insbesondere Personen, die bereits seit längerem arbeitslos waren, in die Pflicht genommen wurden.

Diesen Veränderungen in den Verfügbarkeitsregelungen folgten auch Änderungen in den Sanktionsmöglichkeiten. So wurde zusätzlich die Weigerung zur Mitarbeit am individuellen Handlungsplan in den Katalog der sanktionierbaren Unterlassungen aufgenommen. Allgemein galt hier eine Sperre von einer Woche (Verfügbarkeitsverordnung 1994). Befand sich die Person bereits in der Aktivperiode, verlor sie das Recht auf Arbeitslosengeld vollständig. Zur Wiedererlangung dieses Rechts gab es in diesem Fall

127 Es lag jedoch im Ermessen der Arbeitsvermittlung, ob von dieser Pflicht Gebrauch gemacht wurde. Es sollte nämlich berücksichtigt werden, ob die Vollendung der Maßnahme gegebenenfalls sinnvoller für die Beschäftigungsmöglichkeiten des Individuums war als die sofortige Rückkehr in den Arbeitsmarkt (Verfügbarkeitsverwaltungsrichtlinie 1994).

128 Diese Regelung gab es zuvor nicht. Dabei kann jedoch nicht eindeutig gesagt werden, ob eine arbeitslose Person auch vor dieser Präzisierung in der Gesetzgebung während einer Maßnahme vermittelte Arbeit annehmen und/oder aktiv Arbeit suchen musste, da diese »Problematik« gar nicht formuliert wurde.

129 In Dänemark gelten 37 Stunden pro Woche als reguläre Arbeitszeit in nahezu allen Berufssparten und Sektoren.

keine »Abkürzung« wie noch vor 1994 – sie mussten die regulären Beschäftigungsbedingungen erneut erfüllen. Gleiches galt auch für Arbeitslose in der Aktivperiode, die vermittelte Arbeit oder Maßnahmenangebote ausschlugen beziehungsweise abbrachen (ebd. 1995).

Verringert hatten sich jedoch die Dauer der Sanktionen bei Ausschlagen vermittelter Arbeit sowie selbstverschuldeter Kündigung vermittelter Arbeit innerhalb der ersten Woche von zwei auf eine Woche. Zusätzlich galten alle Sanktionsregelungen auch beim Ausschlagen beziehungsweise Abbruch von Maßnahmen nach dem IHP. Der vollständige Verlust des Arbeitslosengeldes wiederum griff nun früher als zuvor – statt nach zweimaligem Ausschlagen regulärer oder vermittelter Arbeit innerhalb von zwölf nun innerhalb von sechs Monaten. Hier galten weiterhin die verkürzten Beschäftigungsanforderungen zur Wiedererlangung des Rechts auf Arbeitslosengeld wie auch vor 1994.

Geändert wurde auch die Dauer der Sanktionierung bei Nichterscheinen zu Terminen bei der AF oder der A-Kasse: Statt nach der Erfüllung neuer (vereinfachter) Beschäftigungsanforderungen wurde nun das Arbeitslosengeld ab dem Zeitpunkt wieder gezahlt, zu dem sich die Person schriftlich, telefonisch oder persönlich bei der entsprechenden Behörde gemeldet hat (ebd. 1994). Während also die Höhe der Sanktionen gleich blieb, wurde in einigen Punkten die Dauer verringert, in anderen wiederum erhöht beziehungsweise der Zeitpunkt der Sanktionen vorverlegt. Insbesondere wurden die Sanktionen für Langzeitarbeitslose verstärkt.[130]

Das Arbeitslosengeld war nun also keine universelle Transferleistung mehr. Durch deutlich erhöhte Zugangsbedingungen und stärkere Pflichten für versicherte Arbeitslose wurde diese Leistung konditionalisiert. Auch Dauer und Höhe erfuhren einige Einschränkungen, jedoch nicht in einem großen Umfang, so dass auch nach wie vor das Arbeitslosengeld als eine generöse Transferleistung – insbesondere für Geringverdiener – zu verstehen ist.

Ebenso wie das Arbeitslosengeldsystem erfuhr auch die *Sozialhilfe* grundlegende Änderungen, wobei die zentralste Änderung in der Zusammensetzung der Sozialhilfe erfolgte.

---

130 Leider gibt es keine zuverlässigen Quellen darüber, inwiefern die Sanktionen umgesetzt wurden. Es ist anzunehmen, dass dies nun häufiger geschah als vor den Arbeitsmarktreformen. Allerdings muss das nicht bedeuten, dass Sanktionen zu einem wichtigen Instrument zur Reintegration in den Arbeitsmarkt wurden.

Zwar blieb die Aufteilung in Altersgruppen bestehen – lediglich die Altersgrenze wurde 1995 von 23 auf 25 Jahre erhöht[131] –, doch waren nun ein zu versteuernder Grundbetrag (*grundydelse*) sowie ein steuerbefreiter Zusatzbetrag bei erheblichen Wohnkosten (*tillæg*) festgelegt. Die Kinderzulage wurde komplett gestrichen, allerdings wurden nun Kinder sowohl beim Grund- als auch beim Zusatzbetrag berücksichtigt. Somit umfasste der Grundbetrag für Sozialhilfeempfänger mit Kindern 1.322 Euro und für Leistungsbezieher ohne Kinder 993 Euro. Der Grundbetrag war nun also wesentlich höher als noch 1993, diese Steigerung ist jedoch vor dem Hintergrund des Wegfalls des Wohnzuschlags und der Kinderzulage sowie der Steuerpflichtigkeit desselben zu betrachten. Besonders hervorzuheben ist darüber hinaus, dass die Höhe der Sozialhilfe nun nicht mehr von der Dauer des Leistungsbezugs abhing, das heißt nach einigen Monaten Leistungsbezug nicht mehr automatisch gekürzt wurde.

Der neu eingeführte Zusatzbetrag war für Personen gedacht, deren Nettowohnkosten einen bestimmten Betrag überschritten. Die Grenzbeträge richteten sich dabei nach der individuellen Situation, wobei allerdings galt, dass Grundbetrag und Zusatzbetrag zusammen den Arbeitslosengeldhöchstsatz generell nicht übersteigen durften (Sozialhilfeverwaltungsrichtlinie 1995) – also nicht höher als 1.637 Euro im Monat sein konnten.

Neben der Zusammensetzung und Berechnung der Sozialhilfe wurden die Sanktionsmöglichkeiten in diesem Bereich etwas erweitert. Weiterhin bestand die Verpflichtung, dass Sozialhilfeempfänger und deren Ehepartner vermittelter Arbeit und beschäftigungsfördernden Maßnahmen zur Verfügung stehen mussten, wobei auch hier nach wie vor galt, dass das Ausschlagen eines dieser Aspekte zum Verlust der Sozialhilfe führte. Als Neuerung kam hinzu, dass das Fernbleiben von Maßnahmen zu einer Kürzung der Sozialhilfe im Folgemonat um bis zu 20 Prozent führen *kann* (Sozialhilfeverwaltungsrichtlinie 1995), aber nicht muss.[132]

Insgesamt änderte sich bei der Sozialhilfe also wenig. Es gab keine höheren Zugangsbeschränkungen oder stärkere Pflichten für nichtversicherte Arbeitslose. Auch Höhe und Dauer der Sozialhilfe wurden nicht wesent-

---

131 Für die Gruppe der jungen Menschen erfolgte neben der Anhebung der Altersgrenze noch eine weitere Änderung, nämlich die Abschaffung der Anrechnung der Versorgungspflicht gegenüber einem Ehepartner, um so den regulären Sozialhilfesatz zu erhalten (Beistandsgesetz 1995).

132 Siehe Fußnote 128.

lich verändert. Damit blieb diese Leistung eine universelle und generöse Transferleistung.

*Frühverrentungsprogramme*

Auch im Bereich der deaktivierenden Maßnahmen gab es im Zuge der Arbeitsmarktreformen I und II einige Änderungen, insbesondere im Hinblick auf den erweiterten und den regulären Vorruhestand. Als zusätzliche Leistung wurde darüber hinaus die Seniorenleistung eingeführt.

Die wohl bedeutendsten Änderungen im Bereich der Frühverrentungsregelungen im Rahmen der neuen Arbeitsmarktpolitik fanden hinsichtlich des *erweiterten Vorruhestands* statt. Die einstige zeitliche Beschränkung dieser Maßnahme auf das Jahr 1995 wurde auf das Jahr 1998 verschoben. Zusätzlich wurde die Altersbeschränkung gelockert – bis 1996 konnten auch Personen zwischen 50 und 54 Jahren in den erweiterten Vorruhestand gehen. Allerdings musste die Person, die diese Leistung beantragen wollte, nun mindestens 15 Monate arbeitslos gewesen sein (vorher waren es zwölf Monate) (Arbeitslosenversicherungsgesetz 1994). Damit zeugten die Veränderungen von einer gewissen Ambivalenz, da einerseits die Zugangsbedingungen gesenkt (Alter) andererseits auch erhöht (Dauer der Arbeitslosigkeit) wurden.

Die Ausweitung der Regelungen hatte auf den Arbeitsmarkt einen massiven Effekt, denn die Anzahl der Vorruheständler nahm in den Jahren 1995 und 1996 drastisch zu, was mehrheitlich auf den Anstieg der Personen im Vorruhestand in der Altersgruppe der 50–59-jährigen zurückzuführen ist (Danmarks Statistik SAM1). Die Höhe der Leistung wurde darüber hinaus nun als Festbetrag von 82 Prozent des Höchstsatzes des Arbeitslosengeldes festgelegt (Arbeitslosenversicherungsgesetz 1994) – 1.342 Euro Brutto pro Monat. Es blieb also trotz leichter Leistungskürzungen eine generöse Transferleistung.

Auch im regulären *Vorruhestand* gab es im Hinblick auf die Höhe der Leistung einige Änderungen. Zum einen wurde der individuelle Betrag nun nur noch so lange gezahlt, wie das Recht auf Arbeitslosengeld bestand.[133]

133 1994 bis 1996 galt noch die Regelung, dass nur innerhalb der ersten 30 Monate des Vorruhestandes Transferleistungen in der Höhe des individuellen Betrags gezahlt wurden, wobei jedoch von diesen 30 Monaten Arbeitslosengeldperioden, Zeiträume im erweiterten Vorruhestand sowie Sabbaturlaub (siehe unten) abgezogen wurden. Angerechnet wurden dabei nur entsprechende Leistungszeiträume, die innerhalb der letzten 30 Mona-

Danach betrug die Leistung 82 Prozent des Höchstbetrags (1.342 Euro). Anders als beim erweiterten Vorruhestand war dies kein Festbetrag: Personen, die einen niedrigeren individuellen Satz als 82 Prozent hatten, erhielten auch weiterhin den individuellen Betrag (Arbeitslosenversicherungsgesetz 1994). Zum anderen wurde ein Belohnungssystem eingeführt, welches einen späteren Übergang in den Vorruhestand begünstigen sollte. Personen, die erst nach ihrem 63. Lebensjahr diese Leistung in Anspruch nahmen und gleichzeitig noch Anrecht auf Arbeitslosengeld hatten, erhielten während der gesamten Vorruhestandsperiode ihren individuellen Betrag (ebd.).

Darüber hinaus wurde zusätzlich zu den bestehenden Vorruhestandsregelungen ein Teilvorruhestand eingeführt, der es Personen über 60 Jahren ermöglichen sollte, ihre Arbeitszeit zu reduzieren, ohne gravierende Einkommenseinbußen hinnehmen zu müssen. Grundsätzlich galten hierfür die gleichen Voraussetzungen wie beim regulären Vorruhestand, nur dass nicht zwangsläufig das Recht auf Arbeitslosengeld bestehen musste. Bedingungen für den Erhalt von 82 Prozent des Arbeitslosengeldhöchstsatzes pro reduzierter Arbeitsstunde war, dass die wöchentliche Arbeitszeit um mindestens ein Viertel heruntergesetzt wurde und gleichsam mindestens zwölf Stunden betragen musste, wobei das Einkommen selbst keinen Einfluss auf die Höhe des Teilvorruhestandes hatte (ebd.). Die Leistung konnte also zwischen 337 Euro und 911 Euro im Monat liegen. Der Teilvorruhestand war zwar somit eine passive Maßnahme zum Ausstieg aus dem Arbeitsmarkt, stellte aber auch eine Förderung des Verbleibs auf dem Arbeitsmarkt für ältere Arbeitnehmer dar, da er es versicherten Personen ermöglichte, Erwerbsarbeit und Transferleistung zu kombinieren.

Mit den beiden erstgenannten Änderungen wurde also der frühzeitige Übergang in den Vorruhestand etwas unattraktiver gestaltet, da hier Leistungssenkungen in Kauf genommen werden mussten. Jedoch erscheint dies vor dem Hintergrund des erweiterten Vorruhestandes sowie den nach wie vor generösen Leistungen im Vorruhestand als wenig bedeutsam. Auch die Änderungen im Bereich der *Erwerbsunfähigkeitsrente* deuten auf eine gestiegene Bedeutung der Maßnahmen zum Ausstieg aus dem Arbeitsmarkt hin (Rentengesetz 1994): Jede Stufe wurde um ca. 370 Euro im Monat erhöht!

---

te vor dem Eintritt in den Vorruhestand in Anspruch genommen wurden (Arbeitslosenversicherungsgesetz 1994).

Neben den hier genannten Veränderungen der bereits bestehenden Möglichkeiten zum Ausstieg aus dem Arbeitsmarkt wurde 1997 eine neue Maßnahme eingeführt: die *Seniorenleistung* (*seniorydelse*). Im Grunde entsprach diese Leistung dem regulären Vorruhestand mit dem Unterschied, dass diese Leistung nur Personen beziehen konnten, die

– bis zu ihrem 50. Lebensjahr eine mindestens 20-jährige Verknüpfung mit dem regulären Arbeitsmarkt aufweisen konnten und
– vor dem Übergang in diese Leistung eine 50/50-Anstellung gehabt haben (siehe erste Phase und unten), jedoch nicht vor ihrem 50. Lebensjahr (Seniorenleistungsgesetz 1997).

Damit zielte diese Maßnahme auf Personen ab, die lediglich aufgrund ihrer Beschäftigung in einer 50/50-Anstellung kein Recht auf den regulären Vorruhestand hatten. Es sollten Menschen, deren vorherige Beschäftigungsbiographie tadellos war, mit Personen in regulären Anstellungsverhältnissen gleichgestellt werden (Seniorenleistungsverwaltungsrichtlinie 1997). Das bedeutet, dass die Möglichkeiten zum permanenten Rückzug vom Arbeitsmarkt durch diese Maßnahme noch einmal ausgeweitet wurden.

Insgesamt erfuhren die Frühverrentungsprogramme also eine wesentliche Ausweitung. Die Vorruhestandsleistungen wurden auf mehr Personen ausgeweitet – die Zugangsbeschränkungen also im Grunde aufgeweicht. Die Höhe der Frühverrentungsprogramme entwickelte sich in zwei Richtungen: Die Vorruhestandsleistungen wurden leicht beschnitten, die Erwerbsunfähigkeitsrente deutlich erhöht. Nach wie vor können die Frühverrentungsprogramme als generöse Transferleistung betrachtet werden.

*Freistellungsprogramme*

Eine weitere Neuerung im Zuge der Arbeitsmarktreform I von 1994 war die Einführung des so genannten Urlaubsmodells, bestehend aus drei möglichen Formen von Freistellung von der Erwerbstätigkeit beziehungsweise Verfügbarkeit am Arbeitsmarkt: Erziehungsurlaub, Sabbaturlaub und Bildungsurlaub. Während letztgenanntes eine Maßnahme zur Förderung der Beschäftigungsfähigkeit darstellte (siehe daher bei »Aktive Maßnahmen«), waren die beiden anderen Urlaubsprogramme Möglichkeiten zum vorübergehenden Ausstieg aus dem Arbeitsmarkt.

Beim *Erziehungsurlaub* wurde die bereits 1992 eingeführte Maßnahme des Elternurlaubes aufgegriffen und reformiert. So wurde die Möglichkeit dieser persönlichen Kinderbetreuung auf Sozialhilfeempfänger und nichtversicherte Beschäftigte ausgeweitet. Außerdem wurde ein grundlegendes Recht auf Erziehungsurlaub eingeführt. Das bedeutet, dass nicht nur Leistungsempfänger Anspruch auf diese Leistung hatten, sondern auch Beschäftigte. Allerdings hatte nun niemand mehr Recht auf Erziehungsurlaub für die Maximaldauer (52 Wochen). Für Leistungsempfänger wurde der Anspruch auf 13 Wochen beschränkt, Beschäftigte und alle Personen, deren Kind unter einem Jahr alt war, hatten Anrecht auf 26 Wochen.

Damit Beschäftigte die Maximaldauer in Anspruch nehmen konnten, musste im Anschluss an dieses Anrecht nach wie vor eine Vereinbarung zwischen Arbeitgeber und Arbeitnehmer getroffen werden (Urlaubsgesetz 1994). Der Arbeitgeber hatte nun aber nicht mehr die Verpflichtung, einen Arbeitslosen als Stellvertreter anzustellen. Die Ausweitung des Rechts und die geringeren Verpflichtungen machten diese Maßnahme sehr beliebt, denn die Anzahl der Erziehungsurlauber war recht hoch. Aber sie hielten sich nicht auf Dauer auf einem hohen Niveau – im Vergleich zum Höchststand im Jahr 1995 halbierte sich die Anzahl der Teilnehmer an diesem Freistellungsprogramm bis 1997 (Danmarks Statistik AB711), welches sicherlich in einem engen Zusammenhang mit der Verringerung des Erziehungsurlaubsgeldes stand.

Zunächst blieb zwar die Höhe der Leistung auf dem zuvor festgelegten Niveau von 80 Prozent des Arbeitslosengeldhöchstsatzes. Lediglich für Sozialhilfeempfänger stellte die Höhe der individuellen Sozialhilfe die Leistungshöhe dar. Bereits 1995 wurden allerdings für alle anderen Nutznießer des Erziehungsurlaubs die Leistungen auf 70 Prozent und 1997 noch einmal auf 60 Prozent des Arbeitslosengeldhöchstsatzes gesenkt (Urlaubsgesetz 1994/1995/1997) – 1.146 beziehungsweise 982 Euro Brutto pro Monat. Während also einerseits das Recht auf Erziehungsurlaub für Beschäftigte und nichtversicherte Leistungsempfänger eingeführt und somit gestärkt wurde, wurde andererseits die Höhe der Leistung im Laufe der Jahre gesenkt. Der Erziehungsurlaub wurde also als familienpolitische Maßnahme fest etabliert, jedoch mit wenigen finanziellen Anreizen versehen, so dass das Zuhausebleiben keine tatsächliche Alternative zur Erwerbsarbeit darstellen konnte.

Während hinsichtlich des Erziehungs- und Bildungsurlaubs (siehe unten) bereits bestehende Maßnahmen weiterentwickelt wurden, stellte der *Sabbaturlaub* eine neue und auch höchst ungewöhnliche Maßnahme zum vorübergehenden Rückzug vom Arbeitsmarkt dar. Denn es musste keinerlei Anlass für den Antritt dieses Urlaubs vorliegen. Die Person konnte während des Sabbaturlaubs tun und lassen, was sie wollte. Diese Maßnahme stand allerdings nur arbeitslosengeldberechtigten Beschäftigten über 25 Jahren offen, und auch diese hatten keinen Rechtsanspruch darauf. Wer seit mindestens drei Jahren im Unternehmen beschäftigt war, konnte mit seinem Arbeitgeber eine Vereinbarung eingehen, die beinhaltete, wie lange (mindestens 13 und maximal 52 Wochen) diese Person in den Sabbaturlaub gehen wollte und sollte. Dem Arbeitgeber wurde gleichsam auferlegt, dass er in dieser Zeit eine arbeitslose Person anstellen musste (Urlaubsgesetz 1994)[134], und somit die Regelungen zur Jobrotation, die zuvor für Eltern- und Bildungsurlaub galten, nun beim Sabbaturlaub griffen. Dabei war es nun möglich, dass der Arbeitslose auch im Rahmen von subventionierter Beschäftigung (siehe unten) angestellt werden konnte (Urlaubsverordnung 1994).

In der Zeit des Sabbats erhielt der »Urlauber« zunächst 80 Prozent des Arbeitslosengeldhöchstsatzes; es folgten die gleichen Leistungssenkungen wie beim Erziehungsurlaub (Urlaubsgesetz 1994/1995/1997). Diese außergewöhnliche Maßnahme bot also nur zu Beginn ihrer Einführung einen hohen finanziellen Anreiz, stellte allerdings dennoch eine attraktive Möglichkeit dar. Die Beschränkung auf eine bestimmte Gruppe von Beschäftigten sowie die Verpflichtung zur Jobrotation für den Arbeitgeber konnte eine bedeutende arbeitsmarktpolitische Komponente beinhalten, da auf diesem Weg Arbeitslosen die Rückkehr in den ersten Arbeitsmarkt ermöglicht wurden. Die Möglichkeit, den Arbeitslosen auch im Rahmen von subventionierter Beschäftigung einzustellen, erhöhte die Chancen hierfür, wobei auch wichtig war, ob der Arbeitslose am Ende seines »Stellvertreterdaseins« beschäftigt blieb oder gleich wieder ausschied. Allerdings spielte der Sabbaturlaub keine große Rolle im Katalog der passiven Maßnahmen – gerade einmal knapp zwölf Prozent der Nutznießer an Freistellungsprogrammen beziehungsweise drei Prozent aller Teilnehmer an Maßnahmen zum Rückzug vom Arbeitsmarkt nahmen den Sabbaturlaub in Anspruch (Danmarks Statistik AB711).

Wie auch die Frühverrentungsprogramme erfuhren die Freistellungsprogramme im Zuge der Reformen von 1994 eine erhebliche Ausweitung. Die Leistungshöhe während der Teilnahme an diesen Programmen wurde

134 Ab 1995 galt, dass die arbeitslose Person bereits seit mindestens einem Jahr arbeitslos sein muss, damit sie als Stellvertreter angestellt werden konnte (Urlaubsverordnung 1995).

allerdings im Laufe der folgenden Jahre deutlich gesenkt, so dass sie an Attraktivität verloren.

*Aktive Maßnahmen*

Die Arbeitsmarktreformen I und II berührten nicht nur die passiven, sondern auch die aktiven Maßnahmen und somit auch die *Beratung und Vermittlung*.

Zwar blieb der allgemeine Zugang zu Beratung und Vermittlung für versicherte und nichtversicherte Arbeitslose bestehen. Jedoch wurde 1994 zusätzlich die Möglichkeit eingeführt, dass sich jede Person bei der Arbeitsvermittlung arbeitssuchend melden kann (Gesetz über eine aktive Arbeitsmarktpolitik 1994). Außerdem wurden einzelne Aspekte dieser Leistungen derart präzisiert, dass sich Rechtsansprüche daraus ableiten ließen. Zusätzlich wurden die angebotenen Leistungen und Maßnahmen aufeinander abgestimmt, so dass im Idealfall eine koordinierte Beratungs- und Vermittlungstätigkeit für jeden Einzelnen stattfand.

Herausstechend hierbei war der bereits oben erwähnte Individuelle Handlungsplan (IHP), in dem das Beschäftigungsziel des Arbeitslosen beschrieben wurde (ebd.). Mit Ausgangspunkt in den Wünschen und Voraussetzungen des Arbeitslosen sowie unter der Berücksichtigung des Bedarfs am Arbeitsmarkt gab der Plan an, welche arbeitsmarktpolitischen Aktivitäten dazu beitragen konnten und sollten, um dieses Ziel zu erreichen. Änderte sich das Ziel beziehungsweise sollten auch andere Maßnahmen als die im IHP festgelegten durchgeführt werden, so wurde dieser an die Änderungen angepasst. Der IHP stellte einen verbindlichen Vertrag zwischen der Arbeitsvermittlung und dem Arbeitslosen dar, dem beide Seiten zu folgen hatten (Verordnung zu einem aktiven Arbeitsmarkteinsatz 1994). Ein versicherter Arbeitsloser unter 60 Jahren hatte nach drei Monaten Arbeitslosigkeit ein Anrecht auf die Ausarbeitung eines IHP.[135] Allerdings galt in jedem Fall, dass ein Handlungsplan ausgearbeitet werden musste, bevor ein Angebot über eine Maßnahme erfolgte (Gesetz über eine aktive Arbeitsmarktpolitik 1994).

Die Beratung hinsichtlich der Beschäftigungsmöglichkeiten sowie zukünftiger Maßnahmen fand im Rahmen dieser Handlungspläne statt, was festgelegte Beratungstermine zu einem bestimmten Zeitpunkt der Arbeits-

135 Im Gegensatz hierzu stand die Pflicht zur Ausarbeitung des IHPs seitens des Arbeitslosen, die erst ab dem Übergang in die Aktivperiode bestand (siehe oben).

losigkeit überflüssig machte. Damit konnten die Gespräche nach dem individuellen Bedarf durchgeführt werden. Gleichzeitig ermöglichte diese Praxis eine individuelle Abstimmung der Maßnahmen untereinander, um so das Ziel – reguläre Beschäftigung – besser erreichen zu können. Sozialhilfeempfänger über 25 Jahre hatten ebenfalls ein Recht auf die Ausarbeitung eines IHPs unter den gleichen Bedingungen wie versicherte Arbeitslose (Gesetz über kommunale Aktivierung 1994).[136] Darüber hinaus hatten sie ein Recht auf eine Beratung seitens der Kommunalverwaltung zur Verbesserung der Beschäftigungs- und Bildungsmöglichkeiten, bevor ein Angebot für eine Maßnahme erging.

Die neu eingeführten Rechte auf Beratung und Vermittlung wurden demnach sowohl für Arbeitslose als auch für Sozialhilfeempfänger im Zuge der Arbeitsmarktreform I erheblich ausgebaut. Bemerkenswert hierbei war, dass zwar das getrennte Beratungs- und Vermittlungssystem für diese beiden Gruppen von Arbeitslosen bestehen blieb, sich die Leistungen aber annäherten. Im Grunde wurden nun die gleichen Instrumente und ähnliche Rechte für versicherte Arbeitslose und Sozialhilfeempfänger genutzt, wobei beide von den Neuerungen profitierten.

Allerdings folgten bereits 1996 mit der Arbeitsmarktreform II Einschränkungen in einigen Teilen dieser Rechte. So wurde das Recht auf die Ausarbeitung eines IHPs 1995 zunächst leicht nach hinten gesetzt – nämlich nach sechs Monaten Arbeitslosigkeit (Gesetz über eine aktive Arbeitsmarktpolitik 1995). 1996 wurde dieses Recht für versicherte und nichtversicherte Arbeitslose vollständig abgeschafft (ebd. 1996). Zusätzlich wurde das Recht auf eine angemessene Aktivierung dahingehend eingeschränkt, dass die arbeitslose Person konkret den Wunsch nach einem Maßnahmenverlauf äußern musste, um ihn zu erhalten (ebd. 1996). Dies ist nicht zwangsläufig als Beschneidung des Rechts zu verstehen, da mit dieser Änderung lediglich der Automatismus abgeschafft wurde. Trat die arbeitslose Person an die Arbeitsvermittlung beziehungsweise Kommunalverwaltung mit der Bitte um Maßnahmen heran, hatte sie nach wie vor auch das Recht hierauf. Die Abschaffung des Rechts auf die Ausarbeitung eines individuellen Handlungsplans dagegen war ein gravierenderer Einschnitt. Allerdings gab es durch die weiterhin verpflichtende Erstellung eines IHPs bei der Teilnahme an aktiven Maßnahmen dennoch eine Gewährleistung von

136 Bei Sozialhilfeempfängern unter 25 Jahren entschied die Kommunalverwaltung, ob ein IHP nötig und angebracht wäre (Verwaltungsrichtlinie über kommunale Aktivierung 1994).

koordinierten und individuellen Beratungs- und Vermittlungsleistungen, insbesondere da nun neben dem Recht auf die Vermittlung in *aktive Maßnahmen,* welches sich aus dem IHP ergab, auch ein allgemeines Recht auf die Teilnahme an aktiven Maßnahmen formuliert wurde. Dies war eine bedeutende Neuerung, da ein so klar formuliertes Recht bis 1993 nicht existierte.

Versicherte Arbeitslose hatten spätestens nach zwei Jahren Arbeitslosigkeit ein Anrecht auf eine zwölfmonatige Aktivierung (Gesetz über eine aktive Arbeitsmarktpolitik 1994).[137] Befand sich die arbeitslose Person bereits in der Aktivperiode (siehe oben), so hatte sie Anspruch darauf, dass die Aktivierung Vollzeit stattfand (Verordnung zu einem aktiven Beschäftigungseinsatz 1994). Ab 1996 galt, dass das Recht auf die Teilnahme an aktiven Maßnahmen bestand, sobald der Arbeitslose den Wunsch hierauf äußerte. Dies galt auch für Sozialhilfeempfänger, die nur aufgrund von Arbeitslosigkeit Sozialhilfe bezogen. Diese hatten vor 1996 ein Recht auf ein Angebot für eine Maßnahme, welches im Idealfall nach 13 Wochen und spätestens nach zwölf Monaten Leistungsbezug erfolgen sollte. Denn dann hatten alle Sozialhilfeempfänger ein Recht darauf. Ein erneutes Recht auf ein Aktivierungsangebot erfolgte, wenn die Person nach Abschluss der ersten Maßnahme wieder drei Monate Sozialhilfe erhalten hatte (Gesetz über kommunale Aktivierung 1994). Dabei war das Recht auf Bildungsmaßnahmen nicht mehr der subventionierten Beschäftigung untergeordnet. In beiden Möglichkeiten an aktiven Maßnahmen gab es einige Veränderungen hinsichtlich der Anzahl der Maßnahmen sowie deren inhaltlicher Ausgestaltung.

Im Grunde orientierten sich die verschiedenen Formen der *subventionierten Beschäftigung* an den zuvor existierenden Maßnahmen ATB, Beschäftigungsprojekte und der Förderung von Haushaltsdienstleistungen und Kinderbetreuung.

Das Arbeitsangebot für versicherte Arbeitslose und die Anstellung im privaten Unternehmen für Sozialhilfeempfänger wurde abgelöst durch das Jobtraining. Das Jobtraining war also als Maßnahme für versicherte und nichtversicherte Arbeitslose konzipiert. Allerdings herrschten hier unterschiedliche Anspruchsverhältnisse. Arbeitslosengeldempfänger in der Passivperiode hatten anfänglich das Recht auf Jobtraining, wenn sie selbst einen Platz dafür gefunden hatten (Gesetz über eine aktive Arbeitsmarkt-

137 Unter Aktivierung wird in diesem Kontext ein Maßnahmenverlauf bestehend aus einer oder mehreren Einzelmaßnahmen verstanden.

politik 1994). Dies wurde bereits 1995 abgeschafft; Arbeitslose in der Aktivperiode hatten dieses Recht sozusagen übernommen (ebd. 1995).

Sozialhilfeempfänger hatten keinerlei Rechtsanspruch auf ein Jobtraining (Gesetz über kommunale Aktivierung 1994). Im Vergleich zu den vorherigen Maßnahmen wurde auch die Förderungsdauer geändert, welche nun in der Regel ein Jahr betrug und für private Arbeitgeber 1996 auf sechs Monate begrenzt wurde. Die Beschränkung der Dauer der Maßnahme lag insgesamt bei zwei Jahren pro Arbeitslosem (Gesetz über eine aktive Arbeitsmarktpolitik 1994). Ausgenommen hiervon waren versicherte Arbeitslose, die sich in der Aktivperiode befanden. Diese konnten für die gesamte Dauer der Aktivperiode im öffentlichen Sektor angestellt und gefördert werden (Verordnung zu einem aktiven Arbeitsmarkteinsatz 1994).

Die Förderhöhe wurde für Sozialhilfeempfänger und versicherte Arbeitslose vereinheitlicht und entsprach nun für beide Gruppen 6,80 Euro pro Arbeitsstunde. Maximallohn und Anstellungsbedingungen blieben als Regelungen erhalten und galten weiterhin wie beim vorherigen ATB. Eine Ausnahme bildete die Tatsache, dass die Arbeitszeit für Sozialhilfeempfänger zwischen Arbeitgeber und Kommunalverwaltung ausgehandelt wurde (Verordnung zu einem aktiven Arbeitsmarkteinsatz 1994).

Die Beschäftigungsprojekte wiederum wurden durch das individuelle Jobtraining abgelöst. Auch hier gab es einige Änderungen. Das individuelle Jobtraining war für versicherte und nichtversicherte Arbeitslose konzipiert, die Probleme hatten, reguläre Beschäftigung oder ein normales Jobtraining zu finden (ebd. 1994). Es konnte bei öffentlichen oder privaten Unternehmen stattfinden, musste aber Arbeit umfassen, die sonst nicht ausgeführt werden würde. Es wurde eine Projektleistung (*projektydelse*) beziehungsweise für Sozialhilfeempfänger eine Aktivierungsleistung (*aktiveringsydelse*) gezahlt, die von den beteiligten Sozialpartnern ausgehandelt wurde, den Höchstsatz des Arbeitslosengeldes aber nicht überschreiten durfte. Der Lohnzuschuss betrug maximal die individuelle Sozialleistung (Arbeitslosengeld beziehungsweise Sozialhilfe) der angestellten Person. Die Arbeitszeit wurde hierbei individuell festgelegt. Ein Recht auf ein individuelles Jobtraining hatten nur versicherte Arbeitslose in der Aktivperiode, wenn sie dieses selbst gefunden hatten (Gesetz über eine aktive Arbeitsmarktpolitik 1994).

Keine Umbenennung und Neustrukturierung erfuhren die 50/50-Anstellung für Personen mit Erwerbsunfähigkeitsrente und das Gründungsgeld für versicherte Arbeitslose. Lediglich die Förderdauer wurde für letzteres von dreieinhalb auf zweieinhalb Jahre gesenkt (ebd.). Dafür wurde allerdings die Förderung von Selbständigkeit für Sozialhilfeempfänger den Regelungen des Gründungsgeldes angepasst und ein Gründungsgeld II (*etableringsydelse*) eingeführt, welches Sozialhilfeempfänger mit einem Businessplan nach neunmonatigem Leistungsbezug für zweieinhalb Jahre in Höhe von 50 Prozent ihrer individuellen Sozialhilfe erhalten konnten (Gesetz über kommunale Aktivierung 1994).

Ebenfalls beibehalten, jedoch erheblich modifiziert, wurde die Förderung von haushaltsnahen Dienstleistungen. Das ohnehin bis Ende 1993 befristete Gesetz über die Förderung von Haushaltsdienstleistungen und Kinderbetreuung wurde 1994 abgelöst durch das Gesetz über staatliche Zuschüsse zu Haushaltsdienstleistungen. Es beschrieb, dass Arbeitsplätze in einem Unternehmen, die für die Erfüllung bestimmter Arbeiten in Privathaushalten dienten, mit 13 Euro pro Stunde – also etwa 2.067 Euro im Monat – (aber nicht mehr als 150 Prozent des Nettobetrags, den der Privathaushalt gezahlt hatte) subventioniert wurden (Haushaltsdienstleistungsgesetz 1994). 1997 wurde die Fördersumme direkt an den Haushalt gebunden, wobei die Leistung selbst weiterhin an das Unternehmen gezahlt wurde. Die Subvention betrug demnach 50 Prozent des Nettobetrags, den der Haushalt gezahlt hatte (ebd. 1997), wobei für jeden Haushalt maximal 5.757 Euro im Jahr als Grundlage geltend gemacht werden durften, welches monatlich nur noch in etwa 480 Euro entsprach.

1996 wurde diesen Formen der subventionierten Beschäftigung eine weitere hinzugefügt: die Pooljobs (*puljejobs*). Diese waren ausschließlich für versicherte Arbeitslose in der Aktivperiode konzipiert und wurden nur im öffentlichen Sektor angeboten. Ein Recht auf einen Pooljob gab es für diejenigen, die ihn selbst gefunden hatten. Der Lohn durfte – wie für subventionierte Beschäftigung überall im öffentlichen Sektor galt – maximal 12,30 Euro pro Arbeitsstunde betragen, was bei einer Vollzeitbeschäftigung ein Einkommen von 1.950 Euro im Monat brutto bedeutete. Die Maximaldauer dieser Leistung betrug drei Jahre, wobei Personen, die mehr als ein Jahr in einem Pooljob waren, Recht und Pflicht zur Beratung bezüglich der Erreichung regulärer Beschäftigung hatten (Gesetz über eine aktive Arbeitsmarktpolitik 1996).[138]

138 Im Jahr 1997 wiederum wurde eine Regelung eingeführt, die zum Ziel hatte, die Möglichkeiten für Arbeitslose, reguläre Beschäftigung zu finden, zu verbessern. Hierfür erhielten öffentliche Arbeitgeber eine Prämie, wenn sie Personen, die zuvor in einem subventionierten Beschäftigungsverhältnis (Pooljob, Jobtraining, individuelles Jobtraining)

Auch mit den Arbeitsmarktreformen behielten die Maßnahmen der subventionierten Beschäftigung ihre hohe Bedeutung im Bereich der Förderung der Wiedereingliederung von Arbeitslosen in den Arbeitsmarkt. Insgesamt gewannen die Bildungsmaßnahmen gegenüber der subventionierten Beschäftigung aber erheblich an Bedeutung. Während die Teilnehmerquote für die subventionierte Beschäftigung 1994 noch sehr hoch war, sank diese in den folgenden Jahren um ca. ein Viertel ab. Die Teilnehmerquoten der *Bildungsmaßnahmen* dagegen nahmen sprunghaft zu – sie vervierfachten sich nahezu. Bereits 1995 besuchten mehr Menschen Weiterbildungskurse als Maßnahmen der subventionierten Beschäftigung. Dieser Anstieg lässt sich zu großen Teilen durch die massive Ausweitung des Bildungsurlaubes erklären, von dem in erster Linie Arbeitslose Gebrauch machten (Danmarks Statistik AB711).

Das UTB und die UY für versicherte Arbeitslose wurden zusammengefasst zu einer Maßnahme, die im Folgenden weiterhin als Bildungsangebot (*tilbud til uddannelse*) bezeichnet wird. Dieses neue Bildungsangebot konnte eine Anweisung seitens der Arbeitsvermittlung darstellen, aber auch eine selbst gesuchte Bildungsmaßnahme beinhalten (Gesetz über eine aktive Arbeitsmarktpolitik 1994). Bei einer Maßnahmenanweisung war die AF teilweise verpflichtet, die Kursgebühr zu tragen (Verordnung zu einem aktiven Arbeitsmarkteinsatz 1994). Darüber hinaus wurden im Wesentlichen die Regelungen der vorherigen Maßnahmen beibehalten. Es wurde eine Bildungsvergütung (*uddannelsesgodtgørelse*) in Höhe des individuellen Arbeitslosengeldes gezahlt (Gesetz über eine aktive Arbeitsmarktpolitik 1994), sofern keine anderen Leistungen wie zum Beispiel die AMU-Vergütung beansprucht werden konnten (Verordnung zu einem aktiven Arbeitsmarkteinsatz 1994).

Arbeitslose unter 25 Jahren erhielten jedoch nur 50 Prozent des Arbeitslosengeldhöchstsatzes, wenn sie im Rahmen dieser Maßnahme Bildungskurse besuchten (Gesetz über eine aktive Arbeitsmarktpolitik 1994). Zentral war hierbei, dass die Bildungsvergütung nur so lange gezahlt wurde, wie der Arbeitslose Anspruch auf Arbeitslosengeld hatte (Verordnung zu einem aktiven Arbeitsmarkteinsatz 1994). Zunächst war die Dauer der Bildungsvergütung auf zwei Jahre beschränkt (Gesetz über eine aktive Arbeitsmarktpolitik 1994), wobei diese Begrenzung 1996 aufgehoben

für mindestens zwölf Monate angestellt waren, nun für mindestens 18 Monate unter regulären Beschäftigungsbedingungen anstellten (Gesetz über eine aktive Arbeitsmarktpolitik; Gesetz über kommunale Aktivierung 1997). Die einmalige Prämie betrug 3.598 Euro.

wurde (ebd. 1996). Dabei konnte die Bildungsvergütung auch als Verlängerung des Bildungsurlaubes dienen, indem die Arbeitsvermittlung die Möglichkeit anbieten konnte, direkt vom Bildungsurlaub ins Bildungsangebot überzugehen, wenn dies für die Ausbildung sinnvoll erschien (Verordnung zu einem aktiven Arbeitsmarkteinsatz 1994).

Allerdings hatte zunächst kein versicherter Arbeitsloser einen Rechtsanspruch auf dieses Bildungsangebot. Erst ab 1996 wurde ein Recht auf und eine Pflicht zur Teilnahme an Bildungsmaßnahmen von mindestens 18-monatiger Dauer für Arbeitslose unter 25 Jahren ohne Berufsausbildung eingeführt (Gesetz über eine aktive Arbeitsmarktpolitik 1996). Der Schwerpunkt lag hier bei den regulären Ausbildungen. Gelang es aber nicht, die jungen Arbeitslosen in diese zu vermitteln, so konnten auch andere Ausbildungskombinationen begonnen werden. Vorab musste allerdings ein individueller Bildungsplan (*individuel uddannelsesplan* – IUP) erarbeitetet werden (Verwaltungsrichtlinie zur Ausbildung für Menschen unter 25 Jahren 1996), der in Aufbau und Struktur im Wesentlichen dem individuellen Handlungsplan entsprach.

Auch für die Sozialhilfeempfänger gab es im Bereich der Bildungsmaßnahmen einige Änderungen. So wurden 1994 für die nichtversicherten Arbeitslosen die so genannten individuellen Bildungsaktivitäten (*særligt tilrettelagte uddannelsesaktiviteter*) eingeführt (Gesetz über kommunale Aktivierung 1994). Dabei gab es zwei Möglichkeiten: Zum einen konnte der Sozialhilfeempfänger an beschäftigungsorientierten Kursen teilnehmen, die auf eine bessere Arbeitsmarktintegration abzielten und vor allem die AMUs, aber auch Beratungs- und Informations- sowie Vorbereitungskurse beinhalteten (Verwaltungsrichtlinie zur kommunalen Aktivierung 1994). Ab 1996 kamen außerdem allgemeine Erwachsenenbildungskurse hinzu, die es den Leistungsempfängern ermöglichten, ihren Schulabschluss nachzuholen (ebd. 1996). Zum anderen konnten sie an bildungsorientierten Kursen teilnehmen, die eine höhere formale Qualifikation zum Ziel hatten (ebd. 1994).

Die Dauer dieser beiden möglichen Bildungsmaßnahmen für Sozialhilfeempfänger war nicht festgelegt und richtete sich nach der Dauer der ausgewählten Kurse. Während der Teilnahme an den Kursen erhielt der nichtversicherte Arbeitslose weiterhin Sozialhilfe, es sei denn, es wurden andere Leistungen wie die AMU-Vergütung gezahlt (ebd.). Außerdem wurde im Rahmen dieser Leistung für Sozialhilfeempfänger unter 25 Jahren ein konkretes Beratungs- und Einführungsprogramm eingeführt, welches bis zu sechs Wochen dauern konnte und über die reguläre Beratung hinsichtlich

Beschäftigungs- und Bildungsmöglichkeiten hinaus auch Möglichkeiten zum Ausprobieren von Beschäftigungswünschen beinhalten konnte (Gesetz über kommunale Aktivierung 1994).

Zusätzlich wurde 1996 für die Sozialhilfeempfänger über 25 Jahren eine Art Bildungsurlaub eingeführt. Es war ihnen nun gestattet, auch an Erwachsenen- und Weiterbildungskursen entsprechend der zugelassenen Kurse für den Bildungsurlaub teilzunehmen, wenn sie bereits seit sechs Monaten Sozialhilfe bezogen. Allerdings mussten diese Kurse im individuellen Handlungsplan festgehalten sein (ebd. 1996). Außerdem galt, dass die Teilnehmergebühr, welche von der Kommune übernommen wurde, in der Relation zu den späteren Beschäftigungsmöglichkeiten nicht zu hoch sein durfte. Daran teilnehmen durfte der Sozialhilfeempfänger nur, wenn in näherer Zukunft keine reguläre, stabile Beschäftigung für den nichtversicherten Arbeitslosen in Aussicht war, wobei die Kommunalverwaltung zu bewerten hatte, ob dies der Fall war (Verwaltungsrichtlinie zur kommunalen Aktivierung 1996).

Während für Sozialhilfeempfänger also eine Art Bildungsurlaub neu eingeführt wurde, wurde für versicherte Arbeitslose und Beschäftigte der vormalige Bildungsurlaub in weiten Teilen übernommen. Aber es gab auch einige Änderungen.[139] Die Beschäftigungsanforderung für Beschäftigte wurde auf drei Jahre gesenkt und die Möglichkeit des Urlaubs auch auf nichtversicherte Beschäftigte ausgeweitet. Beschränkt wurde die Möglichkeit auf Bildungsurlaub wiederum auf Personen, die über 25 Jahre alt waren. Die Jobrotationsregelung wurde zu einer Kann-Bestimmung (Urlaubsgesetz 1994). Ab 1995 durfte ein Beschäftigter unter 25 Jahren in Bildungsurlaub gehen, wobei daran die Verpflichtung zur Anstellung eines Stellvertreters geknüpft war (ebd. 1995).

Für Arbeitslose galt, dass sie bei Urlaubsantritt arbeitslosengeldberechtigt sein mussten (ebd. 1994). Ab 1996 durften sie im ersten halben Jahr ihrer Arbeitslosigkeit maximal vier Wochen dieser Leistung in Anspruch nehmen. Zusätzlich wurden nun Zeiträume, in denen Personen (ob Arbeitslose, Beschäftigte oder Selbständige) an anderen Bildungsmaßnahmen mit staatlichen Vergütungen (zum Beispiel AMU-Vergütung) teilnahmen, dem Bildungsurlaub zugerechnet, auch wenn *de facto* kein Urlaub stattfand (ebd. 1996). Außerdem galt ein einschränkender Bildungskatalog für den

139 Einzig die Höhe blieb gleich – sie wurde zwar 1994 zunächst auf 100 Prozent des Arbeitslosengeldhöchstsatzes angehoben, jedoch 1995 wieder auf 80 Prozent gesenkt.

Bildungsurlaub, der festlegte, dass die Kurse eine Arbeitsmarkt- beziehungsweise Beschäftigungsrelevanz haben mussten (ebd. 1994).

Im Kontext der AMU-Vergütung änderte sich dagegen wenig. Vielmehr wurden einzelne Aspekte konkretisiert. So wurde klar definiert, welche Gruppen von den AMUs profitieren sollten. Weiterhin galt dies für Angelernte und Facharbeiter, aber als dritte Gruppe wurden die Arbeitslosen nun explizit betont. Die Altersbeschränkung wurde auf 18 Jahre abgesenkt, wobei allerdings Arbeitslose unter 25 Jahren nur noch die Hälfte der Leistung erhalten sollten. Die AMU-Vergütung für alle anderen entsprach weiterhin maximal dem Arbeitslosengeldhöchstsatz. Als weitere Besonderheit wurde betont, dass Arbeitslose, die an AMUs teilnahmen, vermittelter Arbeit zur Verfügung stehen mussten, sofern die Arbeitsvermittlung nicht von diesem Aspekt absah. Nur Arbeitslose unter 25 Jahren mussten generell nicht fürchten, die Bildungsmaßnahme für eine Arbeitsstelle abzubrechen (AMU-Gesetz 1994).

Ebenfalls einige Konkretisierungen, aber auch einige Änderungen erfuhr die Erwachsenenbildungsvergütung. So wurde klar definiert, an wen sich diese Leistung richten sollte: Geringqualifizierte, die darüber definiert wurden, dass sie maximal zehn Jahre zur Schule gegangen waren und maximal eine zwei-jährige Berufsausbildung vorweisen konnten. Gleichzeitig wurde die Förderungsdauer 1994 von maximal 16 auf zunächst maximal 40 und im Jahr 1996 auf maximal 80 Wochen erhöht. Allerdings waren hieran einige Auflagen gebunden. So durften in beiden Fällen nur ein kleiner Teil der Zeit auf allgemeine Kurse, die nicht dem Erwerb von Studiums- oder Berufskompetenzen dienten, verwendet werden. Mehrheitlich sollten mit Hilfe dieser Leistung die beruflichen Bildungsniveaus gehoben werden (VUS-Gesetz 1994). Dabei änderte sich für alle Leistungen die Programmstruktur nicht. Allerdings fand 1996 eine Verknüpfung aller Bildungsleistungen, die unabhängig von Arbeitslosigkeit gezahlt werden konnten, statt: In die jeweilige Förderungsdauer der einzelnen Leistungen wurden die anderen Leistungen mit einberechnet (AMU-Gesetz; VUS-Gesetz; Urlaubsgesetz 1996).

Insgesamt wurden die Bildungsleistungen also deutlich ausgeweitet. Nur die Rehabilitationsleistung erfuhr eine leichte Senkung (Beistandsgesetz 1994) – von 1.680 Euro auf 1.655 Euro brutto im Monat. Damit lag diese Aktivierungsleistung aber immer noch über dem Arbeitslosengeld beziehungsweise der anderen Transferleistungen. Bildungsmaßnahmen erhielten im Zuge der Reformen von 1994 eine höhere Bedeutung in der dänischen Arbeitsmarktpolitik. Die Programme wurden deutlich ausgebaut. Insbesondere Sozialhilfeempfänger konnten nun an weit mehr Kursen teilnehmen. Bildung als arbeitsmarktpolitisches Instrument war nun nicht mehr nur als Prävention vorrangig für Beschäftigte konzipiert, sondern stellte auch eine (Re-)Integrationsmaßnahme für Arbeitslose dar.

*Bilanz der Arbeitsmarktpolitik 1994–1997: Aktivierung und Deaktivierung*

Die hier dargestellten Änderungen in der dänischen Arbeitsmarktpolitik mit den Reformen von 1994 und 1997 zeigen auf, dass die neue Politik geprägt war von Ambivalenzen. Zum einen fand eine stärkere Betonung der aktiven Maßnahmen statt, zum anderen wurden aber auch die passiven Maßnahmen ausgebaut. Die Programmformulierung selbst umfasste eigentlich nur den Fokus auf die Aktivierung von Arbeitslosen, wobei allerdings auch die Geringqualifizierten als eine Zielgruppe der Aktivierungspolitik beschrieben wurden.

Dabei wurde die Senkung der Arbeitslosigkeit nicht allein als arbeitsmarktpolitisches Ziel formuliert; vielmehr wurden alle Politikfelder diesem Ziel untergeordnet. In diesem Zusammenhang ist auch die Ausweitung der Frühverrentungsprogramme als Maßnahme zur Erreichung dieses Ziels zu betrachten. Denn die hohe Arbeitslosigkeit wurde in erster Linie als ein konjunkturelles Problem und erst in zweiter Linie als strukturelles Phänomen betrachtet. Bei der Bekämpfung der Arbeitslosigkeit sollte auch berücksichtigt werden, dass bestehende Ungleichheiten in der Gesellschaft nicht verstärkt und potentielle neue Ungleichheiten verhindert werden. Gleichsam wurde auch erkannt, dass Arbeitslosigkeit – insbesondere Langzeitarbeitslosigkeit – zu sozialer Ausgrenzung führt. Daher sollten als Lösungsansätze vor allem das Recht auf aktive Maßnahmen gestärkt werden sowie eine Verknüpfung von Rechten (auf Geldleistungen) mit Pflichten erfolgen. Im Rahmen der aktiven Maßnahmen sollte vor allem Wert darauf gelegt werden, dass diese individuell abgestimmt werden und die Bedürfnisse und Fähigkeiten des einzelnen Arbeitslosen berücksichtigen und insbesondere die Qualifizierung des Arbeitskräfteangebots ermöglichen.

Staatliches Handeln war ab 1994 sowohl passiv als auch aktiv. Dekommodifizierung und Rekommodifizierung gingen Hand in Hand. Denn einerseits wurden die Geldleistungen ausgebaut (Frühverrentung) und gleichzeitig beschränkt (Dauer des Arbeitslosengeldbezugs), andererseits wurde das Dienstleistungssegment verstärkt (siehe Tabelle 11). So fand eine stärkere Konditionalisierung der Geldleistungen im Falle von Arbeitslosigkeit statt: Die Zugangsbeschränkungen für das Arbeitslosengeld wurden deutlich erhöht. So konnte zum Beispiel nun durch die Teilnahme an subventionierter Beschäftigung kein Anrecht auf Arbeitslosengeld mehr erworben werden. Außerdem wurde das Recht auf Transferleistungen sowohl beim Arbeitslosengeld als auch bei der Sozialhilfe mit Pflichten verknüpft, die gewährleisten sollten, dass die arbeitslosen Personen (ob versichert oder nicht) dem Arbeitsmarkt tatsächlich zur Verfügung standen. Damit einher ging eine stärkere Nutzung der gesetzlich vorgegebenen Sanktionsmöglichkeiten. Gleichzeitig wurde sowohl ein allgemeines Recht auf Beratung und Vermittlung für alle Personen (arbeitslos, beschäftigt, arbeitssuchend) unabhängig vom Versicherungsstatus als auch ein allgemeines Recht auf die Teilnahme an aktiven Maßnahmen eingeführt, wobei die Teilnahme »geschützt« werden sollte, indem Personen, die an aktiven Maßnahmen teilnahmen, nicht zwangsläufig reguläre Arbeit annehmen mussten (*rechtliche Dimension*).

Nicht nur damit gewann die Dienstleistungskomponente ein stärkeres Gewicht. Denn es erfolgt eine stärkere Koordinierung und Individualisierung der Beratungs- und Vermittlungsleistungen durch die Einführung des Individuellen Handlungsplans. Die Maßnahmen wurden stärker aufeinander und auf die Bedürfnisse und Fähigkeiten der arbeitslosen Person abgestimmt. In diesem Kontext gewannen die Qualifizierungsmaßnahmen gegenüber den verschiedenen Formen der subventionierten Beschäftigung an Gewicht, nicht nur in der Anzahl der Teilnehmer, sondern auch in dem Faktum, dass im Gesetz die Bildungsmaßnahmen nun nicht mehr den Maßnahmen der subventionierten Beschäftigung untergeordnet waren. Insgesamt stiegen allerdings die Teilnehmerzahlen in allen aktiven Maßnahmen; ein deutlicher Fokus auf die Aktivierung – im Sinne einer Teilnahme an Maßnahmen – wurde nun gesetzt (*Dienstleistungs-Dimension*).

Allerdings behielten auch die Geldleistungen ihre hohe Bedeutung. Zwar wurde auf der einen Seite das Arbeitslosengeld in der Dauer deutlich beschränkt, da es zum einen auf maximal fünf Jahre fixiert wurde und zum anderen in diese Periode auch die Zeiten der Teilnahme an nahezu allen Maßnahmen mit einberechnet wurden. Auch wurden die Leistungen bei einigen Frühverrentungsprogrammen leicht gekürzt. Auf der anderen Seite allerdings wurde der Vorruhestand erheblich erweitert, indem nun Personen ab 50 Jahren bereits in diesen übertreten durften.

| Rechtliche Dimension | Gewichtung des Rechts auf aktive Maßnahmen |
|---|---|
| *Recht auf Geldleistungen* | |
| Zugangsbedingungen | Zugangsbeschränkungen bei ALG höher, ansonsten ähnlich hoch (neu Sabbaturlaub: Zugangsbeschränkungen hoch) |
| Verfügbarkeitsverpflichtung | Ausweitung insbesondere bei ALG |
| Sanktionen | Rechtlich für Sozialhilfeempfänger etwas höher, eher häufigere Anwendung (insbesondere bei ALG) |
| *Recht auf Dienstleistungen* | |
| Beratung und Vermittlung | Ausweitung durch Recht auf IHP |
| Aktive Maßnahmen | Ausweitung insbesondere durch allgemeines Recht auf Teilnahme an aktiven Maßnahmen für ALG- und Sozialhilfeempfänger |
| Ökonomische Dimension | Weiterhin generöse Leistungen bei Arbeitslosigkeit |
| *Geldleistungen Arbeitslosigkeit* | |
| Höhe | Nach wie vor hoch (Sozialhilfe sogar etwas höher als zuvor) |
| Dauer | Beschränkung in der Dauer |
| *Geldleistungen Ausstieg vom Arbeitsmarkt* | |
| Permanent | Ausweitung der Maßnahmen, leichte Beschneidungen in der Höhe |
| Vorübergehend | Ausweitung der Maßnahmen, zunächst sehr generöse Leistungen, dann schrittweise Absenkung |
| Geldleistungen als Arbeitsanreiz | Teilvorruhestand für ältere Arbeitnehmer, in der Höhe geringer als ALG |
| Dienstleistungs-Dimension | Forcierung der Rückkehr in den Arbeitsmarkt |
| *Beratung* | |
| Koordinierung | Stärkere Abstimmung der Maßnahmen im IHP |
| Standardisierung | Individualisierung durch Berücksichtigung der individuellen Fähigkeiten und Bedürfnisse im IHP |
| *Aktive Maßnahmen* | |
| Qualifizierung | Mehr Möglichkeiten für Bildungsmaßnahmen, diese auch nicht mehr der subventionierten Beschäftigung untergeordnet |
| Subventionierte Beschäftigung | Nach wie vor hohe Bedeutung |

*Tabelle 11: Wandel staatlichen Handelns in der Arbeitsmarktpolitik 1994–1997*

Außerdem wurden die Freistellungsprogramme deutlich ausgeweitet. Gleichsam blieben Arbeitslosengeld und Sozialhilfe finanziell auf einem sehr hohen Niveau[140]. Zudem waren trotz steigender Teilnehmerzahlen an den aktiven Maßnahmen immer noch deutlich mehr Menschen in passiven Transferleistungen, und die staatlichen Ausgaben für Frühverrentungsprogramme waren um ein Vielfaches höher als diejenigen für aktive Maßnahmen (*ökonomische Dimension*).

Damit zeichnete sich das staatliche Handeln als Mischform zwischen Aktivierung und Deaktivierung aus. Die Gewichtung verlagerte sich also nicht nur hin zu den Dienstleistungen (gegenüber den ökonomischen Aspekten), sondern insgesamt zeichnete sich im Zeitraum 1994–1997 ein Mehr an staatlichem Handeln in der dänischen Arbeitsmarktpolitik im Vergleich zum Zeitraum 1990–1993 ab.

Dies ist auch für die Geringqualifizierten erkennbar, welches sich vor allem anhand der weiterhin hohen Transferleistungen, von denen insbesondere Geringverdiener profitierten, sowie des weiteren Ausbaus der Frühverrentungsprogramme nachzeichnen lässt. Allerdings kann eine direkte Adressierung von Geringqualifizierten nicht ausgemacht werden: Nur die allgemeine Schwerpunktverschiebung hin zu einer höheren Bedeutung von Bildungsmaßnahmen lässt vermuten, dass auch die Geringqualifizierten stärker hiervon profitieren konnten. Die rechtlichen Aspekte sowie die Maßnahmenangebote direkt für Geringqualifizierte änderten sich jedoch wenig. Vielmehr wurde das Recht auf Bildungsmaßnahmen eingeschränkt, da es nun nur noch Personen unter 25 Jahren ohne Berufsausbildung gewährt wurde. Allerdings wurde dafür in diesem Rahmen ein größerer Wert auf grundlegende Ausbildungen gelegt.

## 11.3 *Enabling*-Strategie 1998–2001: Aktivierung aller Arbeitslosen

Die bereits starke Betonung der aktivierenden Arbeitsmarktpolitik gegenüber der passiven Versorgung wurde in den Regierungspapieren aus den

---

140 Bedeutend ist hier der Unterschied zwischen dem nicht-indexierten Arbeitslosengeld und dem inflationsbereinigten Arbeitslosengeld. Während ersteres nur eine leichte Senkung aufweist, ist zweiteres mit fast 100 Euro weniger pro Monat im Vergleich zum Vorjahr wesentlich geringer. *De facto* muss also von einer Senkung der Leistungen gesprochen werden. Wird jedoch auch gleichzeitig die Steuerreform berücksichtigt, so fällt diese Leistungskürzung nicht ganz so gravierend aus.

Jahren 1997–2000 noch einmal hervorgehoben. Dänemark wollte nicht weniger als eine Vorbildfunktion übernehmen – nicht nur in der Arbeitsmarktpolitik, aber eben hier besonders (Regeringen 1997a). Hinsichtlich der Arbeitsmarktpolitik war das Ziel, möglichst wenige Menschen in passiven Versorgungsleistungen zu halten (ebd.: 8). Ein detailliert ausgearbeitetes Programm beinhaltete die Reduzierung der Anzahl der Transferleistungsbezieher um 150.000 bis zum Jahr 2005, ohne allerdings wesentliche Einschnitte beim individuellen Wohlfahrts- beziehungsweise Wohlstandsniveau zu vollziehen. Dies bedeutete, dass die Arbeitslosigkeit weiter gesenkt werden sollte, aber auch Rückzugsprogramme teilweise eingeschränkt werden sollten (Regeringen 1997b: 5). In diesen Kontext wurde das Konzept des »inklusiven Arbeitsmarktes« (*det rummelige arbejdsmarked*) verortet, welches ermöglichen sollte, dass insbesondere ältere Menschen und Personen mit eingeschränkter Erwerbsfähigkeit aktiv am Erwerbsleben teilhaben können (ebd.: 8).

Diese Zielsetzung des inklusiven Arbeitsmarktes wurde durch drei zentrale Problemstellungen begründet: Erstens erlaube die demographische Entwicklung keine konsequente Ausschließung insbesondere älterer Menschen vom Erwerbsleben (ebd.: 13), da hierdurch unter anderem ein Mangel an qualifizierten Arbeitskräften entstehen könne (ebd.: 70). Zweitens sei eine hohe Beschäftigungsquote nötig, um das dänische Wohlfahrtssystem erhalten und auch in Zukunft finanzieren zu können (ebd.: 39). Und drittens führe die Ausschließung vom Arbeitsmarkt durch die Förderung eines frühzeitigen (oder sogar voreiligen) Rückzugs vom Arbeitsmarkt insgesamt zu dauerhafter Exklusion (ebd.: 59f). Um diesen Problemen begegnen zu können, beschrieb die Regierung in diesem Papier, dass sie vor allem die Qualifizierung älterer Menschen noch stärker forcieren müsse, dass Anreize zu einem späteren Rückzug vom Arbeitsmarkt geschaffen werden sollten und dass Beschäftigungsmöglichkeiten für Personen mit eingeschränkter Erwerbsfähigkeit entstehen müssten (ebd.: 75).

Aktivierung sollte somit nicht nur den »klassischen« Arbeitslosen adressieren, sondern vielmehr alle erwerbsfähigen Personen erreichen. Die Zielgruppe der Politik sollte also deutlich ausgeweitet werden. Gleichzeitig sollte die 1994 begonnene Aktivierungspolitik für Arbeitslosengeld- und Sozialhilfeempfänger fortgeführt beziehungsweise entsprechend der damaligen Programmatik ausgebaut werden (siehe auch Regeringen 1998: 9). Besonders betont wurde unter anderem, dass auch Sozialhilfeempfänger Nutznießer einer bildungsorientierten Arbeitsmarktpolitik sein müssten.

Denn gerade hier fänden sich besonders viele Personen ohne abgeschlossene Berufsausbildung, und daher sollten sie im Rahmen einer Erwachsenenbildungsreform explizit auch adressiert werden (Regeringen 2000: 3).

Wie dieses Kapitel zeigen wird, hat sich im Laufe der Jahre 1998–2001 die Aktivierungspolitik gefestigt, wobei eine Fokussierung auf die Qualifizierung von Arbeitslosen und Beschäftigten beibehalten wurde. Gleichzeitig wurden die Programme zum Rückzug vom Arbeitsmarkt deutlich beschränkt beziehungsweise unattraktiver gestaltet. Nun war Dänemark also in der aktivierenden Arbeitsmarktpolitik angekommen und verfolgte primär eine *enabling*-Strategie.

### *Transferleistungen bei Arbeitslosigkeit*

Die Änderungen im Hinblick auf das *Arbeitslosengeld* im Rahmen der Arbeitsmarktreform III sowie die späteren Modifikationen lassen sich als »Drehen an der Stellschraube« beschreiben. Dabei umfassten die zentralsten Änderungen Verschärfungen.

So wurde der Zeitpunkt für die aktive Arbeitssuche sowie Annahme von Arbeit außerhalb des eigenen Fachgebiets vorverlegt – 1998 nach sechs und ab 1999 bereits nach drei Monaten Leistungsbezug. Zusätzlich mussten ab diesem Zeitpunkt auch längere Wegzeiten – nämlich bis zu vier Stunden täglich – in Kauf genommen werden (Verfügbarkeitsverordnung 1998/1999).

Außerdem wurde 1998 die Passivperiode noch einmal um die Hälfte auf zwölf Monate verkürzt (Arbeitslosenversicherungsgesetz 1998). Damit betrug die Gesamtdauer des Arbeitslosengeldbezugs nur noch vier Jahre. Gleichsam verlängerten Krankheitszeiträume nicht mehr die Passivperiode, wohl aber die Aktivperiode (Beschäftigungsanforderungsverordnung 1999). Zusätzlich wurde die frühzeitige Aktivierung für Personen unter 25 Jahren ohne Berufsausbildung nach sechs Monaten Arbeitslosigkeit auf alle Personen unter 25 Jahren ausgeweitet, wobei die Aktivperiode für diese Gruppe auf dreieinhalb Jahre verlängert wurde. Auch Personen über 60 Jahre sollten nun frühzeitig aktiviert werden – deren Passivperiode dauerte ebenfalls nur ein halbes Jahr, die Aktivperiode nur zweieinhalb Jahre. Die Pflicht zur Annahme von aktiven Maßnahmen galt nur für Personen über 60, die sich ab dem Jahr 1999 arbeitslos meldeten. Außerdem konnten nun nur noch Personen ab dem 55. Lebensjahr unabhängig von der im Gesetz festgelegten Bezugsdauer bis zum Eintritt in den Vorruhestand Arbeitslosengeld beziehen (Arbeitslosenversicherungsgesetz 1999).

All diesen Verschärfungen hinsichtlich der Verpflichtungen standen leichte Lockerungen in den Zugangsbedingungen gegenüber. Zum einen wurde die Ausnahmeregel eingeführt, dass Personen unter 18 Jahren Mitglied einer A-Kasse werden konnten, wenn sie eine mindestens 18-monatige Berufsausbildung abgeschlossen hatten (ebd. 1998). Zum anderen wurde der Katalog über subventionierte Beschäftigungen, die trotz eigentlicher Einschränkung für die Erfüllung der Beschäftigungsanforderungen zum Erhalt von Arbeitslosengeld angerechnet wurden, um das Programm des Erwachsenenlehrlings, der Anstellungen mit Prämienregelung und die Servicejobs[141] (siehe unten) erweitert (Beschäftigungsanforderungsverwaltungsrichtlinie 2001).[142]

Vor allem die Änderungen in den Verpflichtungen sowie der Dauer des Leistungsbezugs zeigen zwei Dinge: Erstens verschob sich der Fokus nun mehr als deutlich auf die aktive Seite der Arbeitsmarktpolitik. Dies zeigen die Kürzung der Passivperiode sowie das Gleichbleiben der Aktivperiode, aber auch die Anrechnung von Krankheitszeiträumen – Krankheit sollte die Aktivierung nicht verzögern, jedoch auch gleichsam den Arbeitslosen nicht verfrüht aus dem System stoßen. Arbeitslose sollten nun also früher aktiviert werden, und besondere Problemgruppen noch eher.

Zweitens sollte sich der Arbeitslose an die Nachfrage der Märkte anpassen, indem eine höhere berufliche und geographische Mobilität von ihm gefordert wurde. Somit war nun nicht mehr die Ausbildung des Einzelnen für die Beschäftigungsaufnahme von Bedeutung, sondern vielmehr die allgemeine Fähigkeit, diese Tätigkeit auszuüben. Personen mit mittlerer und hoher Qualifikation mussten also auch Arbeit mit geringen Qualifikationsanforderungen suchen und annehmen.

---

141 Die Servicejobs wurden mit ihrer Einführung im Jahr 2000 noch nicht zu den Ausnahmen unter den subventionierten Beschäftigungen dazugerechnet. Erst ein Jahr später geschah dies. Zuvor hatten die Servicejobs die außergewöhnliche Situation, dass sie zwar zum einen für die Beschäftigungsanforderungen nicht angerechnet wurden, gleichsam jedoch nicht in den Passiv- und Aktivperioden des Arbeitslosengeldbezugs einberechnet wurden (Beschäftigungsanforderungsverwaltungsrichtlinie 2000). Sie standen sozusagen »zwischen Baum und Borke«.

142 Keine Änderungen gab es im Sanktionskatalog sowie in der Bruttohöhe der Geldleistung (Arbeitslosenversicherungsgesetz 2001), allerdings wurde die Grundsteuer im Zeitraum 1998–2001 noch weiter schrittweise abgesenkt (Personenbesteuerungsgesetz 1998), was sich positiv auf den Nettobetrag auswirkte.

Hierbei ist von zentraler Bedeutung, ob diese gesetzliche Regelung in der Praxis auch so angewendet wurde. Dies kann zwar nicht belegt werden, aber erstmals wurde für das Jahr 1999 eine Verfügbarkeitsstatistik erhoben, die Aussagen darüber trifft, wie häufig welche Form der Sanktionen angewendet wurden. Dabei wird deutlich, dass die Mehrheit der Sanktionen – etwas mehr als 60 Prozent – nur von kurzer Dauer waren und aufgrund von Verpassen von Gesprächen oder ähnlichem verhängt wurden. Knapp 40 Prozent umfassten mehrwöchige Sperren oder den vollständigen Verlust von Arbeitslosengeld, wobei hier auch die Fälle, in denen aufgrund der eigenen Kündigung eine mehrwöchige Sperre zu Beginn des Arbeitslosengeldbezuges verhängt wurde, einbezogen waren, also nicht Fehlverhalten des Arbeitslosen im eigentlichen Sinne umfassten. Insgesamt wurden 3,8 Prozent aller Arbeitslosen mit Sanktionen belegt (Eigene Berechnungen auf der Grundlage von Arbejdsdirektoratet 2005; Danmarks Statistik SAM1).

Die Arbeitsmarktreform III führte zwar zu den oben genannten Änderungen im Arbeitslosengeld, fokussierte jedoch primär auf den sozialpolitischen Teil der Arbeitsmarktpolitik und somit auch auf die *Sozialhilfe*.

So wurde nun konkret als Bedingung zum Erhalt der Sozialhilfe formuliert, dass kein akzeptables[143] Arbeitsangebot für den Leistungsempfänger und dessen Ehepartner vorliegen durfte. Darüber hinaus galt weiterhin als Bedingung für die Sozialhilfe, dass der Leistungsempfänger und dessen Ehepartner an Maßnahmen teilnehmen mussten. Geschah dies nicht – also wurde ein Angebot ausgeschlagen beziehungsweise davon ferngeblieben –, so standen nach wie vor die gleichen Sanktionsmöglichkeiten zur Verfügung, wobei die Kürzungen nun 1998 20 Prozent in den folgenden drei Monaten betrugen (zuvor 20 Prozent im Folgemonat), ab 2001 sogar 30 Prozent (Gesetz über aktive Sozialpolitik 1998/2001)[144]. Außerdem konnte

143 Was ein akzeptables Arbeitsangebot ist, entschied hier die Kommunalverwaltung vor dem individuellen Hintergrund des Leistungsempfängers. Keine Gründe für das Ausschlagen eines Arbeitsangebots waren: geringerer Lohn als früher, Arbeitgeber hat keine Tarifvertrag, Arbeit liegt außerhalb des früheren Tätigkeitsfeldes beziehungsweise der Ausbildung der Person. Gründe für das Ausschlagen eines Arbeitsangebots dagegen waren: Krankheit beziehungsweise Risiko für die Gesundheit durch Ausübung der Arbeit (zum Beispiel bei Schwangerschaft), keine Betreuungsmöglichkeiten, psychische Probleme (Sozialpolitikverwaltungsrichtlinie 1998).

144 Das neue Gesetz über aktive Sozialpolitik beinhaltete unter anderem auch die Regelungen zur Sozialhilfe, womit es das Kapitel 9 über Sozialhilfe im Gesetz über sozialen Beistand ablöste.

ein mehrfaches Fernbleiben von Aktivierungsmaßnahmen zu einem vollständigen Verlust der Sozialhilfe führen (ebd. 1998).

Neu war ebenfalls, dass eine Unterscheidung zwischen zwei Gruppen von Hilfeempfängern gemacht wurde: zum einen diejenigen, die nur aufgrund von Arbeitslosigkeit Sozialhilfe erhielten (SHE1), und Leistungsempfänger, die über die Arbeitslosigkeit hinaus Probleme hatten (SHE2). Dies spiegelte sich primär in den Pflichten wider. So hatten SHE1 die Pflicht, bei der AF arbeitssuchend gemeldet zu sein (Gesetz über aktive Sozialpolitik 1999). Damit stand diese Person im Kontakt mit einer weiteren Behörde, die die (Re-)Integration in den Arbeitsmarkt forcierte. Lehnte der SHE1 daher vermittelte Arbeit durch diese Einrichtung ab beziehungsweise erschien dort nicht zu Beratungs- und Vermittlungsgesprächen, so oblag es der Kommunalverwaltung zu prüfen, ob die Person die Grundvoraussetzung erfüllte: die Ausnutzung ihrer Arbeitsmöglichkeiten. Fiel diese Prüfung zu Ungunsten des SHE1 aus, so konnte dieser keine Sozialhilfe mehr erhalten (Sozialpolitikverwaltungsrichtlinie 1998).

2001 wurden die Bedingungen für die SHE1 ausgeweitet, indem sie nun auch selbst aktiv Arbeit suchen mussten. Zusätzlich wurden 2001 die Sanktionsbestimmungen für diese Sozialhilfeempfänger von einer Kann- zu einer Muss-Bestimmung umgewandelt. Für SHE2 blieben sie Kann-Bestimmungen (Gesetz über aktive Sozialpolitik 2001).

In der Praxis zeigt sich, dass die Sanktionen nicht in der Art umgesetzt wurden, wie sie im Gesetz vorgesehen waren. Vielmehr wurde als Druckmittel die Verpflichtung zur Teilnahme an aktiven Maßnahmen eingesetzt – im Jahr 2001 wurden knapp 18 Prozent der relevanten Fälle hierzu verpflichtet. In acht Prozent der Fälle erfuhren die Personen Sanktionen, die ihre Transferleistungen berührten. Die Mehrheit der Sozialhilfeempfänger, die sich eines Fehlverhaltens schuldig gemacht hatten, wurden gar nicht sanktioniert – gut 74 Prozent. Etwa ein Drittel hiervon war bereits auf dem Weg aus der Sozialhilfe heraus und erhielt daher keine Sanktionen (Den sociale Ankestyrelse 2002). Und da diese Statistiken sowohl SHE1 als auch SHE2 umfassen, ist davon auszugehen, dass die anderen zwei Drittel vor allem SHE2 waren, bei denen die Kann-Bestimmung griff.

Neu war zudem auch, dass nun der Ehepartner entscheiden konnte, ob er/sie von der Verfügbarkeit Abstand nehmen wollte. Dies hatte jedoch die Konsequenz, dass die Sozialhilfe für beide geringer ausfiel. Der Sozialhilfeempfänger erhielt in diesem Fall nur den individuellen Satz und einen Zusatz von 312 Euro pro Monat für die Versorgung des Ehepartners.

Würde der Ehepartner ebenfalls die Verfügbarkeit erfüllen, würde das Ehepaar zwei Mal den individuellen Satz erhalten, wie es bereits zuvor üblich war (Gesetz über aktive Sozialpolitik 1998). Auch ansonsten galten im Hinblick auf die Höhe der Sozialhilfe die gleichen Regeln, allerdings war nun die einzige und absolute Grenze, dass die Sozialhilfe nicht höher sein durfte als der Arbeitslosengeldhöchstsatz (Sozialpolitikverwaltungsrichtlinie 1998). Auch die Regelung für Personen unter 25 Jahren, die vor dem Leistungsbezug mehr als 18 Monate gearbeitet hatten und somit einen höheren Betrag erhielten, wurde 1999 aufgehoben (Gesetz über aktive Sozialpolitik 1999).

Die Sozialhilfe unterlag also mit der Arbeitsmarktreform III gravierenden Änderungen. Sie wurde zum einen viel stärker an arbeitsmarktkonformes Verhalten gebunden. Zum anderen wurden die Sanktionsmöglichkeiten sowie deren Höhe und Dauer bei Fehlverhalten erheblich ausgeweitet. Damit näherte sich die Sozialhilfe insbesondere für Personen, die diese nur aufgrund von Arbeitslosigkeit erhielten, an die Regeln des Bezugs von Arbeitslosengeld an. Die Sozialhilfe wurde somit verstärkt der Arbeitsmarktpolitik untergeordnet und verlor zumindest für einige Personengruppen den Charakter des letzten Sicherheitsnetzes im sozialen System.

Dies führte allerdings nicht zu einer erheblichen Senkung der Sozialhilfebezieher: In den Jahren 1998–2001 pendelte die Anzahl der Sozialhilfebezieher zwischen ca. 120.000 und 128.000 Personen. Während der Tiefstand in der Sozialhilfe bereits 1999 erreicht wurde, sank die Quote der Arbeitslosengeldbezieher stetig weiter. Der niedrigste Stand wurde in dieser Phase noch nicht erreicht (Danmarks Statistik SAM1).

### *Frühverrentungsprogramme*

Nicht nur die Sozialhilfe änderte Ende der neunziger Jahre und Anfang des neuen Jahrtausends ihren Charakter, sondern auch die passiven Leistungen zum permanenten Rückzug vom Arbeitsmarkt. Eine zentrale Änderung war zunächst das Absenken des Renteneintrittsalters von 67 auf 65, welches jedoch erst ab 2004 wirksam werden sollte.

Die *Erwerbsunfähigkeitsrente* wurde im Laufe dieser Phase nicht wesentlich geändert. Lediglich eine Klausel hinsichtlich der Aktivierung wurde hinzugefügt: Voraussetzung für den Erhalt dieser Leistung war, dass zunächst alle Aktivierungs-, Rehabilitierungs- und sonstige Möglichkeiten (medizinische Behandlungen etc.) ausgeschöpft werden mussten und keine dauerhafte Verbesserung der Erwerbsfähigkeit erreicht werden konnte

(Rentengesetz 1998). Somit wurde die Aktivierung von Personen, die sich eher am Rande des Arbeitsmarktes befanden, wichtiger Bestandteil der Frühverrentungspolitik, so dass nichts unversucht sein sollte, diese Menschen in den Arbeitsmarkt zu integrieren. Im Jahre 2001 wurde eine Erwerbsunfähigkeitsrentenreform durchgeführt, die noch stärker auf Aktivierung fokussierte, aber erst im Jahr 2003 Gültigkeit erlangte.

Im *Vorruhestand* wurde neben der weiterhin bestehenden Verpflichtung zur Mitgliedschaft in einer A-Kasse ein freiwilliger Vorruhestandsbeitrag eingeführt[145], der insgesamt 25 Jahre eingezahlt werden musste, damit überhaupt ein Anspruch auf Vorruhestandsleistungen erworben werden konnte (Arbeitslosenversicherungsgesetz 1999).[146] Jedoch musste nicht jede Person diesen Vorruhestandsbeitrag zahlen – daher freiwilliger Beitrag. Im Grunde musste nun jeder zu Beginn seines Arbeitslebens entscheiden, ob er mit dem 60. Lebensjahr (oder später) in den Vorruhestand gehen wollte. Allerdings verlor man kein Geld, wenn man einzahlte, aber die Leistung nicht in Anspruch nahm. In diesem Falle konnten nämlich die Beitragszahlungen zurückgefordert werden (Verwaltungsrichtlinie zum flexiblen Vorruhestand 1999). Ebenso wie für den Vorruhestand wurde auch für die *Seniorenleistung*, die ab 2001 *Flexleistung* (*fleksydelse*) genannt wurde, Beiträge erhoben. Diese konnten auch mit den Vorruhestandsbeiträgen abgedeckt werden und wurden ebenfalls bei Nichtinanspruchnahme zurückgezahlt (Flexleistungsgesetz 2001).

Außerdem wurde das »Belohnungssystem« für einen späten Übergang in den Vorruhestand ausgeweitet. So erhielten Personen, die den Übergang für mindestens zwei Jahre nach Erlangen des Anrechts auf Vorruhestandsleistungen hinauszögerten und dabei eine Mindestarbeitszeit von 30 Stunden pro Woche hatten, zum einen das Recht, auch weiterhin über den gesamten Zeitraum die Leistung entsprechend ihres individuellen Arbeits-

---

145 Gleichzeitig wurde der Vorruhestandsbeleg eingeführt, den Personen erhielten, sobald sie alle Voraussetzungen hinsichtlich Dauer der Mitgliedschaft und Einzahlung der Beiträge für den Vorruhestand erfüllten. Ab diesem Zeitpunkt musste die Person dann auch keine Beiträge mehr zahlen. Darüber hinaus sicherte der Beleg, dass die Person in den Vorruhestand gehen konnte, auch wenn die Verfügbarkeit zum Beispiel wegen Krankheit oder Gefängnisaufenthalt gerade nicht gegeben war (Gesetz über Arbeitslosenversicherung 1999).

146 Es gilt als Übergangsregelung, dass Personen, die aufgrund ihres Alters den vollständigen Zeitraum für den Vorruhestandsbeitrag nicht leisten konnten, ab 1999 diesen Beitrag mindestens bis zu ihrem 60. Geburtstag zu zahlen hatten (Arbeitslosenversicherungsgesetz 1999).

losengeldes zu erhalten (Arbeitslosenversicherungsgesetz 1999). Zum anderen konnten sich Personen, die diese Zwei-Jahres-Regel erfüllten, eine steuerbefreite Prämie verdienen. Das bedeutete, dass sie jedes Mal, wenn sie 481 Stunden gearbeitet hatten[147], mit dem vollendeten 65. Lebensjahr sechs Prozent des Arbeitslosengeldhöchstsatzes auf Jahresbasis erhielten.[148] Insgesamt konnte diese Prämie bis zu zwölf Mal verdient werden (Vorruhestandsverordnung 1999), also mindestens 1.098 Euro und maximal 13.182 Euro betragen.[149] Dieser spätere Übergang durfte jedoch nicht auf Kosten anderer Sozialleistungen ermöglicht werden. Erhielt die Person direkt vor dem Vorruhestand Arbeitslosengeld, so konnte an sie keine Prämie ausgezahlt werden (Arbeitslosenversicherungsgesetz 1999).

Darüber hinaus wurde der Vorruhestand flexibilisiert. Das bedeutete, dass die Begrenzung der maximalen Arbeitszeit von 200 Stunden pro Jahr vollständig aufgehoben wurde. Jetzt konnte jeder Vorruheständler so viel arbeiten wie er wollte, jedoch wurde das Einkommen entsprechend von den Leistungen abgezogen (Arbeitslosenversicherungsgesetz 1999). Damit wurden die Regelungen zum Teilvorruhestand überflüssig.

Der Vorruhestand änderte also sein Gesicht. Zum einen wurde der Anreiz zum Verbleib auf dem Arbeitsmarkt trotz des Anrechts auf Vorruhestandsleistungen noch einmal verstärkt, einerseits durch die Prämienregelung und andererseits durch die Öffnung der Leistung für parallele Erwerbsarbeit. Zum anderen wurde er mit der Einführung der Beitragsverpflichtung mehr zu einer Versicherungsleistung. Außerdem wurde er unattraktiver, da nun in diese Leistung erst über einen langen Zeitraum investiert werden musste, bevor sie genossen werden durfte.

Von besonderer Bedeutung für diese Phase war außerdem, dass der Zugang zum *erweiterten Vorruhestand* letztmals 1998 möglich war – dieser also abgeschafft wurde und nur noch für Personen, die sich bereits in diesem Programm befanden, Gültigkeit hatte. Dementsprechend endete das Programm vollständig im Jahr 2003.

In dieser Phase zeigte sich also eine deutliche Abkehr von der Förderung des permanenten Ausstiegs aus dem Arbeitsmarkt aus Gesetzessicht.

147 Das entspräche einer wöchentlichen Arbeitszeit von 37 Stunden auf das Quartal gerechnet.

148 Dabei gilt das Jahr, in dem die Prämie ausgezahlt werden soll.

149 Zusätzlich hatten Personen, die die Zwei-Jahres-Regel erfüllten, Vorteile bei der Anrechnung bestimmter Pensionseinkünfte, indem weniger von diesen Einkünften mit dem Vorruhestandsgeld verrechnet wurden (Vorruhestandsverordnung 1999).

Zum einen zeigte eine weitere Flexibilisierung des bestehenden Vorruhestandes hinsichtlich der Arbeitsmöglichkeiten, dass der Vorruhestand keine »Fahrt auf ein Abstellgleis« mehr sein musste. Zum anderen war mit dem endgültigen Auslaufen des erweiterten Vorruhestandes das vorgezogene Verlassen des Arbeitsmarktes trotz eigentlicher Verfügbarkeit für Personen unter 60 nicht mehr möglich. Drittens wurde mit der Ausweitung der Zugangsbedingungen zum Vorruhestand und zur Flexleistung sowie den Prämien im Vorruhestand der (frühe) Eintritt in diese Leistungen unattraktiver gestaltet. Allerdings wurde mit den Gesetzesänderungen die Inanspruchnahme nur gebremst. Nach wie vor verzeichneten die Vorruhestandsleistung einen wenn auch nur noch leichten Anstieg an Nutznießern. Die Anzahl der Personen mit Erwerbsunfähigkeitsrente dagegen sank ab dem Jahr 1999 ein wenig ab (Danmarks Statistik SAM1).

*Freistellungsprogramme*

Im Hinblick auf Erziehungs- und Sabbaturlaub gab es nur eine zentrale Änderung: Im Jahr 2000 wurde der *Sabbaturlaub* abgeschafft. Damit verabschiedete sich die wohl extravaganteste Sozialleistung aus der dänischen Arbeitsmarktpolitik. Jedoch bedeutete dies nicht das Ende der Jobrotation. Einzig die Verpflichtung zu dieser existierte nun nicht mehr, die Regelung selbst aber blieb im Rahmen des Bildungsurlaubes auf freiwilliger Basis erhalten (siehe unten).

Aber auch die Teilnehmerzahlen im Erziehungsurlaub entwickelten sich eher rückläufig. Bereits im Jahr 1998 nahmen weniger als die Hälfte der Personen diese Leistung in Anspruch als noch 1995 (Danmarks Statistik AB711). Die Freistellungsprogramme verloren also an Bedeutung, wobei wichtig ist, dass sie vom Umfang her auch zuvor immer hinter den Frühverrentungsprogrammen zurückstanden. Bei näherer Betrachtung des Rückgangs aller Teilnehmer an passiven Maßnahmen muss eindeutig festgestellt werden, dass dieser nur über den Bedeutungsverlust der Freistellungsprogramme erklärbar ist.

*Aktive Maßnahmen*

Ebenso wie die passiven Maßnahmen erfuhr auch der Bereich der aktiven Maßnahmen einige Beschneidungen. Gleichzeitig fanden aber auch Ausweitungen und Neueinführungen einzelner Maßnahmen statt.

Im Hinblick auf die *Beratungs- und Vermittlungsleistungen* der AF sowie der Kommunalverwaltung gab es ab 1998 einige Verschiebungen, aber keine grundsätzlichen Änderungen. Die zentralste Neuerung war, dass Sozialhilfeempfänger, die nur aufgrund von Arbeitslosigkeit Sozialhilfe bezogen, nun auch bei der AF gemeldet sein mussten (Gesetz über eine aktive Arbeitsmarktpolitik 1999) und hier regelmäßige Beratungsgespräche erfahren sollten (Verordnung über einen aktiven Arbeitsmarkteinsatz 1999). Gleichzeitig sollte seitens der Kommune die Situation des Sozialhilfeempfängers alle drei Monate überprüft werden (Gesetz über eine aktive Sozialpolitik 1998), wobei es sich nicht um eine Beratungsfunktion handelte, sondern diese Überprüfung eher der Kontrolle diente. Darüber hinaus wurde für diese Gruppe auch das Recht auf einen individuellen Handlungsplan wieder eingeführt, sofern der Wunsch hierauf geäußert wurde. Für Sozialhilfeempfänger, die über die Arbeitslosigkeit hinaus auch andere Probleme hatten, war die Kommunalverwaltung verpflichtet, einen IHP auszuarbeiten. Des Weiteren wurde die Möglichkeit für ein Beratungs- und Einführungsprogramm gegeben, welches einen intensiven Beratungsverlauf beinhalten sollte, der auch direkte Kontakte mit potentiellen Arbeitgebern beinhalten konnte (Sozialpolitikverordnung 1998).

Für versicherte Arbeitslose wiederum wurde nun ein festgelegtes Beratungsgespräch eingeführt, welches nach den ersten drei Monaten der Arbeitslosigkeit erfolgen sollte. Auch darüber hinaus war ein regelmäßiger Kontakt zwischen AF und Arbeitslosen vorgesehen, allerdings waren hierfür keine festgelegten Zeitpunkte definiert (Verordnung über einen aktiven Arbeitsmarkteinsatz 1999).

Mit den Änderungen in dieser Phase wurden die bereits vor 1998 weitreichenden Beratungsleistungen – und für die Sozialhilfeempfänger das Recht darauf (IHP) – noch einmal stark ausgeweitet. Im Gegenzug allerdings wurde sowohl für Arbeitslosengeld- als auch Sozialhilfeempfänger das allgemeine Recht auf *aktive Maßnahmen* deutlich beschnitten.

Für Arbeitslosengeldempfänger bestand zwar nun kein Recht mehr auf einen zwölfmonatigen Aktivierungsverlauf, auch wenn der Arbeitslose dies wünschte. Dafür wurde ein grundsätzliches Recht etabliert, welches Langzeitarbeitslosen mit einer Mindestarbeitslosigkeit von drei Jahren ein Angebot auf eine Maßnahme sowie die Überarbeitung des Handlungsplans sicherte. Dafür galten nun aber alle bestehenden Rechte auch für alle versicherten Arbeitslosen – die Altersgrenze von 60 wurde aufgehoben (Gesetz über eine aktive Arbeitsmarktpolitik 1999). Nun konnten auch Personen über 60 Jahren Ansprüche auf die Teilnahme an aktiven Maßnahmen geltend machen.

Auch bei den Sozialhilfeempfängern wurde das Recht auf ein Maßnahmenangebot beschnitten. Es war nur noch die Rede davon, dass es spätestens nach zwölf Monaten erfolgen *sollte*. Das Recht auf aktive Maßnahmen ergab sich also nur noch im Zusammenhang mit dem IHP. Dies galt jedoch nicht für Sozialhilfeempfänger unter 30 Jahren, für die die Maßnahme bereits nach 13 Wochen erfolgen musste (Gesetz über aktive Sozialpolitik 1998). Diejenigen ohne Berufsausbildung hatten grundsätzlich das Recht auf eine aktive Maßnahme von 18-monatiger Dauer, diejenigen mit abgeschlossener Berufsausbildung für sechs Monate. Dabei konnte es sich sowohl um Bildungsmaßnahmen als auch um die verschiedenen Formen subventionierter Beschäftigung handeln.

Mit der Arbeitsmarktreform III wurde im Bereich der *subventionierten Beschäftigung* im Jahr 1998 zunächst das Gründungsgeld abgeschafft. Im gleichen Jahr kamen auch zwei neue Formen von subventionierter Beschäftigung für Personen mit eingeschränkter Erwerbsfähigkeit hinzu: Die so genannten Flex- und Schonjobs (*Fleks- og skånejobs*)[150] lösten die 50/50-Anstellungen ab. Es galt, dass die Arbeitsbedingungen weitestgehend den in der jeweiligen Branche üblichen entsprechen sollten, wobei die Arbeitszeit zwischen Arbeitgeber und Kommune vereinbart sowie der Lohnzuschuss abhängig vom Erwerbsunfähigkeitsgrad der Person festgelegt wurde und ein Drittel, die Hälfte oder zwei Drittel des Lohnes der Person ausmachen konnte. Ein Flex- beziehungsweise Schonjob durfte einer Person allerdings erst angeboten werden, wenn alle anderen Maßnahmen ausgenutzt waren (Gesetz über aktive Sozialpolitik 1998).

Im Jahr 1999 wiederum fanden Lockerungen hinsichtlich der Inanspruchnahme von Jobtraining und Pooljob statt. So konnten Arbeitslose nun länger als nur ein Jahr in einer Jobtrainingsstelle bleiben und auch bereits in der Passivperiode in den Pooljob gehen (Gesetz über eine aktive Arbeitsmarktpolitik 1999). Jedoch hielt diese Regelung des Pooljobs nicht lange vor, da dieser im darauf folgenden Jahr abgeschafft wurde (ebd. 2000). Dafür wurden 2000 die so genannten Servicejobs eingeführt, mit denen die Beschäftigungsmöglichkeiten für versicherte Langzeitarbeitslose

150 Der einzige Unterschied zwischen Flex- und Schonjobs besteht darin, dass Personen, die eine bereits eine Erwerbsunfähigkeitsrente bezogen, für Schonjobs vorgesehen waren, während für Personen mit eingeschränkter Erwerbsfähigkeit ohne Rentenbezug die Flexjobs zur Verfügung standen.

über 48 Jahren und auch für Personen im erweiterten Vorruhestand (siehe oben) gefördert werden sollten. Diese Servicejobs wurden ausschließlich im öffentlichen Sektor eingerichtet, hatten keinerlei Beschränkungen in der Dauer und beinhalteten einen jährlichen Zuschuss (Servicejobgesetz 2000) von 13.405 Euro, was in etwa 1.117 Euro im Monat entsprach. Dabei durften Servicejobs keine regulären Arbeitsplätze verdrängen (ebd.).[151]

Insgesamt gab es also keine grundlegenden Änderungen im Rahmen der subventionierten Beschäftigung in gesetzlicher Hinsicht. Werden allerdings die Teilnehmerzahlen betrachtet, so lässt sich feststellen, dass vor allem Personen mit eingeschränkter Erwerbsfähigkeit nun diese Maßnahmen nutzten. »Normale« Arbeitslose nahmen weniger an subventionierter Beschäftigung teil, sondern vielmehr an *Bildungsmaßnahmen* (Danmarks Statistik AB711, AB704). Im Rahmen dieser fand zum einen eine stärkere Fokussierung auf arbeitsmarktorientierte Bildung statt. Zum anderen rückten nun noch einmal verstärkt Personen ohne Berufsausbildung in den Mittelpunkt.[152]

So mussten im Hinblick auf das Bildungsangebot für versicherte Arbeitslose die Kurse, die der Arbeitslose besuchen wollte beziehungsweise sollte, dessen Fähigkeiten hinsichtlich des konkreten Bedarfs am Arbeitsmarkt entwickeln. Für Arbeitslose konnten Kurse mit Hobby- oder Freizeitcharakter – so wurde nun explizit betont – keine Förderung in Form von Bildungsvergütung oder Bildungsurlaub mehr erfahren (Bildungsvergütungsverordnung 1999). Gleichzeitig wurde aber auch die Möglichkeit geschaffen, an berufsgerichteten Kursen teilzunehmen, ohne dass diese im individuellen Handlungsplan festgelegt waren. Auch übernahm die AF nun grundsätzlich die Teilnahmegebühr für alle Kurse, die sie anwies. Außerdem wurden Sprachkurse für Personen, deren Muttersprache nicht Dänisch war, eingeführt (Gesetz über eine aktive Arbeitsmarktpolitik 1999). Jedoch sollten diese nur eingesetzt werden, wenn sie die Beschäftigungsmöglichkeiten des Arbeitslosen verbesserten, das heißt wenn sie dazu beitragen konnten, dass der Arbeitslose eine reguläre Beschäftigung erreicht (Verordnung zu einem aktiven Arbeitsmarkteinsatz 1999). Während der Teilnahme an den Sprachkursen konnten die Arbeitslosen Bildungsvergü-

151 Die Förderungsbedingungen von Haushaltsdienstleistungen blieben auch weiterhin in gleicher Form bestehen. Allerdings wurde die einmalige Prämie für öffentliche Arbeitgeber, die Personen, die vorher in subventionierter Beschäftigung angestellt waren, fest anstellten, verdoppelt (Prämienverordnung 1998).

152 Keinerlei Änderungen fanden im Rahmen der Rehabilitationsleistung statt.

tung erhalten, welche sich nicht wesentlich geändert hat, außer, dass Personen unter 25 Jahren, die bereits eine abgeschlossene Berufsausbildung hatten, nun statt nur 50 Prozent des Arbeitslosengeldhöchstsatzes 82 Prozent desselben erhielten (Gesetz über eine aktive Arbeitsmarktpolitik 1999).

Eine weitere Ausrichtung der Bildungsmaßnahmen auf den Arbeitsmarkt zeigt sich dadurch, dass zusätzlich zu den bestehenden Möglichkeiten von Praktika während der Bildungsmaßnahmen (siehe erste Phase) ein weiteres Arbeitspraktikum eingeführt wurde, welches zwischen zwei und vier Wochen dauern sollte und dazu diente, die Möglichkeit einer regulären oder subventionierten Beschäftigung im Unternehmen auszuloten. Während des Arbeitspraktikums erhielt der Arbeitslose eine Praktikumsleistung (*praktikydelse*) beziehungsweise ab 2001 Aktivierungsleistung (*aktiveringsydelse*), die in der Höhe dem individuellen Arbeitslosengeld entsprach (ebd. 2000/2001).

Außerdem wurde als Neuerung ein individueller Vermittlungseinsatz eingeführt, der Personen adressierte, die sich in der Aktivperiode befanden. Dieser individuelle Vermittlungseinsatz konnte bis zu zehn Wochen dauern und beinhaltete zum einen Gespräche über die Jobsuche sowie einen möglichen Bewerbungskurs und zum anderen direkte Kontakte zu Unternehmen, unter Umständen verbunden mit einem Praktikum. Während der Teilnahme an diesem Vermittlungseinsatz erhielt der Arbeitslose eine Aktivierungsleistung in der Höhe seines individuellen Arbeitslosengeldes (ebd. 2001).

Die stärkere Ausrichtung der Bildungsmaßnahmen hinsichtlich der »Brauchbarkeit« für die Arbeitsmarktintegration für versicherte Arbeitslose war bereits seit 1994 für Sozialhilfeempfänger festgelegt. Daher änderten sich hier die Modalitäten wenig. Lediglich die Maßnahme in Anlehnung an den Bildungsurlaub passte sich den Veränderungen in der Gesetzgebung zu eben diesem an, vor allem bezüglich der erlaubten Kurse, die in diesem Kontext besucht werden durften (Sozialpolitikverwaltungsrichtlinie 1998).

Auch hatte die 2001 durchgeführte Erwachsenenbildungsreform Effekte auf die Bildungsmaßnahmen für versicherte und nichtversicherte Arbeitslose. Allerdings berührte diese weniger die Zugangsmöglichkeiten zu den Kursen, sondern vielmehr die Ausgestaltung der Maßnahmen selbst. Neben der auch weiterhin bestehenden Möglichkeit der Erwachsenenberufsausbildung (siehe erste Phase), wurden weitere Bildungsmöglichkeiten insbesondere für Geringqualifizierte geschaffen. So wurde eine grundlegende Erwachsenenbildung (*grundlæggende voksenuddannelse* – GVU) eingeführt, die es Geringqualifizierten ebenfalls ermöglichen sollte, eine formale Berufsausbildung abzuschließen. Anders als bei der Erwachsenenberufsausbildung handelte es sich hierbei allerdings um eine rein schulische Qualifizierung – ein Ausbildungsvertrag mit einem Arbeitgeber war nicht notwendig (GVU-Gesetz 2001). Des Weiteren wurde ein vorbereitender Erwachsenenunterricht (*forberedende voksenundervisning* – FVU) eingeführt, der den bis dahin existierenden Lesekurs (*læsekursus*) ablöste. Viel stärker als vorher sollten die grundlegenden Fähigkeiten im Rechnen, Schreiben und Lesen gefördert werden (FVU-Gesetz 2001).[153]

Allerdings gab es auch im Leistungskatalog einige Änderungen. So wurde die AMU-Vergütung in die neue Leistung Erwachsenen- und Weiterbildungsvergütung (*voksen- og efteruddannelsesgodtgørelse* – VEU-Vergütung) eingeschlossen. Die AMUs selbst änderten sich nicht wesentlich, obwohl nun auch hier explizit die Qualifizierung von Geringqualifizierten als Ziel im Gesetz benannt wurde (AMU-Gesetz 2001). Die VEU-Vergütung wiederum betonte, dass es allen Menschen ermöglicht werden sollte, sich weiterzubilden, fokussierte jedoch primär auf Personen mit einem niedrigeren Bildungsniveau. So sollten die Personen, die hiervon Gebrauch machen, maximal eine reguläre Berufsausbildung vorweisen. Darüber hinaus mussten sie mindestens 20 Jahre alt sein, wobei 20–25-jährige diese Leistung insgesamt maximal 30 Wochen in Anspruch nehmen durften. Die VEU-Vergütung entsprach dem Arbeitslosengeldhöchstbetrag und wurde sowohl an Beschäftigte als auch an versicherte Arbeitslose gezahlt (letztere jedoch nur in den sechs Wochen Bildung in der Passivperiode – siehe oben) (Gesetz über VEU-Vergütung 2001).

Nicht eingeschlossen in die neue VEU-Vergütung war die Erwachsenenbildungsvergütung, die nach wie vor bestehen blieb. Allerdings gab es auch hier einige zentrale Änderungen. So waren zwar nach wie vor die weniger gut ausgebildeten Personen primäre Zielgruppe dieser Leistung, aber auch die Teilnahme an weiterführenden Ausbildungen konnte nun hierüber finanziert werden. Dabei galt für diese eine maximale Förderungsdauer von 52 Wochen, während alle anderen Bildungsmaßnahmen auch weiterhin unter den bereits zuvor herrschenden Bedingungen hinsichtlich der beruflichen Relevanz bis zu 80 Wochen gefördert wurden. Auch galt, dass diese Leistung nur von Beschäftigten in Anspruch genommen werden

153 Diese stärkere Förderung der grundlegenden Fähigkeiten galt als Antwort auf die schlechten Ergebnisse einer OECD-Untersuchung über die Lesefertigkeit (OECD 2001b: 26).

durfte, allerdings konnten auch versicherte Arbeitslose, die ihren sechswöchigen Bildungsurlaub innerhalb der Passivperiode in Anspruch nahmen, Erwachsenenbildungsunterstützung in diesem Zeitraum beziehen (SVU-Gesetz 2001).

Diese weitreichenden Änderungen im Rahmen der Erwachsenenbildungsreform berührten auch den Bildungsurlaub, der in den Jahren 1998 bis 2000 zunächst eingeschränkt, und 2001 im Zuge der Erwachsenenbildungsreform vollständig abgeschafft wurde. Zum einen wurden Kurse, die Hobby- oder Freizeitcharakter hatten, aus dem »Bildungskatalog« für den Urlaub herausgenommen. Es wurde betont, dass der Bildungsurlaub primär auf die Aus- und Weiterbildungen angewendet werden sollte, die die fachlichen, allgemeinen und/oder persönlichen Qualifikationen einer Person verbesserten und somit deren Möglichkeit erhöhten, die Verknüpfung zum Arbeitsmarkt zu erhalten. Zum anderen konnten Arbeitslose nur noch innerhalb der Passivperiode Urlaub nehmen – und dies auch nur für maximal sechs Wochen (Urlaubsgesetz 1998). Allerdings konnte dieser sechswöchige Bildungsurlaub durch ein Bildungsangebot mit Bildungsvergütung verlängert werden (Verordnung zu einem aktiven Arbeitsmarkteinsatz 1999).

Insgesamt galt, dass alle Bildungsmaßnahmen weiterhin miteinander verwoben waren – Zeiten im Bildungsurlaub wurden auf die Förderungsdauer der VEU-Vergütung angerechnet und umgekehrt (Urlaubsgesetz 2000; Gesetz über VEU-Vergütung; SVU-Gesetz 2001). Insofern hatte der Wegfall des Bildungsurlaubes faktisch keinen großen Effekt.

Die Bildungsmaßnahmen spielten auch in dieser Phase eine große Rolle. Gleichzeitig waren aber auch die subventionierten Beschäftigungsmöglichkeiten stark frequentiert. 1999 nahmen fast ebenso viele Personen an Maßnahmen der subventionierten Beschäftigung teil wie an Bildungsmaßnahmen. Diese hohe Bedeutung der subventionierten Beschäftigung ist über zwei Faktoren erklärbar. Zum einen kamen viele Sozialhilfeempfänger in den Genuss dieser Maßnahmen – im Vergleich zum Vorjahr stieg die Zahl der Teilnehmer um mehr als 50 Prozent. Zum anderen wirkte sich die Einführung der Schon- und Flexjobs für Personen mit verringerter Erwerbsfähigkeit stark aus. In den folgenden Jahren gewannen diese auch weiterhin an Bedeutung. Augenfällig ist, dass die subventionierten Beschäftigungen bei den versicherten Arbeitslosen abnahmen – im Zeitraum von 1998–2001 um die Hälfte (Quelle Danmarks Statistik AB711, AB704; siehe auch Abbildung 17). Die Bildungsmaßnahmen gewannen also bei

»normalen« Arbeitslosen erheblich an Bedeutung. Sie wurden nun vor allem zur (Re-)Integration in den Arbeitsmarkt eingesetzt, behielten aber auch ihre präventive Funktion im Rahmen der Qualifizierung von Beschäftigten. Das bedeutet, dass eine Qualifizierungsstrategie verfolgt wurde. Menschen aber, bei denen dies wenig sinnvoll erschien, wurden anderweitig aktiviert.[154]

### *Bilanz der Arbeitsmarktpolitik 1998–2001: Bildung als bedeutender Aktivierungsansatz in der* Enabling-*Strategie*

Bereits in den Regierungsprogrammen wurde deutlich formuliert, in welche Richtung sich die Arbeitsmarktpolitik bewegen sollte. Als klares Ziel wurde die Integration aller erwerbsfähigen Personen in den Arbeitsmarkt formuliert. Soziale Exklusion durch den alleinigen Bezug von Transferleistungen sollte bekämpft beziehungsweise verhindert werden. Daher sollte nicht nur für Arbeitslose sondern auch für Personen mit eingeschränkter Erwerbsfähigkeit und für Menschen, die über die Arbeitslosigkeit hinaus noch andere Probleme aufwiesen, eine Aktivierungspolitik verfolgt werden. Besonders hervorgehoben wurde, dass ein großes Problem der Arbeitslosigkeit in den mangelnden Qualifikationen liegen würde. Daher sollten durch die verschiedenen Aktivierungsmaßnahmen die individuellen Defizite behoben werden, um so die Chancen jedes Einzelnen auf dem Arbeitsmarkt zu verbessern. Insbesondere wurden die Sozialhilfeempfänger in den Blick genommen, für die die Möglichkeiten zur Bildung ausgeweitet werden sollten, da unter ihnen viele Menschen ohne Berufsausbildung waren.

In diesem Sinne wurden die deaktivierenden Maßnahmen eingeschränkt und die Aktivierungsstrategie fortgesetzt, wobei hier ein deutlicher Schwerpunkt auf den befähigenden Elementen denn auf den zwingenden Aspekten lag (siehe Tabelle 12). So wurde der Zugang zu den Frühverrentungsprogrammen durch die Einführung des Versicherungsbeitrags erschwert. Außerdem wurden insbesondere die Sanktionen für Sozialhilfeempfänger verschärft. Das häufigere Einsetzen der Teilnahme an Maßnahmen als »Sanktion« statt Leistungskürzungen allerdings zeigt, dass die Aktivierungspflicht eine höhere Bedeutung hatte als die Arbeitspflicht. Gleichzeitig wurde das allgemeine Recht auf aktive Maßnahmen wieder abge-

154 In Ermangelung an Datenquellen über Geringqualifizierte als Teilnehmer an aktiven Maßnahmen können hier keine Aussagen zur Nutzung des erweiterten Bildungsangebots durch diese Gruppe getroffen werden.

schafft, aber es blieb ein individuelles Recht im Rahmen der auch nach wie vor eingesetzten individuellen Handlungspläne bestehen (*rechtliche Dimension*).

Darüber hinaus fand ein Ausbau im Bereich der aktiven Maßnahmen statt, wobei das Mittel der subventionierten Beschäftigung vermehrt durch Personen in Anspruch genommen wurde, die eine eingeschränkte Erwerbsfähigkeit aufwiesen. Dabei wurden nicht nur (potentielle) Erwerbsunfähigkeitsrentenbezieher adressiert, sondern auch Sozialhilfeempfänger, die über die Arbeitslosigkeit hinaus noch andere soziale Probleme aufwiesen. Damit wurden nicht mehr nur die »klassischen« Arbeitslosen seitens des Staates aktiviert, sondern auch Menschen, die sich eher am Rande beziehungsweise sogar außerhalb des Arbeitsmarktes befanden. Für Arbeitslosengeldempfänger und Sozialhilfeempfänger, die nur aufgrund von Arbeitslosigkeit Transferleistungen bezogen, aber auch für Beschäftigte wurden dagegen die Qualifizierungsmaßnahmen wichtiger. Mit der Erwachsenenbildungsreform wurden neue Möglichkeiten für die Teilnahme an Bildungskursen geschaffen und die verschiedenen Bildungsleistungen, die bei dem Besuch eines solchen Kurses gezahlt werden konnten, wurden stärker aufeinander bezogen. Insofern hatte es nur eine geringe Bedeutung, dass der Bildungsurlaub abgeschafft wurde (*Dienstleistungs-Dimension*).

Die passiven Maßnahmen dagegen verloren an Bedeutung. Einige Leistungen wurden vollständig abgeschafft, namentlich der erweiterte Vorruhestand und der Sabbaturlaub. Der reguläre Vorruhestand wurde derart umgestaltet, dass ein längerer Verbleib auf dem Arbeitsmarkt und somit eine spätere Inanspruchnahme der Leistung attraktiver wurde. Allerdings blieben alle passiven Transferleistungen auch weiterhin auf einem hohen Niveau.[155] Ein Absturz in die sozialen Tiefen konnte nach wie vor allein durch den Fakt der Arbeitslosigkeit oder aber auch durch den Bezug von Frührente nicht geschehen.

155 Auch hier gilt, dass alle Transferleistungen durch die jährlich festgelegte Indexierung automatisch erhöht wurden und diese sich in relativer Nähe zur Inflationsrate befand (siehe Fußnote 140). Somit sank das reale Leistungsniveau seit 1998 nicht mehr – es pegelte sich auf eine stabile Höhe ein.

| Rechtliche Dimension | Ausbau des Schwerpunktes auf Dienstleistungen |
|---|---|
| *Recht auf Geldleistungen* | |
| Zugangsbedingungen | Insbesondere Erschwerung des Zugangs zu dauerhaften passiven Transferleistungen |
| Verfügbarkeitsverpflichtung | Mehr Pflichten bei ALG- und Sozialhilfebezug |
| Sanktionen | Rechtlich Verschärfung der Sanktionen insbesondere für Sozialhilfeempfänger, praktisch aber hier Einsatz von Aktivierung als »Sanktion« |
| *Recht auf Dienstleistungen* | |
| Beratung und Vermittlung | Ausweitung der Beratungs- und Vermittlungsleistung für Sozialhilfeempfänger |
| Aktive Maßnahmen | Beschneidung des allgemeinen Rechts auf Maßnahmen, individuelles Recht bleibt aber im Rahmen des IHP bestehen |
| Ökonomische Dimension | Weiter hohe Leistungen, aber Bedeutungsverlust |
| *Geldleistungen Arbeitslosigkeit* | |
| Höhe | Weiterhin hoch |
| Dauer | Weitere Beschränkung der Dauer |
| *Geldleistungen Ausstieg vom Arbeitsmarkt* | |
| Permanent | Rückgang des Maßnahmenangebots aber gleich bleibend hohe Leistungen |
| Vorübergehend | Ende des Sabbaturlaubs, sonst keine signifikanten Änderungen |
| *Geldleistungen als Arbeitsanreiz* | Flexibilisierung des Vorruhestandes (wie Teilvorruhestand), Förderung des Verbleibs auf dem Arbeitsmarkt durch Bonuszahlungen im Bereich des Vorruhestandes |
| Dienstleistungs-Dimension | Starke Fokussierung auf Qualifizierungsmaßnahmen |
| *Beratung* | |
| Koordinierung | Nach wie vor hohe Koordinierung durch IHP |
| Standardisierung | Nach wie vor hohe Individualisierung, aber auch leichte Standardisierung |
| *Aktive Maßnahmen* | |
| Qualifizierung | Weitere Fokussierung auf Qualifizierungsmaßnahmen, insbesondere Ausbau für Personen ohne abgeschlossene Berufsausbildung u.a. durch Erwachsenenbildungsreform |
| Subventionierte Beschäftigung | Weiterhin hohe Bedeutung, insbesondere für Personen mit eingeschränkter Erwerbsfähigkeit |

*Tabelle 12: Wandel staatlichen Handelns in der Arbeitsmarktpolitik 1998–2001*

Die Statistiken zu den Teilnehmern an Maßnahmen sowie zu den staatlichen Ausgaben für Arbeitsmarktpolitik zeigen jedoch, dass die Teilnehmerzahlen und die Ausgaben für passive Maßnahmen wie die Frühverrentungsprogramme nach wie vor um ein Vielfaches höher waren als die entsprechenden Zahlen für aktive Maßnahmen (*ökonomische Dimension*).

Staatliches Handeln war im Zeitraum 1998–2001 mehrheitlich durch die *enabling*-Strategie geprägt. Insgesamt bedeutet dies, dass sich die Gewichtung des staatlichen Handelns im Vergleich zum Zeitraum 1994–1997 geändert hat, nicht aber der Umfang. Es ist daher in diesem Zusammenhang von einem anderen staatlichen Handeln die Rede. In Bezug auf die Geringqualifizierten trifft dies deutlich zu, obwohl hier sogar von einem Mehr an staatlichem Handeln gesprochen werden kann. Zum einen wurden die Zugangsmöglichkeiten zu den Frühverrentungsprogrammen, die Geringqualifizierte als »abgearbeitete« Personen häufig in Anspruch nahmen, deutlich eingeschränkt. Gleichzeitig blieben aber die Transferleistungen im Falle der Arbeitslosigkeit mit nach wie vor bis zu 90 Prozent des Einkommens für Geringverdiener hoch. Zum anderen wurden die Aus- und Weiterbildungsaspekte für Geringqualifizierte ausgebaut: einerseits indirekt durch die Ausweitung des Zugangs zu Bildungsmaßnahmen für Sozialhilfeempfänger (denn hier waren besonders viele Geringqualifizierte vertreten); andererseits direkt durch die Einführung der VEU-Vergütung für Geringqualifizierte und durch den Ausbau der auf Geringqualifizierte ausgerichteten Programme (für Analphabeten, für Schulabbrecher und für Menschen ohne formale Berufsausbildung). Insgesamt ist dabei eine deutliche Schwerpunktverlagerung von einer eher passiven Politik zu eher bildungsorientierten Maßnahmen für Geringqualifizierte zu erkennen, ohne dass jedoch ihre Transferleistungen beschnitten worden wären.

## 11.4 2002–2005: Trendwende zur *workfare*-Strategie?

Im Wahljahr 2001 waren die Themen Arbeitslosigkeit und Arbeitsmarktpolitik nicht mehr vorherrschend, welches sicherlich zum großen Teil damit zusammenhing, dass die Arbeitsmarktperformance Dänemarks sehr gut war. Beherrscht wurde der Wahlkampf vor allem durch eine Ausländer- und Integrationsdebatte (Eskilden u.a. 2005). Der Wahlsieg der liberalen Partei, die unter Anders Fogh Rasmussen mit den Konservativen und der christlichen Volkspartei eine Koalition einging, welche wiederum im dänischen Parlament von der am rechten Rand des politischen Spektrums angesiedelten Dänischen Volkspartei unterstützt wurde, kann zum Teil auf die klare Positionierung in der Ausländerpolitik zurückgeführt werden.

Auch wenn die Arbeitsmarktpolitik bei der neuen Regierung nicht ganz oben auf der Agenda stand, war ein Aspekt des Regierungsprogramms das Vorhaben »Mehr Menschen in Beschäftigung« (*Flere i arbejde*) zu bringen (Regeringen 2001). Dabei wurde und wird vom Aktivierungsprinzip keineswegs Abstand genommen. Vielmehr änderte sich die Rhetorik dahingehend, *wie* aktiviert werden sollte. Ziel war und ist es, die Arbeitslosen so schnell und direkt wie möglich auf den ersten Arbeitsmarkt zurückzubringen (Regeringen 2002: 11). Denn die »Aktivierungsfabrik« (Regeringen 2002: 1) – also viele, teilweise sinnlose Maßnahmenangebote, statt zielgerichteter Aktivierung – sollte geschlossen werden. Durch die oftmals frühzeitige Aktivierung würden die Arbeitslosen dem Arbeitsmarkt reell nicht zur Verfügung stehen. Aktivierung sei als Mittel zu verstehen und nicht als Ziel (ebd.: 9, 10). Außerdem sei problematisch, dass die Transferleistungen insbesondere im Sozialhilfebereich aber auch bei der Teilnahme an aktiven Maßnahmen zu hoch seien (ebd.: 15, 23). Dies sei insbesondere schwierig, weil es einen Mismatch auf dem Arbeitsmarkt gebe: In vielen Unternehmen fehle es an qualifizierten Arbeitskräften (ebd.: 16). Daher wollte die Regierung nun an anderen Stellen ansetzen.

Zentral sei vor allem, dass es ein einheitliches Vermittlungssystem gebe, welches Vermittlungs- und Maßnahmenangebote nicht nach Versicherungsstatus, sondern nach individueller Problemlage behandle. Wichtig sei es, die Vermittlungstätigkeit erheblich zu verstärken und die Aktivierungsangebote nur zu verwenden, wenn tatsächlich ein individueller Bedarf (zum Beispiel fehlende Berufserfahrung oder Qualifikation) besteht (ebd.: 6). Dabei sollte das ausschlaggebende Kriterium für den Einsatz von Qualifizierungsmaßnahmen der Bedarf am Arbeitsmarkt sein (Regeringen 2002a: 7). Junge Menschen sollten schneller auf den Arbeitsmarkt kommen, ältere Menschen sollten länger arbeiten und Einwanderer und Flüchtlinge sollten stärker in den Arbeitsmarkt integriert werden (Regeringen 2002b: 6). Außerdem sollte es sich lohnen zu arbeiten (*det skal kunne betale sig at arbejde – making-work-pay*-Prinzip), so dass ausschließlich der Übergang von Transferleistungen in Beschäftigung zu einem höheren Einkommen führt (ebd.: 23). Darüber hinaus sollte die Verfügbarkeit am Arbeitsmarkt sichergestellt werden, vor allem durch eine erhöhte Suchanforderung an die Arbeitslosen, aber auch durch eine stärkere Kontrolle (ebd.: 24f).

Das Konzept von »Mehr Menschen in Beschäftigung« geht deutlich in die Richtung von *workfare*. Arbeit ist das Ziel – vor allem anderen. Als grundsätzliches Problem wird die mangelnde Verfügbarkeit der Arbeitslosen gesehen. Die Lösung soll daher stärkere Vermittlungsaktivitäten sowie eine stärkere Verfügbarkeitskontrolle umfassen. Wie das folgende Kapitel zeigen wird, sind diese Ansätze deutlich in die umgesetzte Politik eingeflossen. Allerdings sind auch *enabling*-Elemente in der Arbeitsmarktpolitik noch sehr stark. Daher kann zwar von einer Trendwende hin zu mehr *workfare* in der dänischen Aktivierungspolitik gesprochen werden – pures *workfare* ist es dennoch (noch) nicht.

*Transferleistungen bei Arbeitslosigkeit*

Im Jahr 2003 kam es im Hinblick auf den Bezug von *Arbeitslosengeld* zu erheblichen Veränderungen. Offensichtliche Änderungen fanden sich erstens in der Höhe des Arbeitslosengeldes: Der Grundsatz blieb zwar gleich, jedoch wurde ein Steuergeschenk geschaffen, das allein auf Erwerbseinkommen gegeben wurde und somit als Arbeitsanreiz dienen sollte: der Beschäftigungsbonus (*beskæftigelsesfradrag*). Dieser umfasst 2,5 Prozent des zu versteuernden Erwerbseinkommens (Personenbesteuerungsgesetz 2004) bis zu maximal 830 Euro im Jahr. Dies führt dazu, dass ein Bruttoerwerbseinkommen in Höhe des Arbeitslosengeldes monatlich netto ca. 40 Euro höher war als die Transferleistung. Um den vollen Bonus zu erhalten, muss allerdings ein Bruttoeinkommen von 2.767 Euro im Monat vorhanden sein – mehr als das Eineinhalbfache des Bruttoarbeitslosengeldes. Damit ist der Beschäftigungsbonus eher für Mittelverdiener konzipiert, da diese am meisten davon profitieren. Aber auch für Geringverdiener können Beschäftigungseffekte erzielt werden, da Anreize zur Arbeitsaufnahme entstehen können; hoch sind diese allerdings nicht.

Über diesen (leichten) positiven finanziellen Anreiz hinaus gibt es aber auch negative Anreize durch Leistungskürzungen: So wurde die Leistungshöhe für Arbeitslose unter 25 Jahren zum Teil erheblich beschränkt. Personen dieser Altersgruppe mit einer abgeschlossenen Berufsausbildung bekommen nun nur 82 Prozent des Arbeitslosengeldhöchstsatzes, wobei dies auch für Personen über 25 Jahren gilt, die zwar eine Ausbildung, aber keine Berufserfahrung haben. Personen unter 25 Jahren ohne Berufsausbildung erhalten sogar nur 50 Prozent (Arbeitslosenversicherungsgesetz 2003).

Nicht nur den jüngeren Arbeitslosen, sondern allen Arbeitslosengeldempfängern weht nun ein kühlerer Wind um die Nase. Denn die zweite offensichtliche Veränderung zeigt sich in den Bedingungen, die während des Bezugs von Arbeitslosengeld erfüllt werden müssen. Hier haben einige Verschärfungen stattgefunden. Arbeit auch außerhalb des eigenen Fachgebietes muss nun von Beginn des Leistungsbezugs an gesucht und angenommen werden. Außerdem muss jederzeit an angebotenen Maßnahmen teilgenommen werden. Gleichsam muss auch die Person, die an einer Maßnahme teilnimmt, Arbeit suchen und vermittelte Arbeit annehmen (vorher galt nur, dass vermittelte Arbeit angenommen werden musste) (Verfügbarkeitsverordnung 2003).

Im Hinblick auf die Sanktionen haben die dritten, auf den ersten Blick erkennbaren Erneuerungen stattgefunden. Das Sanktionssystem wurde vereinheitlicht. So gibt es nun für jedes Fehlverhalten (also Kündigung, Ausschlagen vermittelter Arbeit, Ausschlagen oder Abbrechen von Maßnahmen, Kontaktverweigerung mit Behörden) eine dreiwöchige Sperre, wenn dies das erste Mal vorkommt. Beim zweiten Fehlverhalten verliert die Person das Recht auf Arbeitslosengeld, erwirbt dieses aber wieder, wenn sie 300 Stunden innerhalb von zehn Wochen gearbeitet hat (Verordnung zur selbstverschuldeten Arbeitslosigkeit 2003).

Schwere Sanktionen werden allerdings weniger verhängt als noch im Jahr 1999. Im Jahr 2004 waren 75 Prozent aller Sanktionen nur kurzzeitige Strafen, zum Beispiel weil der Lebenslauf nicht in die Datenbank eingegeben wurde oder die Person einen Termin bei der Arbeitsvermittlung vergaß. Nur 25 Prozent der Sanktionen führten zu einem längeren Verlust des Arbeitslosengeldes. Insgesamt stieg die Anzahl der Sanktionen an – 4,2 Prozent der Arbeitslosen erfuhren im Jahr 2004 Sanktionen in der ein oder anderen Form (Eigene Berechnungen auf der Grundlage von Arbejdsdirektoratet 2005; Danmarks Statistik SAM1). Dies hängt wesentlich damit zusammen, dass der Katalog von Fehlverhalten, die mit kleineren Strafen belegt werden, deutlich ausgeweitet wurde. Interessant ist auch, dass die Kontrollen zugenommen haben – sie haben sich im Vergleich zu 1999 verdoppelt (Arbejdsdirektoratet 2005).

Eine nicht auf den ersten Blick erkennbare Veränderung gab es im Hinblick auf die Leistungsdauer. Zunächst scheint nur die Unterteilung in Passiv- und Aktivperiode aufgehoben – die Dauer beträgt weiterhin vier Jahre. Die wichtigen Änderungen liegen aber dahinter: So können weder Krankheit noch eine Geburt die Bezugsdauer verlängern (vorher konnte Krankheit nur die Passivperiode nicht verlängern). Außerdem werden Zeiträume mit Bildungsmaßnahmen, bei denen andere Leistungen als das Arbeitslosengeld gezahlt werden (zum Beispiel staatliche Erwachsenenbildungsunterstützung), nun mit in die Arbeitslosengeldbezugsperiode einberechnet. Einzig der Flexjob wird nicht in die Leistungsperiode einbezogen (Beschäftigungsanforderungsverordnung 2003). Somit fand eine indirekte Kürzung der Leistungsdauer statt. Lediglich bei den Arbeitslosen über 60 Jahren wurde eine direkte Einschränkung der Bezugsdauer vorgenommen: Nun können diese nur noch für zweieinhalb Jahre Arbeitslosengeld erhalten (Arbeitslosenversicherungsgesetz 2003).

Das Arbeitslosengeld veränderte sich also, für einige Gruppen sogar erheblich. Allgemein ging der Leistungsbezug mit höheren Verpflichtungen einher – der Arbeitslose musste eine hohe berufliche Mobilität aufweisen. Die Sanktionen wurden verändert und leicht verschärft. Zusätzlich gab es Einschränkungen in der Dauer (vor allem für Arbeitslose über 60 Jahren) und in der Höhe (primär für Arbeitslose unter 25 Jahren). Die Änderungen sind teilweise versteckt beziehungsweise auf spezifische Gruppen beschränkt eingeführt worden, so dass Kürzungen in den Leistungen nicht auf den ersten Blick ins Auge fallen. Dennoch zeigen sie eine Abkehr von dem bis dahin geltenden Grundsatz der generösen Transferleistungen.

Ebenso wie das Arbeitslosengeld war die *Sozialhilfe* nun geprägt von (zum Teil versteckten) Kürzungen und verstärkten Sanktionierungen. So wurde 2002 neben der Sozialhilfe die so genannte Starthilfe (*starthjælp*) für bestimmte Nichtdänen eingeführt.[156] Dies bezieht sich auf die Neuregelung, dass nur Personen mit einem Mindestaufenthalt von sieben Jahren in Dänemark ein Anrecht auf Sozialhilfe haben.[157]

Mit der Starthilfe sind genau die gleichen Auflagen hinsichtlich Verfügbarkeit am Arbeitsmarkt wie in der Sozialhilfe verbunden, jedoch fällt diese in der Höhe weit geringer aus. Die Starthilfe besteht zum einen aus einem Grundbetrag, der sich nach der individuellen Situation richtet, und darüber hinaus einem Versorgungsbetrag für Kinder, der für Alleinerziehende 160 Euro und für (Ehe-)Paare[158] 135 Euro beträgt. Insgesamt kann die Start-

156 Bis 2002 galt für Ausländer, dass sie die reguläre Sozialhilfe erhielten, jedoch maximal ein Jahr, worauf hin eine Prüfung durchgeführt werden musste, ob diese nicht unter Umständen abgeschoben werden sollten (Beistandsgesetz, Gesetz über aktive Sozialpolitik).

157 Eine Ausnahme hiervon bilden EU-Bürger, die unabhängig von dieser Regelung Anrecht auf Sozialhilfe hatten, wenn sie die anderen Bedingungen hierfür erfüllten.

158 Als Paare werden hierunter nicht nur Ehepaare, sondern auch Paare, die zusammen leben (in Deutschland als Bedarfsgemeinschaft bezeichnet), verstanden.

hilfe bis zu mehr als die Hälfte geringer sein als die reguläre Sozialhilfe (siehe Tabelle 13).

| | *Sozialhilfe bis 6 Monate* | *Sozialhilfe ab 7. Monat* | *Starthilfe* |
|---|---|---|---|
| *Ehepaar[a], 2 Kindern* | 3.274 [b] (2 x 1.322+Zusatz) | 2.536 (inkl. Zusatz) | 1.392 |
| *Ehepaar[a], ohne Kinder* | 3.274 [b] (2 x 993 +Zusatz) | 1.908 (inkl. Zusatz) | 1.070 |
| *Alleinerziehende/r mit 2 Kindern* | 1.637 [b] (1373+Zusatz) | 1.582 (inkl. Zusatz) | 913 |
| *Single* | 1.637 [b] (993+Zusatz) | 1.268 (inkl. Zusatz) | 645 |
| *– unter 25 eigene Wohnung* | 1.342 [b]/817 [b] (645+Zusatz) | 535 (inkl. Zusatz) | 535 |
| *– unter 25 bei Eltern lebend* | 312 | 266 | 266 |

[a] Die hier angegebenen Beträge umfassen, sofern nicht anders angegeben, die doppelten individuellen Maximalbeträge.

[b] Diese Maximalbeträge entsprechen dem jeweiligen Arbeitslosengeldhöchstsatz und ergeben sich aus dem Grundsatz, dass die Sozialhilfe den Arbeitslosengeldhöchstsatz nicht übersteigen darf.

*Tabelle 13: Vergleich der Maximalhöhe der zwei Stufen von Sozialhilfe und Starthilfe ab 2003, Angaben in Euro*

*Quelle: Eigene Darstellung auf der Grundlage des Gesetzes für aktive Sozialpolitik (2003)*

Aber auch die Sozialhilfeempfänger müssen Einbußen hinnehmen. Seit 2003 gilt, dass Personen, die länger als sechs Monate Sozialhilfe beziehen, niedrigere Leistungssätze bekommen. Besonders harte Einbußen müssen Personen unter 25 mit einer eigenen Wohnung und Ehepaare ohne Kinder hinnehmen (siehe Tabelle 13).

Nicht nur die Höhe der Leistung wurde mit den Reformen von 2003 beschränkt. Auch die Bedingungen bei Bezug der Leistung (ob Sozialhilfe oder Starthilfe) nur aufgrund von Arbeitslosigkeit wurden erhöht. Die aktive Arbeitssuche beinhaltet über das Bewerben hinaus auch das Einstellen des Lebenslaufs in die Datenbank der AF sowie das Bewerben auf offene Stellen nach einem konkreten Hinweis seitens der Kommunalverwaltung oder der AF. Es gilt darüber hinaus, dass vermittelte Arbeit gleich am nächsten Tag angetreten werden kann, auch während der Teilnahme an

Maßnahmen.[159] Außerdem müssen Wegzeiten zwischen Arbeitsstelle und Wohnort von bis zu vier Stunden täglich in Kauf genommen werden (Verfügbarkeitsverordnung Sozialpolitik 2003).

Auch die Sanktionsmöglichkeiten wurden erheblich erweitert. Seit 2003 bekommen Sozialhilfeempfänger (SHE1)[160] sowie deren Ehepartner, die ohne hinreichenden Grund vermittelte Arbeit oder Maßnahmen ablehnen beziehungsweise vorzeitig beenden, ihre Sozialhilfe für drei Wochen um ein Drittel gesenkt. Sollte dies mehr als einmal vorkommen, so wird die Leistung sogar für 20 Wochen um ein Drittel gekürzt. Bei häufigem Fehlverhalten kann die Sozialhilfe vollständig gestrichen werden, solange das Angebot besteht, also nicht durch andere Personen besetzt wird. Zusätzlich werden Sanktionen in der Form der Kürzung um ein Drittel für drei Wochen verhängt, wenn:

- eine Krankheit nicht rechtzeitig bei der Kommunalverwaltung, der AF oder dem Arbeitgeber gemeldet wird
- der Aufforderung seitens der Kommunalverwaltung oder der AF, bestimmte offene Stellen anzunehmen, nicht Folge geleistet wird beziehungsweise
- nach spätestens einem Monat der Lebenslauf nicht in der Datenbank der Arbeitsvermittlung eingegeben ist.

Für Sozialhilfeempfänger unter 25 Jahren gilt zudem, dass sie bei Ablehnung einer vermittelten Arbeit oder einer Maßnahme mit der Kürzung ihrer Sozialhilfe auf das Niveau, das sie ab dem siebten Monat Leistungsbezug erhalten würden, erwarten müssen (Gesetz über aktive Sozialpolitik 2003).

Bei den Sozialhilfeempfängern spiegelt sich im Bereich der Sanktionen ein ähnliches Bild wie bei den versicherten Arbeitslosen wider: Die Kontrollen sind massiv angestiegen und es werden mehr Sanktionen verhängt. Wobei hier die Sanktionen besonders signifikant gestiegen sind, die die Höhe der Sozialhilfe berühren – 2005 waren 15 Prozent der relevanten Fälle von dieser Form der Bestrafung betroffen. Aber auch der Anteil der Verwendung von aktiven Maßnahmen als »Sanktion« stieg – in 25 Prozent der Fälle von Fehlverhalten wurde dies angewendet. Dementsprechend sank der Anteil derjenigen, die sich zwar nachweislich nicht korrekt verhal-

159 Außer die Kommunalverwaltung sieht von dieser Verpflichtung ab.

160 Zur Erinnerung: SHE1 sind Sozialhilfeempfänger, die nur aufgrund von Arbeitslosigkeit Sozialhilfe erhalten.

ten haben, aber keine Sanktionen erfuhren. Allerdings ist der Anteil mit 60 Prozent immer noch sehr hoch (Arbejdsdirektoratet 2006).

Die Sozialhilfe entspricht heute mit den erweiterten Verfügbarkeitskriterien und den ausgebauten Sanktionsmöglichkeiten insbesondere für Sozial- und Starthilfeempfänger, die nur aufgrund von Arbeitslosigkeit Sozialleistungen erhalten, den Bedingungen des Arbeitslosengeldes. Damit wurde die Entwicklung weg vom letzten Sicherheitsnetz im sozialen System weiter verstärkt. Die Einführung der Starthilfe dagegen ist nicht allein unter arbeitsmarktpolitischen Gesichtspunkten zu betrachten, sondern muss primär in Verbindung mit der neuen Einwanderungs- und Integrationspolitik der liberal-konservativen Regierung gesehen werden, welche ob der Verschärfungen in der Ausländer- und Asylgesetzgebung national und international für Aufsehen gesorgt hat.

Beide Transferleistungen im Falle von Arbeitslosigkeit unterlagen also massiven Einschränkungen und Leistungskürzungen. Die Leistungen wurden für einige Gruppen empfindlich gesenkt und der Leistungsbezug in beiden Fällen stärker konditionalisiert, was mit verschärften Sanktionen untermauert wurde. Die heutigen Transferleistungen haben zwar noch die gleichen Namen wie zu Beginn der neunziger Jahre, allerdings einen völlig veränderten Inhalt. Es scheint, als sollten ökonomische Fehlanreize verhindert werden, die ein Verbleiben in Arbeitslosigkeit provozieren könnten. Mit niedrigeren Leistungen und höheren Anforderungen soll so eine möglichst schnelle Rückkehr in den Arbeitsmarkt erreicht werden. Allerdings lässt sich dies anhand der Statistiken nicht nachzeichnen. Denn zum einen wurde vor Inkrafttreten der Reformen der niedrigste Stand der Arbeitslosigkeit (Arbeitslosengeldempfänger) im gesamten Untersuchungszeitraum verzeichnet. Danach stieg die Arbeitslosigkeit wieder leicht an – sowohl hinsichtlich der Arbeitslosengeldempfänger als auch der Sozialhilfebezieher (Danmarks Statistik SAM1). Quantitativ lässt sich also ein Effekt der gesetzlich festgeschriebenen Leistungskürzungen nicht nachzeichnen. Dies bedeutet jedoch nicht, dass es ihn nicht gibt.

*Frühverrentungsprogramme*

Diese zum Teil gravierenden Änderungen in den passiven Leistungen bei Arbeitslosigkeit lassen sich überhaupt nicht in den passiven Leistungen zum permanenten Ausstieg aus dem Arbeitsmarkt wiederfinden. Denn hier gibt es keinerlei Änderungen bezüglich Voraussetzungen, Bedingungen und Höhe der Leistungen. Daher gelten nach wie vor die Regeln, die im Jahre 2001 gegolten haben. Lediglich die Senkung des Rentenalters auf 65 sowie die Erwerbsunfähigkeitsrentenreform wurden 2004 respektive 2003 wirksam.

Dabei umfasste die Reform der *Erwerbsunfähigkeitsrente* zwei ganz zentrale Aspekte: Zum einen wurde die Staffelung in drei verschiedene Formen der Erwerbsunfähigkeitsrente aufgehoben. Unabhängig vom Grad der Erwerbsunfähigkeit wird nun ein einheitlicher Betrag für alle Leistungsbezieher festgelegt, der sich nach den Einnahmen des Individuums (und dessen Ehepartner) richtet und monatlich maximal 1.655 Euro ausmacht. Im Verhältnis war dies ein höherer Betrag als zuvor, da er sich nun für alle Betroffenen an der früheren höchsten Stufe der Erwerbsunfähigkeitsrente orientierte.

Diese Vereinheitlichung der Beträge hängt eng damit zusammen, dass zum anderen der Begriff der Erwerbsunfähigkeit durch den Begriff der Arbeitsunfähigkeit ersetzt wurde (Rentengesetz 2001). Während also zuvor galt, dass Personen, die in ihrem erlernten Beruf[161] nicht mehr arbeiten konnten, Erwerbsunfähigkeitsrente beziehen durften, so bildete die generelle Arbeitsfähigkeit – im Sinne, irgendeiner Arbeit nachgehen zu können – nun die Grundlage für die Entscheidung, ob Erwerbsunfähigkeitsrente gewährt werden sollte oder nicht (Interview: Thomas Mølsted Jørgensen). So soll eher aktiviert als frühzeitig pensioniert werden. Ein eindeutiger Effekt dieser Reform lässt sich anhand der Anzahl der Personen mit Erwerbsunfähigkeitsrente sowie den staatlichen Ausgaben hierfür nicht nachzeichnen. Nach einem leichten Anstieg sank die Anzahl der Nutznießer dieser Leistung wieder leicht ab. Auch im Bereich des Vorruhestandes lässt sich – allerdings erst für das Jahr 2005 – eine leichte Abnahme verzeichnen (Danmarks Statistik SAM1).

### *Freistellungsprogramme*

Deutlicher ist der Erziehungsurlaub von den Reformen der neuen Regierung betroffen: Er wurde abgeschafft. Jedoch wurde an dessen Stelle ein erweiterter Mutterschafts- und Vaterschaftsurlaub (Elternurlaub) eingeführt, der die gesetzlichen Regelungen hierzu ergänzt (siehe erste Phase).

---

161 Der dänische Begriff »erhverv« bedeutet nicht nur Erwerb, sondern gleichzeitig auch Beruf und/oder Gewerbe.

Während die vier Wochen vor und 14 Wochen nach der Geburt (Mutterschutz) sowie die zwei Wochen Vaterschaftsurlaub bestehen blieben, wurden die zehn Wochen Elternurlaub auf 32 Wochen für jeden der beiden Elternteile ausgeweitet. Diese können noch auf 46 Wochen verlängert werden, wenn die Leistung, die während des Elternurlaubs gezahlt wird, über die gesamte Periode gestreckt wird (Gleichbehandlungsgesetz 2002). Das bedeutet, dass die Leistung in voller Höhe 32 Wochen gezahlt wird oder aber bis zu 46 Wochen, dann aber entsprechend geringer. Die Höhe der Leistung ist hier auf 322 Euro pro Woche, also 1.380 Euro pro Monat festgelegt (welches in etwa 85 Prozent des Arbeitslosengeldhöchstsatzes entspricht), kann aber für den gesamten Zeitraum des erweiterten Elternurlaubs maximal 10.308 Euro ausmachen. Das heißt also, dass Eltern nun insgesamt 20 Wochen regulären Mutterschafts- beziehungsweise Vaterschaftsurlaub für 1.380 Euro pro Monat nehmen können und zusätzlich noch einmal entweder 32 Wochen zur gleichen monatlichen Leistungshöhe, oder aber bei voller Ausschöpfung der zeitlichen Möglichkeit 46 Wochen mit 960 Euro pro Monat.

Das Recht auf diese Leistungen ist ausschließlich Beschäftigten vorbehalten, die mindestens acht Wochen vor dem Eintritt in den regulären Mutterschafts- beziehungsweise Vaterschaftsurlaub angestellt waren, sowie Personen, die an bestimmten Bildungsmaßnahmen nach dem Gesetz über eine aktive Arbeitsmarktpolitik, ab 2003 dem Gesetz über einen aktiven Beschäftigungseinsatz, teilnehmen. Letztgenannte erhalten dann die Leistung entsprechend ihres individuellen Arbeitslosengeldes (Gesetz über Transferleistungen bei Krankheit oder Geburt 2002).

Es muss an dieser Stelle also getrennt werden zwischen den regulären Mutterschutzbestimmungen sowie dem zweiwöchigen Vaterschaftsurlaub auf der einen Seite, die primär familien- sowie gesundheitspolitische Aspekte beinhalten, und dem Elternurlaub auf der anderen Seite, der familien- und arbeitsmarktpolitische Relevanz hat. Der Elternurlaub gestaltet sich dabei völlig anders als der zuvor existierende Erziehungsurlaub:

- Er ist ausschließlich auf Beschäftigte beschränkt,
- die finanziellen Leistungen sind höher und
- die Dauer ist – je nach Wahl – deutlich oder etwas geringer.[162]

162 An dieser Stelle kann keine Aussage darüber gemacht werden, wie viele Menschen diesen neuen Elternurlaub in Anspruch nahmen, da es hierzu keine Statistiken gibt, die in irgendeiner Weise mit den Statistiken zum Erziehungsurlaub vergleichbar sind.

*Aktive Maßnahmen*

Nicht nur die passiven Maßnahmen erlebten mit den neuen Arbeitsmarktreformen erhebliche Veränderungen. Auch im Bereich der aktiven Maßnahmen gab es – wie in den Regierungsprogrammen angekündigt – einige Neuerungen und Justierungen.

Im Bereich der *Beratungs- und Vermittlungsleistungen* wurde zum einen eine Job- und Lebenslaufdatenbank eingerichtet, wobei der Lebenslauf eines Arbeitslosengeld- oder Sozialhilfeempfängers (SHE1) mit den vollständigen Angaben zur Ausbildung, Beschäftigung etc. spätestens einen Monat nach Beginn der Arbeitslosigkeit dort gespeichert sein muss. Deshalb soll auch spätestens ein Monat nach der Anmeldung bei der AF ein Gespräch über diesen Lebenslauf erfolgen, um zu überlegen, wie die Arbeitssuche der Person unterstützt werden kann (Gesetz über aktive Beschäftigungspolitik 2003).

Diese allgemeinen Regelungen wurden zum anderen durch einen so genannten individuellen Kontaktverlauf (*individuel kontaktforløb*) ergänzt. Dieser soll sichern und ermöglichen, dass der Arbeitslose so schnell wie möglich auf den regulären Arbeitsmarkt zurückkehrt. Dazu erfolgen alle drei Monate Gespräche mit der Arbeitsvermittlung (und/oder dem privaten Vermittlungsunternehmen) hinsichtlich der Versorgungsleistungen, Arbeitssuche und Aktivierungsangeboten.[163] Der individuelle Kontaktverlauf beinhaltet zusätzlich verschiedene Maßnahmen, die über die reguläre Beratungs- und Vermittlungstätigkeit hinausgehen und für alle arbeitslosen Personen verfügbar sind: Bewerbungstraining, Besuch von Arbeitsplätzen zur Klärung der Arbeitswünsche sowie Gespräche über den Jobplan (früher IHP) beziehungsweise beschäftigungsfördernde und/oder aktivierende Maßnahmen. Der individuelle Kontaktverlauf löst das Beratungs- und Einführungsprogramm für Sozialhilfeempfänger und den individuellen Vermittlungseinsatz für versicherte Arbeitslose[164] ab, gilt jedoch im Gegensatz zu diesem für alle Arbeitslosen von Beginn der Arbeitslosigkeit an.

163 Hat der Arbeitslose Qualifikationen in Bereichen, in denen Arbeitskräftemangel herrscht, oder gibt es Zweifel an der Verfügbarkeit des Arbeitslosen, oder besteht das Risiko, dass der Arbeitslose nicht selbst Beschäftigung finden kann, sollen die Kontakte häufiger sein (Verordnung zu einem aktiven Beschäftigungseinsatz 2003).

164 Der individuelle Vermittlungseinsatz wurde in der vorherigen Phase als Bildungsmaßnahme verstanden, weil er starke Bildungselemente – wie zum Beispiel das Praktikum – enthielt. Der individuelle Kontaktverlauf ähnelt dagegen mehr dem Beratungs- und Einführungsprogramm, denn dieser hat einen stärkeren Beratungscharakter.

Es wurde also ein viel stärkerer Akzent auf die Vermittlungsleistungen gelegt. Aber auch die *aktiven Maßnahmen* erfuhren einige Änderungen. Zwar gilt weiterhin, dass der Arbeitslose und der Sozialhilfeempfänger auf Maßnahmen, die im Jobplan festgehalten sind, ein Recht haben. Allerdings gibt es nun wieder ein allgemein formuliertes Recht auf aktive Maßnahmen nach zwölf Monaten Arbeitslosengeld- beziehungsweise Sozialhilfebezug.

Für versicherte Arbeitslose unter 30 Jahren und zwischen 60 und 65 Jahren gilt dieses Recht bereits nach sechs Monaten, Sozialhilfeempfänger unter 30 Jahren können bereits nach 13 Wochen Leistungsbezug von diesem Recht Gebrauch machen. Die Besonderheit bleibt, dass versicherte und nichtversicherte Arbeitslose unter 30 Jahren ohne abgeschlossene Berufsausbildung hier zunächst ein Recht auf eine 18-monatige Ausbildung haben. Ein erneutes Recht ergibt sich nach weiteren sechs beziehungsweise zwölf Monaten für Arbeitslosengeldempfänger, jedoch nur, wenn der Arbeitslose dies auch anfragt. Für Sozialhilfeempfänger kann nach wie vor nach sechs Monaten Versorgungsleistungen nach Beendigung der ersten Maßnahme ein erneutes Maßnahmenangebot erfolgen (Gesetz über einen aktiven Beschäftigungseinsatz 2004). Dies bedeutet nicht zwangsläufig, dass das Recht auf aktive Maßnahmen nun wieder ausgeweitet wurde. Denn die Tatsache, dass Arbeitslose, die an jeglicher Form von aktiven Maßnahmen teilnehmen, eine generelle Verfügbarkeit am Arbeitsmarkt haben müssen – also reguläre Beschäftigung annehmen müssen, bevor die Maßnahme beendet ist –, schränkt dieses scheinbar weitreichende Recht massiv ein.

Die möglichen Maßnahmenangebote blieben mit der Reform im Wesentlichen die alten – jedoch mit neuen Schwerpunktsetzungen. Im Hinblick auf die *subventionierte Beschäftigung* fand eine Straffung und Einschränkung der Regelung statt. So wurden die Servicejobs abgeschafft (Aufhebungsgesetz 2002). Schonjobs, Jobtraining und individuelles Jobtraining wurden zu einer allgemeinen Leistung namens »Anstellung mit Lohnzuschuss« (*ansættelse med løntilskud*) zusammengefasst. Der Flexjob blieb erhalten, wobei hier nun die Hälfte oder zwei Drittel des Lohnes seitens des Staates gezahlt werden – abhängig vom Grad der Erwerbsfähigkeit (Gesetz über eine aktiven Beschäftigungseinsatz 2003).

Heute gilt, dass jede Anstellung mit Lohnzuschuss grundsätzlich bei privaten und öffentlichen Arbeitgebern erfolgen kann. Einschränkend wirkt hier der Passus, dass Arbeitslosengeld- und Sozialhilfeempfänger (SHE1) nur bei privaten Arbeitgebern angestellt werden sollen, wenn diese von Langzeitarbeitslosigkeit bedroht beziehungsweise bereits seit mehr als zwölf Monaten arbeitslos sind. Die reguläre Dauer einer solchen Anstellung bei öffentlichen und privaten Arbeitgebern beträgt ein Jahr, wobei Personen mit eingeschränkter Erwerbsfähigkeit länger angestellt werden können. Dabei müssen während der Anstellung die gleichen Arbeits- und Lohnbedingungen herrschen wie für regulär Beschäftigte (ebd.), allerdings darf der Stundenlohn nach wie vor bei öffentlichen Arbeitgebern maximal 12,30 Euro pro Stunde (Vollzeit 1.950 Euro) betragen.

Der Lohnzuschuss wird an den Arbeitgeber gezahlt und kann mindestens 3,70 Euro pro Arbeitsstunde – monatlich 587 Euro bei Vollzeitbeschäftigung – und maximal 12,30 Euro – 1.950 Euro pro Monat (Vollzeit) – umfassen, wobei sich die Höhe des Zuschusses nach den Fähigkeiten der Person richtet, also inwiefern sie die Arbeit ebenso gut erledigen kann wie die regulär Angestellten.[165] Für Arbeitslosengeldempfänger bei privaten Arbeitgebern und Sozialhilfeempfänger bei privaten und öffentlichen Arbeitgebern können allerdings maximal 6,80 Euro pro Stunde (1.078 Euro pro Monat bei Vollzeitbeschäftigung) gezahlt werden. Der Lohnzuschuss darf nicht wettbewerbsverzerrend wirken und die Anstellung mit Lohnzuschuss muss zu einer Nettoausweitung der Beschäftigung im Unternehmen führen (ebd.).

Auch die Regelung für die Bezuschussung von haushaltsnahen Dienstleistungen wurde geändert. Der Zuschuss umfasst nur noch 40 Prozent des Nettobetrages, außerdem sind die Haushaltsdienstleistungen nun ausschließlich auf Reinigung (Putzen) beschränkt (Haushaltsdienstleistungsgesetz 2002). Im Jahr 2004 fanden weitere Änderungen statt: So kann nun ein Haushalt bis zu 742 Euro im Quartal – also nur noch etwa 247 Euro im Monat – für die erbrachten Dienstleistungen erhalten. Allerdings muss für den Erhalt der staatlichen Subvention mindestens eine Person im Haushalt entweder das reguläre Rentenalter (65. Lebensjahr) erreicht haben oder Erwerbsunfähigkeitsrente beziehen (ebd. 2004).

Ebenso wie die Maßnahmen der subventionierten Beschäftigung wurden auch die *Bildungsmaßnahmen* für versicherte und nichtversicherte Arbeitslose vereinheitlicht. [166]

---

165 Es wurden fünf Subventionsstufen festgelegt: Neben den hier angegebenen Niedrigst- und Höchstwerten gelten noch 4,30 Euro, 6,80 Euro oder 9,90 Euro als Zuschüsse pro Stunde.

166 Keine Änderung erfuhr die Rehabilitationsleistung. Sie besteht auch 2005 noch in der gleichen Form, wie sie 1990 eingeführt wurde.

Alle bisherigen Bildungsmaßnahmen werden zusammengefasst unter dem Begriff der Beratung und Qualifizierung (*vejdledning og opkvalificering*), worunter kurze Beratungs- und Abklärungsverläufe, individuelle Projekte und Bildungsverläufe (zum Beispiel Praktika und Dänischunterricht) sowie reguläre Ausbildungen gefasst werden. Währenddessen wird grundsätzlich eine Aktivierungsleistung in der Höhe der individuellen Leistungen gezahlt. Pro Arbeitslosem waren nur zwei Wochen für Bildungsmaßnahmen plus maximal zwei Wochen für Beratungs- und Abklärungsverläufe vorgesehen – und zwar für versicherte Arbeitslose unter 30 und über 60 innerhalb der ersten sechs Monate der Arbeitslosigkeit und für Sozialhilfeempfänger (SHE1) und versicherte Arbeitslose über 30 Jahre innerhalb der ersten zwölf Monate der Arbeitslosigkeit. Eine Ausnahme hiervon bildeten die Dänischkurse – sind diese ein wesentlicher Teil der Bildungsmaßnahmen, so können sie bis zu 26 Wochen laufen. Eine weitere Ausnahme besteht für Personen, die nicht sofort in Beschäftigung vermittelt werden können und die eine Qualifizierung in einem Bereich anstreben, in dem zukünftig ein Arbeitskräftemangel erwartet wird (Gesetz über einen aktiven Beschäftigungseinsatz 2003). Damit werden zum einen die Bildungsmaßnahmen deutlich der Beschäftigung untergeordnet. Zum anderen sind sie erheblich verkürzt worden. Beides deutet darauf hin, dass die Qualifizierung von Arbeitslosen nicht mehr als vorrangiges Ziel betrachtet wird, sondern vielmehr die schnelle Vermittlung zurück in den Arbeitsmarkt.

Deutlich wird dies auch durch den Ausbau des Arbeitspraktikums, welches nun Unternehmenspraktikum (*virksomhedspraktik*) heißt. Konzipiert ist das Unternehmenspraktikum zum einen als Möglichkeit herauszufinden, welche Beschäftigungsziele erreicht werden sollen. Zum anderen dient es als Weg, Arbeitslose, die keine Chance auf eine Vermittlung in eine reguläre oder in eine subventionierte Beschäftigung haben, auf dem Arbeitsmarkt zu positionieren. Dabei muss die arbeitslose Person nicht nach den vorherrschenden Anstellungsbedingungen in der Branche beschäftigt werden. Außerdem erhält sie während des Praktikums eine Aktivierungsleistung entsprechend ihrer zuvor gezahlten individuellen Transferleistung. Das Praktikum ist als vierwöchige beziehungsweise für besonders problematische Sozialhilfeempfänger (zum Beispiel Langzeitarbeitslose, Personen ohne Berufserfahrung oder mit eingeschränkter Erwerbsfähigkeit) als 13-wöchige Maßnahme angelegt, wobei diese auf bis zu 26 Wochen verlängert werden kann. Weitere Verlängerungen darüber hinaus sind möglich, jedoch nur nach einer individuellen Bewertung, die einen Bedarf dafür identifiziert (Gesetz über einen aktiven Beschäftigungseinsatz 2003).[167]

Ein Blick auf die Statistiken zeigt, dass die Bildungsmaßnahmen insgesamt an Bedeutung verloren haben. Gleichzeitig wurden mehr Maßnahmen in subventionierte Beschäftigung vermittelt, wobei auch hier dies mehrheitlich über einen Anstieg der Formen subventionierter Beschäftigung für Sozialhilfeempfänger und einem bedeutenden Anstieg der Schon- und Flexjobs für Personen mit eingeschränkter Erwerbsfähigkeit zu erklären ist. Interessanter ist die Gewichtung innerhalb der Bildungsmaßnahmen. Zwar nehmen die klassischen Erwachsenenbildungsprogramme immer noch die meisten Teilnehmer auf – knapp 60 Prozent aller Bildungsmaßnahmen im Jahr 2004. Gleichzeitig gewinnen aber kurze Beratungs- und Qualifizierungsverläufe sowie Praktika erheblich an Bedeutung, zumal sie zuvor nur eine untergeordnete Rolle spielten (Danmarks Statistik AB711).

### *Bilanz der Arbeitsmarktpolitik 2002–2005:* Work first *und Bildung in der* Enabling-/Workfare-*Strategie*

Die Arbeitsmarktpolitik in Dänemark erfuhr nach dem Regierungswechsel deutliche Veränderungen. Diese wurden seitens der liberal-konservativen Regierung bereits in deren Programmen angelegt und letztlich auch in weiten Teilen durchgeführt. Ziel ist es, die Menschen so schnell wie möglich zurück auf den Arbeitsmarkt zu bringen. Arbeit nimmt damit einen deutlich höheren Stellenwert ein als die Aktivierung. Denn als Ursache von Arbeitslosigkeit werden im Wesentlichen die fehlenden Anreize zur Arbeitsaufnahme gesehen. Insbesondere die Problematik, dass der Leistungsbezug – auch während der Teilnahme an Maßnahmen – so hoch sei und die Teilnahme an Maßnahmen eine reelle Verfügbarkeit am Arbeitsmarkt verhindere, so dass es unter Umständen einträglicher war, im Transferleistungssystem zu verbleiben, wurde in den Vordergrund gestellt. Daher sollte Arbeit lohnend gemacht werden. Zum einen sollten positive Anreize durch steuerliche Vergünstigungen bei Erwerbseinkommen gesetzt werden. Zum anderen sollten aber auch die Pflichten während des Leistungs-

167 Im Bereich der möglichen Bildungskurse sowie der Leistungen für Beschäftigte änderte sich wiederum nahezu nichts. Nur eine so genannte AMU-Reform wurde 2003 beschlossen und 2004 durchgeführt, welche jedoch weniger die inhaltlichen Aspekte, sondern vielmehr die institutionellen Elemente wie engere Kooperation zwischen den Sozialpartnern und lokalen Einrichtungen umfasste (siehe z.B. Lassen/Lindkvist 2005).

bezuges sowie das Kontrollsystem für versicherte und nichtversicherte Arbeitslose ausgebaut werden, um so die Verfügbarkeit zu gewährleisten.

Im Rahmen der Reformen der arbeitsmarkt- sowie steuerpolitischen Gesetzgebung wurde dieser *workfare*-Ansatz implementiert. Gleichsam behielten aber einige *enabling*-Elemente ihre hohe Bedeutung, so dass »*workfare* pur« nicht erkennbar ist. Insbesondere fällt hierbei auf, dass es in allen Dimensionen deutliche Einschnitte beziehungsweise Verschlechterungen für das Individuum gab (siehe Tabelle 14).

Augenfällig ist zum einen, dass die Zugangsbedingungen zu Frühverrentungsprogrammen noch einmal erhöht wurden. Die Möglichkeit zum Bezug von Erwerbsunfähigkeitsrente war nicht mehr an die Erwerbsfähigkeit hinsichtlich der Tätigkeit im erlernten beziehungsweise ausgeübten Beruf sondern an die Arbeitsfähigkeit im Sinne einer allgemeinen Fähigkeit, irgendeiner Arbeit nachzugehen, geknüpft. Zum anderen wurden die Pflichten für Arbeitslose noch einmal deutlich erhöht. Arbeitslose müssen vom ersten Tag der Arbeitslosigkeit an jegliche Form von Beschäftigung annehmen – eine Schonfrist, erst einmal Arbeit im vorherigen Tätigkeitsfeld zu suchen beziehungsweise anzunehmen, gibt es nicht mehr. Aber auch die Teilnahme an Maßnahmen ist nun Teil des Pflichtkatalogs. Gleichsam sind die Sanktionen einerseits verschärft worden und andererseits werden sie auch häufiger angewandt. Gleichzeitig wurde auch das Recht auf die Teilnahme an aktiven Maßnahmen wieder eingeführt, jedoch dadurch relativiert, dass bei dem Besuch von Bildungskursen oder aber der Inanspruchnahme von subventionierter Beschäftigung jederzeit reguläre Arbeit angenommen werden muss (*rechtliche Dimension*).

Damit waren die Aktivierungsmaßnahmen der Vermittlung in reguläre Beschäftigung (welcher Art auch immer) vollständig untergeordnet. Die aktiven Maßnahmen verloren somit etwas an Bedeutung. Insbesondere bei den Qualifizierungsmaßnahmen gab es einen Wandel weg von einem eher grundlegenden Ausbildungsfokus hin zu kurzen Qualifizierungs- und Trainingsmaßnahmen. Dementsprechend wurden Beratungs- und Vermittlungsleistungen wichtiger und es wurde ein engmaschiges Kontaktsystem eingeführt. Dieses erfuhr einerseits eine gewisse Standardisierung, da so alle Personen regelmäßig mit den jeweiligen Behörden kommunizieren müssen. Andererseits konnten sie aber auch weiterhin koordinierte und individuelle Beratung erhalten, weil das Prinzip des Handlungsplans – nun Jobplan genannt – weitergeführt wird (*Dienstleistungs-Dimension*).

Auch die Geldleistungen verloren, ebenso wie die aktiven Maßnahmen, an Bedeutung – jedoch nur, wenn die Gesetzesebene betrachtet wird.[168] Im Hinblick auf die Umsetzung der Politik spielen Frühverrentungsprogramme als wesentlicher Teil der Arbeitsmarktpolitik nach wie vor eine starke Rolle. Immer noch befinden sich deutlich mehr Menschen in den passiven Programmen. Die staatlichen Ausgaben hierfür übersteigen die für aktive Maßnahmen um ein Vielfaches. Aber auf gesetzlicher Ebene wurde das Arbeitslosengeld für Personen unter 25 Jahren deutlich gesenkt – um bis zu 50 Prozent! Auch Sozialhilfeempfänger müssen nun geringere Leistungen in Kauf nehmen, wenn sie entweder Ausländer ohne dauerhaften Aufenthalt beziehungsweise ohne EU-Bürgerschaft in Dänemark sind oder wenn sie bereits seit Längerem Sozialhilfe beziehen. Diesen negativen Anreizen zur Arbeitsaufnahme wurden aber auch positive gegenübergestellt – mit der Einführung des Beschäftigungsbonus als Steuergeschenk auf Erwerbseinkommen sollte Arbeit nun wieder lohnend gemacht werden. *De facto* war dies allerdings keine besonders hohe Leistung, da zum einen die Leistung mit 830 Euro pro Jahr gedeckelt wurde und auch darunter nur 2,5 Prozent des Erwerbseinkommens betrug. Damit profitierten vor allem Mittelverdiener (*ökonomische Dimension*).

Insgesamt muss hier also im Vergleich zur vorherigen Phase von einem Weniger an staatlichem Handeln gesprochen werden. Besonders deutlich wird dies im Zusammenhang mit den Geringqualifizierten: Auf der einen Seite wurde das Arbeitslosengeld für Personen unter 25 Jahren ohne Berufsausbildung halbiert, der Zugang zur Erwerbsunfähigkeitsrente weiter erschwert und das Recht auf ein Bildungsangebot abgeschafft. Dennoch blieben die Möglichkeiten für die 18-monatige Ausbildung für Arbeitslose unter 25 Jahren und die verschiedenen Kurse, die im Rahmen der Erwachsenenbildungsreform entstanden, erhalten.

Im Zuge des gesamten Bedeutungsverlusts der Bildungsmaßnahmen allerdings kann davon ausgegangen werden, dass insbesondere geringqualifizierte Arbeitslose weniger Aus- und Weiterbildungsmöglichkeiten in Anspruch nehmen. Auf der anderen Seite wurde zwar der Beschäftigungsabzug geschaffen, der positive ökonomische Anreize zur Arbeitsaufnahme

168 In der Betrachtung der regulären Transferleistungen unter Berücksichtigung der Inflation ist auffällig, dass die Indexierungen in den Jahren ab 2001 oberhalb der Inflation waren, die realen Transferleistungen also stärker stiegen und die arbeitslosen Menschen letztlich auch mehr im Geldbeutel hatten, wenn sie denn nicht gerade zu den Gruppen gehörten, denen die Leistungen deutlich gekürzt wurden.

setzen sollte. Für Geringverdiener ist dieser aber nicht zwangsläufig reizvoll, da der Netto-Unterschied zwischen dem Arbeitslosengeld und einem Erwerbseinkommen, das brutto der Höhe des Arbeitslosengeldes entspricht, nur etwa 40 Euro im Monat ausmacht. Damit ist dies nicht klassischerweise eine Niedriglohnstrategie, da hier kein signifikanter Effekt erzielt werden kann.

| Rechtliche Dimension | Weniger Rechtssicherheit bei aktiven Maßnahmen |
|---|---|
| *Recht auf Geldleistungen* | |
| Zugangsbedingungen | Zugangsbeschränkungen bei Sozialhilfe, Erwerbsunfähigkeitsrente und Elternurlaub sind erhöht worden |
| Verfügbarkeitspflicht | Sowohl beim Arbeitslosengeld als auch bei der Sozialhilfe höhere Anforderungen an die Verfügbarkeit |
| Sanktionen | Rechtlich sowohl bei ALG als auch Sozialhilfe etwas höher und von längerer Dauer, gleichzeitig auch stärkere Anwendung – insbesondere von kurzen Sanktionen |
| *Recht auf Dienstleistungen* | |
| Beratung und Vermittlung | Keine wesentlichen Änderungen |
| Aktive Maßnahmen | Einerseits Ausweitung durch Wiedereinführung des allgemeinen Rechts auf aktive Maßnahmen, gleichzeitig aber auch Beschränkung des Rechts durch Verfügbarkeitsanforderungen während der Teilnahme |
| Ökonomische Dimension | Leistungskürzungen für bestimmte Gruppen |
| *Geldleistungen Arbeitslosigkeit* | |
| Höhe | Senkung für ALG-Empfänger unter 25 Jahren sowie für Ausländer und Leistungsempfänger über einen längeren Zeitraum in der Sozialhilfe |
| Dauer | Nahezu gleich (indirekte Kürzungen) |
| *Geldleistungen Ausstieg* | |
| permanent | Ähnliche Regelungen, aber Erwerbsunfähigkeitsrente im Durchschnitt höher als zuvor |
| vorübergehend | Höhere Leistungen, aber von kürzerer Dauer |
| *Geldleistungen Arbeitanreiz* | Weiterhin flexibler Vorruhestand sowie Bonussystem im Vorruhestand, bedeutender ist die steuerliche Subventionierung von Beschäftigung – Leistung jedoch nicht sehr hoch |
| Dienstleistungs-Dimension | Fokussierung auf schnelle Vermittlung |
| *Beratung* | |
| Koordinierung | Intensivere Koordinierung durch Jobplan und individuellen Kontaktverlauf |
| Standardisierung | Weiterhin Individualisierung durch Jobplan, aber auch Standardisierung durch festgelegte Termine bei Behörden |
| *Aktive Maßnahmen* | |
| Qualifizierung | Höhere Bedeutung von kurzen Qualifizierungsmaßnahmen und Praktikum, Bildung wird der Beschäftigung untergeordnet |
| Subventionierte Beschäftigung | Weiterhin insbesondere für Personen mit eingeschränkter Erwerbsfähigkeit |

*Tabelle 14: Wandel staatlichen Handelns in der Arbeitsmarktpolitik 2002–2005*

# 12. Empirische Ergebnisse: Staatliches Handeln in der Arbeitsmarktpolitik in Dänemark 1990–2005

Die Analyse der dänischen Arbeitsmarktpolitik im Zeitraum 1990–2005 zeigt, dass sich diese grundlegend geändert hat – ein Wandel von einer klassischen zu einer aktivierenden Arbeitsmarktpolitik hat stattgefunden. Dabei vollzog sich der Wandel nicht auf einen Schlag. Bereits 1990 erfolgten die ersten rhetorischen Schritte in Richtung Aktivierung, wobei hier zunächst noch dekommodifizierende Maßnahmen wie die Frühverrentungsprogramme sowie lange und generöse Transferleistungszahlungen im Falle von Arbeitslosigkeit vorherrschend waren. 1994 wurden schließlich mit der stärkeren Konditionalisierung von Arbeitslosengeldbezug und die stärkere Betonung von aktiven Maßnahmen die ersten Aktivierungselemente eingeführt. Gleichzeitig wurden aber auch die deaktivierenden Maßnahmen, die Frühverrentungs- und Freistellungsprogramme, ausgebaut. Angekommen in der Aktivierung war Dänemark aber erst Ende der neunziger Jahre. Als die dekommodifizierenden Maßnahmen wieder zurückgenommen beziehungsweise eingeschränkt wurden und rekommodifizierende Elemente auch für Personen, die sich traditionell am Rande des Arbeitsmarktes befanden, an Bedeutung gewannen, befand sich Dänemark vollständig auf dem Weg der Aktivierungspolitik. Daher ist von einem inkrementellen Wandel in der dänischen Arbeitsmarktpolitik zu sprechen.

Dabei war die Aktivierungspolitik zunächst vorrangig durch eine *enabling*-Strategie geprägt, da insbesondere die Teilnahme an aktiven Maßnahmen in den Mittelpunkt gerückt wurden. Nach dem Regierungswechsel von 2001 wurden die *workfare*-Elemente wichtiger. Die verstärkte Pflicht zur Arbeitsaufnahme und die Unterwerfung der Teilnahme an aktiven Maßnahmen unter Verfügbarkeitsanforderungen zeigen auf, dass es seit 2002 eine Akzentverschiebung hin zu einer *workfare*-Strategie gibt.

## 12.1 Staatliches Handeln in der dänischen Arbeitsmarktpolitik

Im Zuge des Wandels von der klassischen zur aktivierenden Arbeitsmarktpolitik veränderte sich auch das staatliche Handeln in Dänemark, allerdings sind hier ambivalente Entwicklungen erkennbar. Denn zum einen gab es grundlegende Veränderungen in der Ausgestaltung der Politik auf Gesetzesebene. Zum anderen aber vollzog sich der Wandel in der Praxis – also in Bezug auf die Teilnehmerzahlen aller Arbeitsmarktprogramme sowie die Ausgaben für die Arbeitsmarktpolitik insgesamt – nicht in der gleichen Deutlichkeit. Auf Gesetzesebene können folgende Änderungen ausgemacht werden (siehe hierzu auch Tabelle 15):

Im Rahmen der *rechtlichen Dimension* wurde das Recht auf Transferleistungen bei Arbeitslosigkeit schrittweise beschnitten, indem deren Bezug Stück für Stück stärker konditionalisiert wurde. Gleichsam wurden die Möglichkeiten zum vorübergehenden oder permanenten Ausstieg aus dem Arbeitsmarkt schrittweise beschränkt. Gleichzeitig wurde mit den ersten Arbeitsmarktreformen von 1994 das Recht auf Beratung und Vermittlung sowie das Recht auf die Teilnahme an aktiven Maßnahmen ausgebaut. Letzteres erfuhr im Zuge der Reformen von 2003 Einschränkungen, da hier eine grundsätzliche Verfügbarkeit am Arbeitsmarkt während der Teilnahme an Bildungskursen oder subventionierter Beschäftigung gewährleistet sein musste.

Im Hinblick auf die *ökonomische Dimension* haben im Zuge der verschiedenen Reformen zum Teil beträchtliche Einschnitte in der Dauer des Arbeitslosengeldes (in den Jahren 1994–1998) und in der Höhe desselben sowie der Sozialhilfe (im Jahr 2003) stattgefunden. Die Frühverrentungs- und Freistellungsprogramme wurden ebenfalls (nach einem anfänglichen Ausbau) beschränkt, indem einzelne Maßnahmen abgeschafft (Sabbaturlaub, erweiterter Vorruhestand) und die Leistungen einerseits erheblich (Erziehungsurlaub) und andererseits leicht (Vorruhestand) gekürzt wurden. Zusätzlich erfuhren die Geldleistungen als Arbeitsanreiz einen Bedeutungsgewinn, indem 2004 der Beschäftigungsbonus als Steuergeschenk auf Erwerbseinkommen eingeführt wurde.

In der *Dienstleistungs-Dimension* wiederum nahm das staatliche Handeln im Kontext der ersten Einführung von aktivierenden Elementen in der Arbeitsmarktpolitik 1994 generell zu, da hier zum einen die Beratungs- und Vermittlungsleistungen durch einen höheren Grad an Individualisierung und Koordinierung ausgeweitet wurden. Zum anderen wurde die Rolle der aktiven Maßnahmen insgesamt gestärkt. Insbesondere erfuhren die Bildungsmaßnahmen eine gestiegene Bedeutung. Diese wurden vor allem im Zuge der Erwachsenenbildungsreform noch einmal gestärkt und von »klassischen« Arbeitslosen stärker genutzt. Die verschiedenen Formen der subventionierten Beschäftigung waren in der gesamten Entwicklung gleichsam bedeutsam, jedoch waren hierin stärker Personen aktiv, die sich am Rande beziehungsweise sogar außerhalb des Arbeitsmarktes befanden.

Somit erfuhr auf Gesetzesebene das staatliche Handeln einige grundlegende Verschiebungen. Die rechtliche Dimension erlebte nach einem anfänglichen Ausbau und einem späteren Abbau grundsätzlich einen Umbau. Die ökonomische Dimension erfuhr in jeder einzelnen Phase einen Abbau, die Dienstleistungs-Dimension wiederum mehrheitlich einen Ausbau (siehe Abbildung 16). Insgesamt ist daher über alle Dimensionen und Phasen hinweg in der aktivierenden Arbeitsmarktpolitik in Bezug auf das Individuum von einem anderen staatlichen Handeln im Vergleich zur klassischen Arbeitsmarktpolitik zu sprechen.

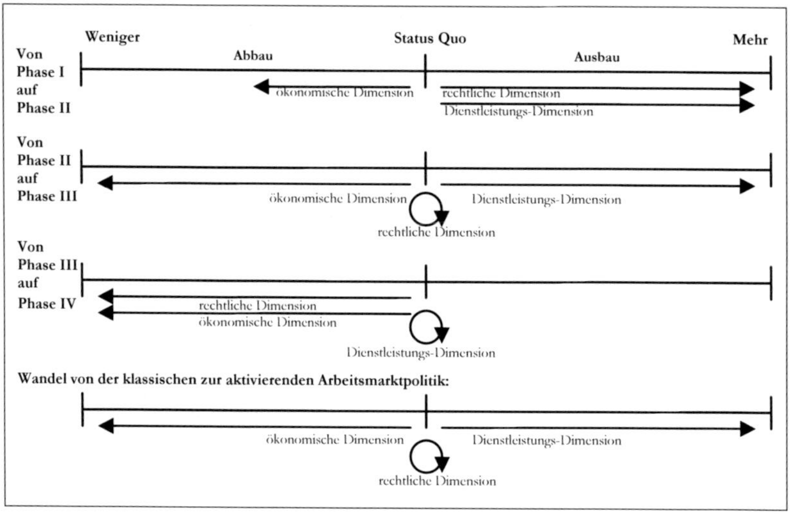


*Abbildung 16: Wandel staatlichen Handelns zwischen den Dimensionen*

Der Bedeutungsverlust der ökonomischen Dimension relativiert sich allerdings, wenn die Implementation berücksichtigt wird. Die Entwicklung der Teilnehmerzahlen an den verschiedenen Arbeitsmarktprogrammen zeigt, dass trotz zunehmender Bedeutung der aktiven Maßnahmen immer noch deutlich mehr Menschen die passiven Maßnahmen nutzen. Insgesamt haben die Teilnehmer an den Frühverrentungs- und Freistellungsprogrammen im Laufe der neunziger Jahre zugenommen. Erst nach der Jahrtausendwende ist eine leicht rückläufige Entwicklung zu beobachten. Diese Faktoren sind jedoch mehrheitlich auf den Rückgang der Teilnehmerzahlen in den Freistellungsprogrammen zurückzuführen. Die Frühverrentungsprogramme verzeichneten über den ganzen Zeitraum 1990–2005 hinweg einen Anstieg (siehe Abbildung 17).

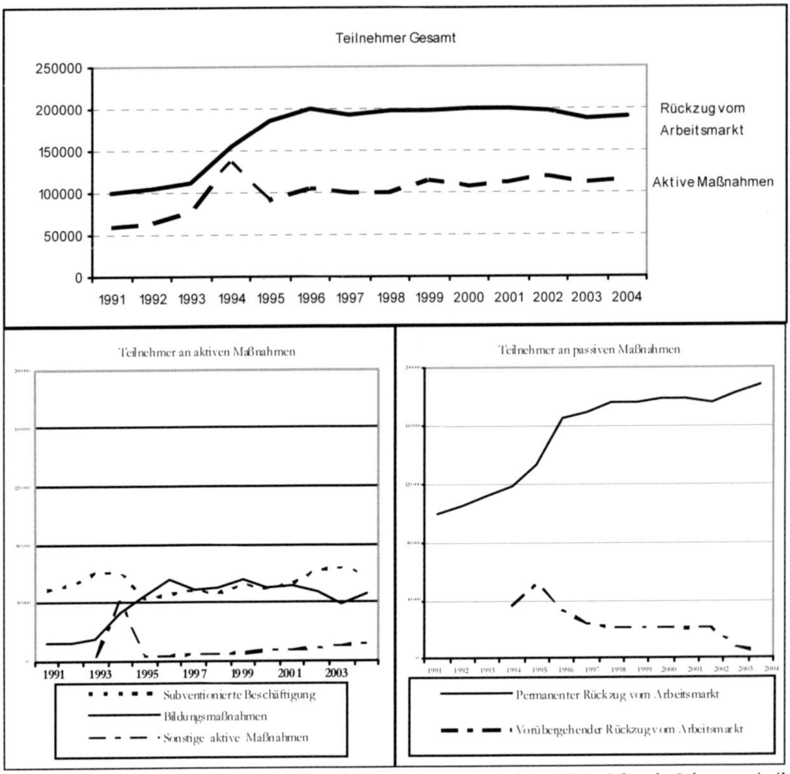


Anmerkungen: Anmerkungen: a) Angaben pro Quartal, da bis 1995 nicht als Jahresstatistik erhoben und so eine gewisse Vergleichbarkeit gewährleistet ist; b) Angaben zu aktiven Maßnahmen 1991–1993 ohne Sozialhilfeempfänger; c) Aktive Maßnahmen ohne Rehabilitationsleistung; d) Sonstige aktive Maßnahmen umfassen Versuche, ehrenamtliche Arbeit, individueller Aktivierungsverlauf und ungeklärte Aktivierungen; e) Rückzug vom Arbeitsmarkt und Teilnehmer an passiven Maßnahmen ohne Erwerbsunfähigkeitsrente; f) Hier werden keine Angaben zum Jahr 2005 gemacht, da Vorruhestand nicht mehr in dieser Statistik erhoben wird

*Abbildung 17: Teilnehmer an Arbeitsmarktpolitischen Maßnahmen (Vollzeitäquivalent) – jeweils im 2. Quartal des Jahres (Bestand)*

*Quelle: bis 1994 Danmarks Statistik (div. Jahrgänge); ab 1995 Danmarks Statistik AB711; AB704*

*Die Daten sind unter http://campus-verlag.de/isbn/9783593387505 verfügbar.*

Gleichsam sind aber auch die Teilnehmerzahlen hinsichtlich der aktiven Maßnahmen gestiegen, wenn auch im Vergleich zu den passiven nicht sehr stark. Besonders hervorzuheben ist, dass trotz sinkender Arbeitslosenzahlen die Anzahl der Teilnehmer an aktiven Maßnahmen seit den ersten Arbeitsmarktreformen kontinuierlich hoch war und ist (siehe Abbildung 17).

Diese Aussagen lassen sich durch die Angaben über staatliche Ausgaben für aktive und passive Maßnahmen untermauern. Unter Berücksichtigung der Inflation sind die Ausgaben für die Frühverrentungsprogramme im Laufe der neunziger Jahre massiv gestiegen. Aber auch die Ausgaben für aktive Maßnahmen erhöhten sich beträchtlich. Im Verhältnis zueinander allerdings ziehen die passiven Leistungen die umfangreichere staatliche Finanzierung auf sich. Die Ausgaben für Frühverrentungsprogramme machen mittlerweile mehr als die Hälfte hiervon aus, die Ausgaben für aktive Maßnahmen dagegen nur etwa zehn Prozent (siehe Abbildung 18).

Das bedeutet, dass passive Maßnahmen in der praktischen Umsetzung trotz der eingeführten Aktivierungselemente in der dänischen Arbeitsmarktpolitik nach wie vor eine große Rolle spielen. Dabei gilt zu berücksichtigen, dass dieses zum großen Teil Maßnahmen betrifft, namentlich die Frühverrentungsprogramme, die nicht ohne weiteres abgebaut werden können. Hier werden die Reformen hinsichtlich des Ausbaus dieser Leistungen (erweiterter Vorruhestand), die zu Beginn der neunziger Jahre eingeführt wurden, noch lange nachwirken. Personen, die noch 1996 im Alter von 50 Jahren in den erweiterten Vorruhestand gingen, wechseln 2006 in den regulären Vorruhestand und werden dort noch bis 2011 verbleiben. Damit können die Effekte der Abschaffung des erweiterten Vorruhestandes erst ab diesem Zeitpunkt deutlich werden.

Auch die Wirkung der Erwerbsunfähigkeitsrentenreform kann heute noch nicht nachvollzogen werden – dazu ist sie zu jung. Hier gilt es ebenfalls, noch ein paar Jahre zu warten, bis diejenigen, die zu den alten Konditionen diese Leistung bezogen, in der Statistik nicht mehr überrepräsentiert sind. Daher ist zu erwarten, dass sich Aktivierungsansätze, die Ende der neunziger Jahre und zu Beginn des neuen Jahrtausends wirksam wurden, erst in einigen Jahren tatsächlich in den Statistiken widerspiegeln.

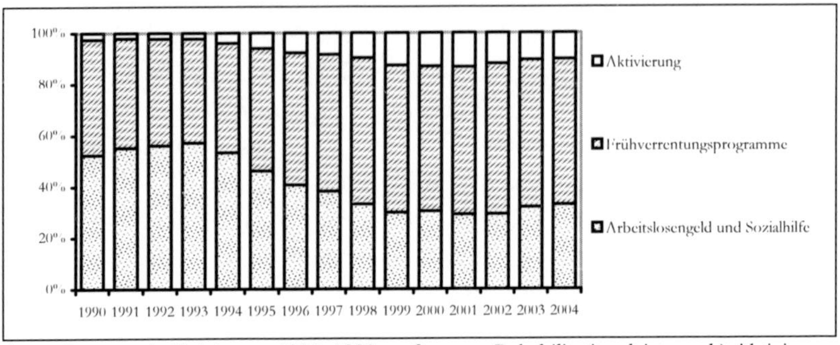


Anmerkungen: a) Aktivierung 1990–1993 umfasst nur Rehabilitationsleistung, b) Aktivierung 1994 ist ohne Aktivierung für versicherte Arbeitslose, c) Frühverrentungsprogramme umfassen nicht Senioren- bzw. Flexleistung, d) Angaben der Frühverrentungsprogramme 1997 etwas ungenau, da in der Quelle ca. 4 Mia DKK nicht angegeben waren (Quelle: E-Mail von Jørn Daugård Pedersen), diese aber hier hinzu gerechnet wurden.

*Abbildung 18: Staatliche Ausgaben für aktive und passive Maßnahmen, Preise aus dem Jahr 2000*

*Quelle: Eigene Berechnungen auf der Grundlage von Danmarks Statistik SAM2; PRIS9; Bundesverband der deutschen Banken (2006)*

*Die Daten sind unter http://campus-verlag.de/isbn/9783593387505 verfügbar.*

Damit verändert sich das staatliche Handeln durchaus grundlegend im Wandel von der klassischen zur aktivierenden Arbeitsmarktpolitik, wobei die Maßnahmen der klassischen Arbeitsmarktpolitik in Dänemark weit reichende Auswirkungen auf die praktische Ausgestaltung der Aktivierungspolitik haben. In diesem Sinne können folgende zentrale Aspekte des Wandels des staatlichen Handelns in der dänischen Arbeitsmarktpolitik ausgemacht werden:

Die Dienstleistungen gewannen erheblich an Bedeutung. Staatliches Handeln wurde hier massiv ausgebaut, da zum einen die kaum existierenden Rechte auf Beratungs- und Vermittlungsleistungen sowie auf aktive Maßnahmen deutlich gestärkt wurden. Zum anderen erfuhren beide Aspekte eine Ausweitung, da einerseits die Beratung individualisiert wurde, weil die Programme nun stärker auf die Fähigkeiten und Bedürfnisse des Einzelnen zugeschnitten wurden. Andererseits wurde ein umfangreicherer Katalog an aktiven Maßnahmen bereitgestellt, in dem insbesondere die Bildungsmaßnahmen deutlich erweitert wurden.

Die Geldleistungen wiederum erfuhren auf der einen Seite einen erheblichen Bedeutungsverlust, da die Zugangsmöglichkeiten zu Frühverrentungsprogrammen erheblich eingeschränkt wurden und der Bezug von Transferleistungen bei Arbeitslosigkeit stärker konditionalisiert wurde.

Auch wurden insbesondere Dauer aber auch die Höhe der Leistungen gekürzt. Auf der anderen Seite sind insbesondere die Frühverrentungsprogramme nach wie vor stark frequentiert, und die staatlichen Ausgaben für passive Leistungen sind im Vergleich zu denen für aktive Maßnahmen extrem hoch. Insofern sind Dienstleistungen und Geldleistungen gleichzeitig wichtige Mittel staatlichen Handelns in der dänischen Arbeitsmarktpolitik.

Dabei wurde im Rahmen der *enabling*-Strategie vor allem der Fokus auf die aktiven Maßnahmen gesetzt. Die Teilnahme an eben diesen wurde rechtlich weit reichend abgesichert. Der dänische Staat handelte somit sowohl aktiv als auch passiv, setzte also zum einen einen Schwerpunkt auf die aktiven Komponenten, sicherte aber zum anderen soziale Problemlagen aller Menschen grundlegend auf einem hohen Niveau ab.

Im Zuge der stärkeren Betonung der *workfare*-Elemente wiederum fanden zum einen weitere erhebliche Konditionalisierungen sowie deutliche Kürzungen der Transferleistungen bei Arbeitslosigkeit statt. Außerdem wurden die Kontrollfunktionen der staatlichen Behörden verstärkt und Sanktionen als Mittel staatlichen Handelns ausgeweitet. Zum anderen aber hatten, wie bereits herausgearbeitet, die passiven Leistungen nach wie vor eine hohe praktische Bedeutung. Gleichzeitig verschoben sich die Akzente in den Dienstleistungen etwas mehr zu den Vermittlungsleistungen, da einerseits das Recht auf Teilnahme an aktiven Maßnahmen beschränkt wurde und andererseits die Vermittlungstätigkeiten eine deutliche Ausweitung erfuhren. Allerdings haben die aktiven Maßnahmen auch nach wie vor eine hohe Relevanz, auch wenn diese tendenziell eher von kürzerer Dauer sind. Dies trifft insbesondere auf die Bildungsmaßnahmen zu.

Zusammenfassend kann daher festgestellt werden, dass sich in Dänemark ein Wandel von einer klassischen zu einer aktivierenden Arbeitsmarktpolitik vollzogen hat, im Zuge dessen sich auch das staatliche Handeln stark veränderte, indem es nun *eher* auf ein weit reichendes Angebot an Dienstleistungen als auf die Gewährleistung von umfangreichen Transferleistungen setzt. Dabei hat zunächst insbesondere die Bedeutung der aktiven Maßnahmen massiv zugenommen. Heute aber stehen eher die Vermittlungsleistungen und die Kontrollfunktion des Staates im Vordergrund. Damit vereint die dänische Arbeitsmarktpolitik heute alle Elemente, die im Zeitraum 1990–2005 Gültigkeit hatten – aktivierende und deaktivierende Elemente sowie *enabling*- und *workfare*-Aspekte. Die Unterscheidung, um welche Form der Arbeitsmarktpolitik es sich also letztlich handelt, lässt sich nur anhand der Schwerpunktsetzungen im staatlichen Handeln zum jeweiligen Zeitpunkt der Untersuchung bestimmen.

| | *Klassische Arbeitsmarktpolitik 1990–1993* | *Mischform 1994–1997* | *Aktivierende Arbeitsmarktpolitik* Enabling-Strategie 1998–2001 | *Aktivierende Arbeitsmarktpolitik* Enabling-/Workfare-Strategie 2002–2005 |
|---|---|---|---|---|
| *Rechtliche Dimension* | Weitreichende Rechte auf Transferleistungen | Teilweise Konditionalisierung von sozialen Rechten, aber auch nach wie vor weitreichende Rechte auf Transferleistungen<br><br>Gewährleistungen von Teilhaberechten durch Ausbau des Rechts auf aktive Maßnahmen | Stärkere Konditionalisierung von sozialen Rechten<br><br>Gewährleistung von Teilhaberechten durch Recht auf aktive Maßnahmen<br><br>*Schwerpunkt aktive Maßnahmen* | Noch einmal stärkere Konditionalisierung von sozialen Rechten, inklusive Ausweitung der Kontrolle<br><br>Einschränkung des Rechts auf aktive Maßnahmen<br><br>*Schwerpunkt Vermittlung und Kontrolle* |
| *Ökonomische Dimension* | Umfangreiche Versorgungs- und Fürsorgeleistungen | Weiterhin umfangreiche Versorgungs- und Fürsorgeleistungen trotz einiger Kürzungen | Weiterhin umfangreiche Versorgungs- und Fürsorgeleistungen trotz weiterer Kürzungen<br><br>*Schwerpunkt Transferleistungen* | Kürzungen in Versorgungs- und Fürsorgeleistungen<br><br>Gleichzeitig Einführung der Förderung von Erwerbsarbeit<br><br>*Schwerpunkt nicht eindeutig* |
| *Dienstleistungs-Dimension* | Standardisierte personenbezogene Dienstleistungen | Individualisierte personenbezogene Dienstleistungen | Individualisierte personenbezogene Dienstleistungen<br><br>*Schwerpunkt aktive Maßnahmen* | Teilweise wieder Standardisierung, aber auch nach wie vor individualisierte personenbezogene Dienstleistungen<br><br>*Schwerpunkt nicht eindeutig* |

*Tabelle 15: Wandel staatlichen Handelns in den drei Dimensionen*

## 12.2 Staatliches Handeln in Bezug auf Geringqualifizierte

Auf der Grundlage dieser unterschiedlichen Aspekte des Wandels des staatlichen Handelns in der dänischen Arbeitsmarktpolitik allgemein lässt sich auch die Entwicklung desselben im Fall der Geringqualifizierten nachvollziehen. Es lässt sich zunächst feststellen, dass die Geringqualifizierten, obwohl sie bereits seit langem eine Problemgruppe darstellen, erst mit der Aktivierungsprogrammatik von 1994 als eine wichtige Zielgruppe der dänischen Arbeitsmarktpolitik erkannt wurden. Dementsprechend wurden sie in der klassischen Arbeitsmarktpolitik kaum direkt adressiert. Auch zu Beginn der aktivierenden Arbeitsmarktpolitik gab es zunächst wenige Programme, die direkt auf die (Re-)Integration von Geringqualifizierten in den Arbeitsmarkt abzielten. Erst mit der vollständigen Durchsetzung der Aktivierungspolitik weiteten sich auch die konkreten Maßnahmen für diese Problemgruppe aus.

| | Klassische Arbeitsmarktpolitik 1990–1993 | Mischform 1994–1997 | Aktivierende Arbeitsmarktpolitik | |
|---|---|---|---|---|
| | | | *Enabling*-Strategie 1998–2001 | *Workfare-/ Enabling*-Strategie 2002–2005 |
| Dekommodifizierungs-strategie | X | X | (X) | (X) |
| Qualifizierungsstrategie | | X | X | (X) |
| Niedriglohnstrategie | | | | (X) |

*Tabelle 16: Staatliches Handeln in Bezug auf Geringqualifizierte*

Daher verfolgte der dänische Staat zu Beginn der neunziger Jahre vor allem eine Dekommodifizierungsstrategie, indem insbesondere Frühverrentungsprogramme umfangreich angeboten wurden. Lediglich eine Bildungsmaßnahme – das Erwachsenenausbildungsprogramm – adressierte die Geringqualifizierten direkt.

Im Zeitraum von 1994 bis 1997 wurde eine doppelte Strategie gefahren. Zum einen wurden die dekommodifizierenden Elemente, von denen insbesondere die Geringqualifizierten profitierten, weiter ausgebaut. Zum anderen wurde gleichzeitig eine Qualifizierungsstrategie angelegt, die sich jedoch erst im Rahmen der *enabling*-Strategie wirklich entfaltete. Im Kontext der Qualifizierungsstrategie wurden die Geringqualifizierten sowohl direkt als auch indirekt adressiert. Es fand ein deutlicher Ausbau der direkten Maßnahmen für Geringqualifizierte statt. Insgesamt gab es nun sieben Maßnahmen, die auf Personen mit geringer Bildung ausgerichtet waren: die 18-monatige Ausbildung für Arbeitslose unter 25, weiterhin das Erwachsenenausbildungsprogramm sowie im Zuge der Erwachsenenbildungsreform die hinzugekommenen Kurse für den Schulabschluss, zur Bekämpfung von Analphabetismus sowie eine weitere Möglichkeit für das Vollenden einer Berufsausbildung für Erwachsene. Allerdings spielten auch hier die Frühverrentungsprogramme nach wie vor ob ihrer weitläufigen Nutzung trotz der beschriebenen rechtlichen Einschränkungen eine große Rolle. Damit war staatliches Handeln in Bezug auf Geringqualifizierte eher aktiv an- und auf Qualifizierung ausgelegt, gleichzeitig aber auch nach wie vor dekommodifizierend.

Im Zuge der Reformen von 2003 wiederum blieben die verschiedenen Formen der direkten Adressierung weitgehend bestehen, wurden aber nicht weiter ausgebaut. Allerdings rückte der Fokus nun mehr auf kurze Qualifizierungs- und Trainingsverläufe; langfristige Ausbildungen für Erwachsene ohne Berufsausbildung waren nun nicht mehr elementarer Bestandteil des staatlichen Handelns, auch wenn die Möglichkeiten hierauf auch weiterhin bestehen. Damit wird keine explizite Qualifizierungsstrategie mehr verfolgt, eine vollständige Abkehr davon kann jedoch auch nicht verzeichnet werden. Gleichzeitig wirken auch die Frühverrentungsprogramme nach wie vor weiter, so dass Dekommodifizierung auch weiterhin Bestandteil der Adressierung von Geringqualifizierten ist. Darüber hinaus wurde mit dem Beschäftigungsbonus eine steuerliche Subventionierung von Erwerbsarbeit geschaffen, die Arbeit im Vergleich zu Transferleistungen lohnender machen soll. Gemäß der Zielsetzung müsste dies eine Maßnahme sein, die niedrige Löhne, die keinen oder nur einen geringen Abstand zum Arbeitslosengeld oder zur Sozialhilfe aufweisen, erreichen soll. Dies ist allerdings nur bedingt der Fall: Am meisten profitieren Mittel- und Gutverdiener von diesem Beschäftigungsbonus, da sie den vollen Betrag ausschöpfen können. Geringverdiener dagegen erhalten nur einen geringen Prozentsatz ihres Erwerbseinkommens als Bonus, so dass die Differenz zwischen dem Arbeitslosengeldhöchstsatz und einem niedrigen Einkommen nicht sehr hoch ist. Daher ist hier nicht direkt von einer Niedriglohnstrategie zu sprechen, auch wenn Grundzüge hierin erkennbar sind.

Damit lässt sich in der Überprüfung des staatlichen Handelns in Bezug auf Geringqualifizierte die Entwicklung in der Arbeitsmarktpolitik allgemein bestätigen: Von der Betonung der Geldleistungen hin zu mehr Dienstleistungen; von der klassischen zur aktivierenden Arbeitsmarktpolitik mit starken *enabling*-Elementen und Tendenzen in Richtung *workfare*. Die weiteren Entwicklungen in der dänischen Arbeitsmarktpolitik allgemein und hinsichtlich der Geringqualifizierten werden zeigen, ob sich die *workfare*-Strategie verfestigt.

# V. Konklusion

Für die Untersuchung war die Frage leitend, wie sich staatliches Handeln in Bezug auf das Individuum in der aktivierenden Arbeitsmarktpolitik verändert. Es wurden im Wesentlichen drei Schritte vollzogen: Erstens wurde die wissenschaftliche Diskussion zur aktivierenden Arbeitsmarktpolitik aufgearbeitet und hieraus eine Definition von aktivierender Arbeitsmarktpolitik im Unterschied zu klassischer Arbeitsmarktpolitik herausgearbeitet, die auch eine Form von Typologisierung aktivierender Arbeitsmarktpolitik beinhaltete. Zweitens wurde ein Konzept entwickelt, anhand dessen staatliches Handeln sowie der Wandel desselben untersucht werden kann. Aus diesen zwei Punkten wurde darüber hinaus idealtypisches staatliches Handeln in der klassischen und der aktivierenden Arbeitsmarktpolitik erarbeitet, welches auch auf die Typen aktivierender Arbeitsmarktpolitik zutraf. Und drittens erfolgte schließlich eine empirische Untersuchung der Thematik. Anhand des Beispiels Dänemark, welches sich aufgrund seiner bereits seit langem existierenden Aktivierungspolitik als Fallstudie besonders gut eignet, wurde der Wandel staatlichen Handelns in dessen Arbeitsmarktpolitik im Zeitraum 1990–2005 mit Hilfe von Rechtsquellen sowie ausgewählten Daten untersucht. In allen drei Schritten wurde ein besonderer Fokus auf die Geringqualifizierten gesetzt, um so einen *creaming*-Effekt in der empirischen Analyse berücksichtigen zu können.

Die Zusammenfassung der empirischen Ergebnisse zeigt dabei, dass sich die in Kapitel 6 formulierten Hypothesen nur teilweise bestätigen lassen. So hat sich im Zuge des Wandels von der klassischen zur aktivierenden Arbeitsmarktpolitik auch das staatliche Handeln verändert, jedoch nicht grundlegend. Die Änderungen sind deutlich auf der gesetzlichen Ebene erkennbar, in der Umsetzung der Politik jedoch nicht.

Durch die Konditionalisierung sozialer Rechte und Kürzungen in den Transferleistungen auf der einen Seite sowie die Stärkung der Teilhaberechte am Arbeitsmarkt durch das Recht auf aktive Maßnahmen und dem

Ausbau derselben sowie der Beratungs- und Vermittlungsleistungen auf der anderen Seite, fand im Wandel von der klassischen zur aktivierenden Arbeitsmarktpolitik eine grundlegende Verschiebung von einer hohen Bedeutung der Geldleistungen zu einer hohen Bedeutung der Dienstleistungen statt. Allerdings ist auch eine nach wie vor herausragende Rolle der Geldleistungen erkennbar, da die Teilnehmerzahlen an und die Ausgaben für Frühverrentungsprogramme über den gesamten Untersuchungszeitraum weiter gestiegen sind und heute nach wie vor weit höher ausfallen als die Teilnehmerzahlen und die Ausgaben für aktive Maßnahmen. Allerdings handelt es sich bei dem noch immer auffallend hohen Gewicht der passiven Maßnahmen in der dänischen Arbeitsmarktpolitik um »Altlasten« aus den Zeiten der durch Dekommodifizierung beherrschten Politik. Die Reformen hinsichtlich der Abschwächung der Frühverrentungsprogramme, die später durchgeführt wurden, spiegeln sich noch nicht in den Statistiken wider. Somit kann in diesem Kontext dennoch von einem grundlegenden Wandel im staatlichen Handeln gesprochen werden, auch wenn zu berücksichtigen gilt, dass die Konsequenzen der vorangegangenen Politik mitgetragen werden müssen. Dies ist in Dänemark vor allem erstaunlich, da die dänische Arbeitsmarktpolitik der neunziger Jahre als ein Paradebeispiel aktivierender Arbeitsmarktpolitik gesehen wird.

Im Zuge des Wandels von der klassischen zur aktivierenden Arbeitsmarktpolitik in Dänemark konnte zunächst eine deutliche Schwerpunktsetzung auf die *enabling*-Strategie beobachtet werden. Mit dem Regierungswechsel von 2001 gewannen jedoch die *workfare*-Elemente erheblich an Bedeutung. Im Zeitraum von 1998 bis 2001 stand das Recht auf die Teilnahme an aktiven Maßnahmen im Vordergrund, wobei hier insbesondere die Bildungsmaßnahmen eine zunehmende Bedeutung erhielten. Gleichzeitig wurde dies durch hohe Transferleistungen abgesichert. Ab 2002 allerdings wurden die Vermittlungsleistungen weit stärker betont, indem zum einen das Recht auf aktive Maßnahmen eingeschränkt und zum anderen die Beratungsfunktion der staatlichen Behörden ausgeweitet wurden. Darüber hinaus wurden negative Anreize zur Arbeitsaufnahme durch Kürzung von Transferleistungen, aber auch positive Lockmittel durch die Einführung des Beschäftigungsbonus gegeben. Allerdings waren auch nach wie vor die Transferleistungen für die Mehrheit der Leistungsempfänger hoch und die aktiven Maßnahmen hatten immer noch eine bedeutende Position in der dänischen Arbeitsmarktpolitik, wobei die Bildungsmaßnahmen einige Einschränkungen erfuhren. Daher handelt es sich bei der Aktivierungspolitik ab 2002 um eine Mischform zwischen *enabling* und *workfare*.

In Bezug auf die besondere Problemgruppe der Geringqualifizierten, die einen hohen Anteil der Arbeitslosen – insbesondere der Langzeitarbeitslosen – stellt und die einen außergewöhnlich hohen Prozentsatz der Nichterwerbstätigen ausmacht und somit sehr niedrige Erwerbs- und Beschäftigungsquoten aufweist, wird deutlich, dass sich die allgemeinen Entwicklungen im staatlichen Handeln hier widerspiegeln. Das bedeutet, dass sie auch im Rahmen der aktivierenden Arbeitsmarktpolitik nur teilweise aktiviert wurden. Und im Zuge der Schwerpunktverschiebung von der *enabling*-Strategie zu mehr *workfare* wird auch nicht mehr vorrangig ein Qualifizierungsansatz verfolgt.

In der klassischen Arbeitsmarktpolitik war das staatliche Handeln mehrheitlich geprägt von dekommodifizierenden Maßnahmen, insbesondere durch Frühverrentungsprogramme, wobei Geringqualifizierte gar nicht als Problemgruppe wahrgenommen und daher auch nur indirekt adressiert wurden. Mit Beginn der aktivierenden Arbeitsmarktpolitik rückten sie als Zielgruppe in den Fokus, indem sie durch die deutliche Erweiterung der Bildungsmaßnahmen insbesondere für Personen ohne abgeschlossene Berufsausbildung stärker direkt aktiviert wurden. Vor allem Maßnahmen, die eine reguläre Ausbildung gewährleisten sollten, sind ausgebaut worden. Demnach standen qualifizierende Maßnahmen im Vordergrund, allerdings spielten auch die Frühverrentungsprogramme nach wie vor eine große Rolle. Insofern gab es eine gesetzliche Entwicklung hin zu einer Qualifizierungsstrategie, die zuvor aber geltenden dekommodifzierenden Maßnahmen wurden in der Praxis auch weiter getragen. Im Zuge der Verstärkung der *workfare*-Elemente ist nicht klar ersichtlich, welche Strategie nun verfolgt wird. Zum einen haben die passiven Maßnahmen nach wie vor eine hohe Bedeutung in der Umsetzung der Politik. Zum anderen stehen auch die Qualifizierungsmaßnahmen noch mehrheitlich zur Verfügung, wobei nun eher kurze Trainingsverläufe relevant sind. Eine Niedriglohnstrategie im eigentlichen Sinne wird nicht verfolgt, da der Beschäftigungsbonus als Steuervergünstigung im Kontext von Erwerbsarbeit vor allem den Mittel- und Gutverdienern nützt. Aber auch für Geringverdiener – denn Geringqualifizierte sind zumeist Geringverdiener – kann der Beschäftigungsbonus Effekte aufweisen, da so ein, wenn auch kleiner, finanzieller Anreiz gegeben wird, eher gering bezahlte Beschäftigung anzunehmen als in Transferleistungen zu verharren. Demnach spielen heute für die Geringqualifizierten ebenso wie in der allgemeinen Arbeitsmarktpolitik alle Formen staatlichen Handelns, die in den letzten Jahren eingesetzt wurden, eine gewisse Rolle – qualifizierende und erwerbsarbeitsfördernde Maßnahmen als aktivierende und Frühverrentungsprogramme als deaktivierende Elemente.

Die aktivierende Arbeitsmarktpolitik Dänemarks kann daher insgesamt betrachtet als »sanfte« Aktivierung bezeichnet werden, da zum einen die Reformen durchaus sozialverträglich durchgeführt wurden. Nicht allein der Zwang zur Arbeit oder zur Teilnahme an aktiven Maßnahmen ist in Dänemark leitend, sondern auch die Gewährleistung einer sozialen Absicherung insbesondere im Falle von Arbeitslosigkeit. Zum anderen wurde der Wandel von der klassischen zur aktivierenden Arbeitsmarktpolitik *peu à peu* vollzogen, so dass Menschen, die sich im sozialen Sicherungssystem Dänemarks befanden, nicht von einem Tag auf den anderen vor finanzielle und/oder soziale Probleme gestellt wurden. Damit berücksichtigten die Reformen die Problemlagen, die auf dem Arbeitsmarkt herrschten, so dass die Veränderungen keine tiefen Furchen im dänischen Arbeitsmarktmodell hinterließen. Es gilt zu berücksichtigen, dass die Folgen des staatlichen Handelns aus der vorherigen Arbeitsmarktpolitik – auch aufgrund des inkrementellen Wandels – auch in der aktivierenden Arbeitsmarktpolitik mitgetragen werden. So ist zwar im Wandel von der klassischen zur aktivierenden Arbeitsmarktpolitik in Bezug auf das Individuum konzeptionell von einem anderen staatlichen Handeln zu sprechen. Da jedoch in der Implementation an der deaktivierenden Politik festgehalten wird und gleichzeitig die neuen Instrumente umgesetzt werden, handelt es sich tendenziell um ein Mehr an staatlichem Handeln.

Dies wirft natürlich Fragen für weitere, zukünftige Forschungsmöglichkeiten auf. So kann erstens von Interesse sein, ob Aktivierung tatsächlich nur mit gleichzeitiger Deaktivierung erfolgen kann; ob ein aktivierender Staat auch gleichsam ein deaktivierender Staat sein muss. Hierfür bieten sich zwei Optionen der Überprüfung an: Zum einen kann zu einem späteren Zeitpunkt Dänemark noch einmal im Hinblick darauf untersucht werden, ob sich die Rolle der Frühverrentungsprogramme in den nächsten Jahren deutlich verändert. Zum anderen kann Dänemark mit anderen Ländern mit einer aktivierenden Arbeitsmarktpolitik und ähnlichen Ausgangsbedingungen wie Dänemark verglichen werden.

Zweitens stellt sich die Frage, wie sich Dänemark mit den *workfare*-Elementen an andere Länder mit einer deutlich erkennbaren *workfare*-Strategie annähert und ob sich die *workfare*-Strategie in Dänemark verfestigt. Ein europäischer Vergleich wäre hier sinnvoll, wobei zunächst die weiteren Entwicklungen in der dänischen Arbeitsmarktpolitik abzuwarten sind.

Und drittens schließlich kann in diesem Kontext auch eine Untersuchung erfolgen, die die Ursachen des Wandels von der klassischen zur aktivierenden Arbeitsmarktpolitik, und von der *enabling*-Strategie zu mehr *workfare* in Dänemark analysiert. Mögliche Ansätze sind unter anderem:

- die Rolle der Parteien
- die Rolle der Sozialpartner
- der Einfluss von Angebot und Nachfrage auf dem dänischen Arbeitsmarkt und
- die Frage nach europäischen und/oder internationalen Einflüssen.

Denn staatliches Handeln verändert sich aufgrund von internen und/oder externen Faktoren, die sich auf die Gesellschaft, den Markt und die Politik auswirken.

# Tabellenverzeichnis

# Abbildungsverzeichnis

# Literatur


Adamy, W. (1999) »Kombilohn als Beschäftigungschance – Eine Einschätzung des Deutschen Gewerkschaftsbundes«, Forschungsinstitut der Friedrich-Ebert-Stiftung, Abt. Arbeit und Sozialpolitik (Hrsg.) *New Deal im Arbeitsrecht?*, Friedrich-Ebert-Stiftung, Bonn, S.121–132

Alber, J. (1987) *Vom Armenhaus zum Wohlfahrtsstaat. Analysen zur Entwicklung der Sozialversicherung in Westeuropa*, Campus Verlag, Frankfurt am Main/New York

— (2001a) »Die Debatte um das rechte Verhältnis von Arbeitsmarkt und Sozialstaat – Eine Einführung«, *Zeitschrift für Sozialreform*, Nr. 47, S. 293–309

— (2001b) *Recent developments of the German wefare state: Basic continuity or paradigm shift?*, Zentrum für Sozialpolitik, Bremen

Albrecht, C./Wiebe, B. (2002) »Vollbeschäftigung ist möglich. Neun Fragen an Florian Gerster, den Vorstandsvorsitzenden der Bundesanstalt für Arbeit«, *WZB-Mitteilungen*, Nr. 97, S. 7–8

Bandemer S. v./Hilbert, J. (1998) »Vom expandierenden zum aktivierenden Staat«, Blanke, B./Bandemer, S.v./Nullmeier, F./Wewer, G. (Hrsg.) *Handbuch zur Verwaltungsreform*, Leske + Budrich, Opladen, S. 25–32

— (2001) »Aktivierender Staat. New Governance und Arbeitsmarkt- und Beschäftigungspolitik«, Olk, T./Evers, A./Heinze, R.G. (Hrsg.) *Baustelle Sozialstaat – Umbauten und veränderte Grundrisse. Jahrestagung der Sektion ›Sozialpolitik‹ der Deutschen Gesellschaft für Soziologie*, Chmielorz, Hannover/Wiesbaden, S. 37–50

— /Blanke, B./Hilbert, J./Schmid, J. (1995) »Staatsaufgaben – Von der ›schleichenden Privatisierung‹ zum ›aktivierenden Staat‹«, Behrens, F./Heinze, R.G./Hilbert, J./Stöbe, S./Walsken E.M. (Hrsg.) *Den Staat neu denken. Reformperspektiven für die Landesverwaltungen*, Ed. Sigma, Berlin, S. 41–60

Barbier, J.-C./Ludwig-Mayerhofer, W. (2004) »Introduction. The many worlds of activation«, *European Societies*, Nr. 6, S. 423–436

Bartelheimer, P./Hobusch, T./Reis, C. (2003) »Case Management in der Sozialhilfe – Anspruch und Realität«, Dahme, H.-J./Otto, H.-U./Trube, A./Wohlfahrt, N. (Hrsg.) *Soziale Arbeit für den aktivierenden Staat*, Leske + Budrich, Opladen, S. 309–332

Bauman, Z. (1998) *Work, consumerism and the new poor*, Open University Press, Buckingham/Philadelphia

Berkel, R.v./Hornemann Møller, I. (2002) »The concept of activation«, dies. (Hrsg.) *Active social policies in the EU. Inclusion through participation?*, The Policy Press, Bristol, S. 45–72

Berthold, N. (1997) *Der Sozialstaat im Zeitalter der Globalisierung*, Mohr Siebeck, Tübingen

— (1999) »Der Europäische Sozialstaat im Zeitalter der Globalisierung«, Lamnek, S./Luedtke, J. (Hrsg.) *Der Sozialstaat zwischen ›Markt‹ und ›Hedonismus‹?*, Leske + Budrich, Opladen, S. 159–178

Blæsbjerg, C./Madsen, M. (2001) »Fra stabil vækst til stabilt fald – Analyse af a-kassernes medlemsudvikling 1990–2000«, Landsorganisation i Danmark (Hrsg.) *LO-Dokumention* Nr. 2, København, S. 5–24

Blanke, B./Bandemer, S.v. (1999) »Der ›aktivierende Sozialstaat‹«, *Gewerkschaftliche Monatshefte*, Nr. 5, S. 321–330

Bleses, P./Vobruba, G. (2000) »Institutionelle Normen und individuelle Handlungsoptionen im sozialstaatlichen Wandel«, Metze, R./Mühler, K./Opp, K.-D. (Hrsg.) *Normen und Institutionen: Entstehungen und Wirkungen*, Leipziger Universitätsverlag, Leipzig, S. 269–298

Bollérot, P. (2001) »Arbeitnehmer und Arbeitgeber: Zwei Akteure der Beschäftigungsfähigkeit«, Weinert, P./Baukens, M./Bollérot, P./Pineschi-Gapenne, M./Walwei, U. (Hrsg.) *Beschäftigungsfähigkeit: Von der Theorie zur Praxis*, Peter Lang, Bern/Berlin/Bruxelles/Frankfurt am Main/New York/Oxford/Wien, S. 81–132

Bonß, W./Ludwig-Mayerhofer, W. (2000) »Arbeitsmarkt«, Allmendinger, J./Ludwig-Mayerhofer, W. (Hrsg.) *Soziologie des Sozialstaates. Gesellschaftliche Grundlagen, historische Zusammenhänge und aktuelle Entwicklungstendenzen*, Juventa Verlag, Weinheim/München, S. 109–114

Braun, T. (2000) »Rechte und Pflichten«, *Mitbestimmung*, Nr. 9, S. 52–53

— (2003) »Ein neues Modell für Flexicurity – der dänische Arbeitsmarkt«, *WSI-Mitteilungen*, Nr. 2, S. 92–99

Bredgaard, T. (2001) *The quest for the holy grail. The Danish labour market strategy of the 1990s*, IIRA 6th European Conference, Oslo

— /Dalsgaard, L./Larsen, F. (2003) *An alternative approach for studying public policy – The case of municipal implementation of active labour market policy in Denmark*, Department of Economics, Politics and Public Administration, Working Paper, Nr. 4, Aalborg

— /Larsen, F./Møller, L.R. (2005) *Contracting-out the public employment service in Denmark*, Refereed paper presented to the Conference »Transition and Risk – New Directions in Social Policy«, Centre for Public Policy, University of Melbourne, Februar 23–25

— /Abildgaard, N./Dalsgaard, L./Larsen, F. (2002) »Kommunal aktivering: Hvordan implementeres store forventninger fra Christiansborg i de danske kommuner?«, *Tidsskrift for ARBEJDSLIV*, Nr. 4, S. 45–60

Bundesverband der deutschen Banken (2006) »Währungsrechner«, http://www.bdb.de/html/reisekasse/waehrungsrechner.asp (10.02.2007)

Christensen, E. (2001) »Borgerløn eller aktivering? En diskussion af forskellige forståelser af ›rettigheder og pligter‹ i historisk perspektiv«, *Tidsskrift for ARBEJDSLIV*, Nr. 3, S. 57–71

Clayton, R./Pontussen, J. (1998) »Welfare state retrenchment revisited. Entitlement cuts, public service sector restructuring, and inegalitarian trends in advanced capitalist societies«, *World Politics*, Nr. 51, S. 67–98

Cox, R.H. (1998) »From safety net to trampoline. Labor market activation in the Netherlands and Denmark«, *Governance: An International Journal of Policy and Administration*, Nr. 11, S. 397–414

Dahme, H.-J./Wohlfahrt, N. (2003a) »Aktivierungspolitik und der Umbau des Sozialstaates – Gesellschaftliche Modernisierung durch angebotsorientierte Sozialpolitik«, dies./Otto, H.-U./Trube, A. (Hrsg.) *Soziale Arbeit für den aktivierenden Staat*, Leske + Budrich, Opladen, S. 75–100

— /Wohlfahrt, N. (2003b) »Die Wiederkehr des Leviathan. ›Aktivierung‹ als neues Leitbild für die soziale Arbeit«, *Forum Wissenschaft*, Nr. 4, S. 10–13

Dean, H. (2003) »Re-conceptualising welfare-to-work for people with multiple problems and needs«, *Journal of Social Policy*, Nr. 32, 441–459

Dingeldey, I. (2003) *Welfare state transformation between ›workfare‹ and ›enabling‹ state. New goals and new forms of governance in labour market policies*, Paper presented at the 6th conference of the European Sociological Association, European Sociological Policy Research Network, September 24th 2003, Bremen

— (2003a) »Politikfeldübergreifende Koordination als neue Steuerungsform im aktivierenden Staat? Eine Analyse der Employability Politik in Dänemark Deutschland und Großbritannien am Beispiel der Beschäftigungsfähigkeit von Müttern«, *Österreichische Zeitschrift für Politikwissenschaft*, Nr. 32, S. 97–107

— (2003b) *Welfare state transformation between ›workfare‹ and ›enabling‹ state. New goals and new forms of governance in labour market policies*, Paper presented at the 6th Conference of the European Sociological Association, European Sociological Policy Research Network, September 24th, Bremen

— (2004) *Vom klassischen zum aktivierenden Wohlfahrtsstaat,* unveröffentlichtes Manuskript

— (2005) »Zehn Jahre aktivierende Arbeitsmarktpolitik in Dänemark«, *WSI Mitteilungen*, Nr. 1, S. 18–24

Döhrn, R. (1998) »Dänemark, ein Vorbild für Deutschland?«, Scherrer, P./Simons, R./Westermann, K. (Hrsg.) *Von Nachbarn lernen. Wirtschafts- und Beschäftigungspolitik in Europa,* Schüren, Marburg, S. 159–168

— /Heilemann, U./Schäfer, G. (1998) »Ein dänisches ›Beschäftigungswunder‹?«, *MitAB*, Nr. 2, S. 312–323

— /Heilemann, U./Schäfer, G. (2001) »Geht es auch ohne Expansion des Dienstleistungssektors? Zum dänischen ›Beschäftigungswunder‹«, Baethge, M./Willkens, I. (Hrsg.) *Die große Hoffnung des 21. Jahrhunderts? Perspektiven und Strategien für die Entwicklung der Dienstleistungsbeschäftigung*, Leske + Budrich, Opladen, S. 269–290

Eichhorst, W. (2002) »›Benchmarking Deutschland‹ – Wo stehen wir im internationalen Vergleich?«, *Aus Politik und Zeitgeschichte*, Nr. B46–47, S. 22–31

Emmerich, K. (1998) »Dänemark: Arbeitsmarktflexibilität bei hoher sozialer Sicherung«, *Wirtschaftsdienst*, Nr. VII, S. 401–406

— (2000) »Mit ›Flexicurity‹ reduzierte Dänemark die Arbeitslosigkeit. Durch die Kombination von Flexibilität und sozialer Absicherung (security) schafften die Dänen, die Arbeitslosigkeit nachhaltig zu reduzieren«, *PersonalführungPlus*, Nr. 1, S. 51–53

— /Werner, H. (1998) »Dänemark. Erstaunlicher Umschwung am Arbeitsmarkt. Erfolge durch angebots- und nachfrageorientierte Strategien«, *IAB Kurzbericht*, Nr. 13, S. 1–8

Esch, K./Hilbert, J./Stöbe-Blossey, S. (2000) »Der aktivierende Staat – Konzepte, Potenziale und Entwicklungstrends am Beispiel der Jugendhilfe«, Heinze, R.G./Olk, T. (Hrsg.) *Bürgerengagement in Deutschland: Bestandsaufnahme und Perspektiven*, Leske + Budrich, Opladen, S. 519–547

Eskilden, M./Avlund Michelsen, N./Arvé Christensen, S.A./Østergaard-Christensen Wittorff, J. (2005) *Valgkampen 2001 – en demokratieteoretisk analyse*, Roskilde Universitetscenter: http://www.diggy.ruc.dk/bitstream/1800/Valgkampen+2001+-+En+demokratiteoretisk+analyse.pdf (12.01.2007)

Esping-Andersen, G. (1990) *The three worlds of welfare capitalism*, Polity Press, Cambridge

— (1991) »Three postindustrial employment regimes«, Kolberg, J.E. (Hrsg.) *The welfare state as employer*, ME. Sharpe, Armonk/ New York, S. 149–188

— (1996) »Positive-sum solutions in a world of trade-offs?« ders. (Hrsg.) *Welfare states in transition. National adaptations in global economics*, Sage Publications, London/ Thousand Oaks/ New Delhi, S. 256–267

— (1997) »Welfare state at the end of the century. The impact of labour market, family and demographic change«, OECD (Hrsg.) *Family, market and community: Equity and efficiency in social policy*, Paris, S. 63–80

— (1998) »Die drei Welten des Wohlfahrtskapitalismus. Zur politischen Ökonomie des Wohlfahrtsstaates«, Lessenich, S./Ostner, I. (Hrsg.) *Welten des Wohlfahrtskapitalismus. Der Sozialstaat in vergleichender Perspektive*, Campus Verlag, Frankfurt am Main, S. 19–56

— (1999) *Social foundations of postindustrial economies*, Oxford University Press, Oxford

— /Regini, M. (2000) »Conclusion«, dies. (Hrsg.) *Why deregulate labour markets?*, Oxford University Press, Oxford, S. 336–341

Etherington, D. (1998) »From welfare to work in Denmark: An alternative to free market policies?«, *Policy & Politics*, Nr. 26, S. 147–161

— /Jones, M. (2004) »Whatever happened to local government?: Local labour market policy in the UK and Denmark«, *Policy & Politics*, Nr. 32, S. 137–150

Evers, A. (2000) »Aktivierender Staat – eine Agenda und ihre möglichen Bedeutungen«, Mezger, E./West, K.-W. (Hrsg.) *Aktivierender Sozialstaat und politisches Handeln*, Schüren Verlag, Marburg, S. 13–29

— /Leggewie, C. (1999) »Der ermunternde Staat. Vom aktiven Staat zur aktivierenden Politik«, *Gewerkschaftliche Monatshefte*, Nr. 50, S. 331–340

— /Olk, T. (1996) »Wohlfahrtspluralismus – Analytische und normativ-politische Dimensionen eines Leitbegriffs«, dies. (Hrsg.) *Wohlfahrtspluralismus. Vom Wohlfahrtsstaat zur Wohlfahrtsgesellschaft*, Westdeutscher Verlag, Opladen, S. 9–60

Finn, D (2002) »Getting welfare to work: Lessons from Britain's New Deal«, *Labour Economics: A Journal of Labour Economics and Labour Relations*, Nr. 5

Friedrich, H./Wiedemeyer, M. (1998) *Arbeitslosigkeit – ein Dauerproblem. Dimensionen, Ursachen. Strategien. Ein problemorientierter Lehrtext*, Leske + Budrich, Opladen

Gazier, B. (2001) »Beschäftigungsfähigkeit: Ein komplexer Begriff«, Weinert, P./ Baukens, M./Bollérot, P./Pineschi-Gapenne, M./Walwei, U. (Hrsg.) *Beschäftigungsfähigkeit: Von der Theorie zur Praxis*, Peter Lang, Bern/Berlin/Bruxelles/ Frankfurt am Main/New York/Oxford/Wien, S. 19–46

Giddens, A. (1998) *Der dritte Weg. Die Erneuerung der sozialen Demokratie*, Suhrkamp Verlag, Frankfurt am Main

Gilbert, N. (2002) *Transformation of the welfare state. The silent surrender of public responsibility*, Oxford University Press, Oxford

— /Gilbert, B. (1989) *The enabling state. Modern welfare capitalism in America*, Oxford University Press, Oxford

Goul Andersen, J. (2002) »Work and citizenship: Unemployment and unemployment policies in Denmark 1980–2000«, ders./Jensen, P.H. (Hrsg.) *Changing labour markets, welfare policies and citizenship*, The Policy Press, Bristol, S. 59–83

— /Halvorsen, K. (2002) »Changing labour markets, unemployment and unemployment policies in a citizenship perspective«, dies./Clasen, J./Oorschot, W.v. (Hrsg.) *Europe's new state of welfare. Unemployment, employment policies and citizenship*, The Policy Press, Bristol, S. 1–20

— /Jensen, J.B. (2002a) »Different routes to improved employment in Europe«, Sarati, H./Bonoli, G. (Hrsg.) *»Labour market and social protection reforms in international perspective. Parallel or converging tracks?«*, Ahgate, Aldershot, S. 58–90

— /Jensen, P.H. (2002b) »Citizenship, changing labour markets and welfare policies: An introduction«, dies. (Hrsg.) *Changing labour markets, welfare policies and citizenship*, The Policy Press, Bristol, S. 1–14

Grassinger, R. (1993) *Verfestigte Arbeitslosigkeit. Das Hysteresis-Phänomen unter besonderer Berücksichtigung des Humankapitalansatzes*, Institut für Arbeitsmarkt- und Berufsforschung, Nürnberg

Haataja, A. (1999) *Unemployment, employment and social exclusion*, Luxembourg Income Study, Working Paper, Nr. 195, Luxembourg

Hansen, H. (2000) *Elements of social security*, Socialforskningsinstituttet (SFI), Copenhagen

Henneberger, F./Kaiser, C. (2000) *Die Auswirkungen der Globalisierung auf die Segmente des Arbeitsmarktes. Welthandel, multinationale Unternehmen und Lohnsetzung*, Diskussionspapiere des Forschungsinstituts für Arbeit und Arbeitsrecht der Universität St. Gallen, Nr. 65, St. Gallen

Henrichsen, C. (2000) *Tamilsagen I – analyser og kommentarer*, unter http://www.jur.ku.dk/medarbejdere/carstenhenrichsen/ (14.01.2007)

Hillage, J./Pollard, E. (1998) *Employability: Developing a framework for policy analysis. Research Report RR85*, Department for Education and Employment Sudbury

Hinsch, W. (2002) *Gerechtfertigte Ungleichheiten. Grundsätze sozialer Gerechtigkeit*, Walter de Gruyter, Berlin/New York

Holl, T./Röhm, R. (1977) *Kleines Wirtschaftslexikon. Fachbegriffe der Wirtschaft*, Deutscher Sparkassenverlag GmbH, Stuttgart

Ingerslev, O. (1995) *Aktivering og offentlig forsørgelse 1984–91*, AKF Forlaget, København

Jann, W. (1994) *Moderner Staat und effiziente Verwaltung: Zur Reform des öffentlichen Sektors in Deutschland*, Friedrich-Ebert-Stiftung, Bonn

Janoski, T. (1998) *Citizenship and civil society: A framework of rights and obligations in liberal, traditional and social democratic regimes*, Cambridge University Press, Cambridge

Jensen, P.H. (1999) *»Activation of the unemployed in Denmark since the early 1990s. Welfare or workfare?«*, Centre for Comparative Welfare State Studies (CCWS), Aalborg

Jessop, B. (1993) »Towards a Schumpeterian Workfare State? Remarks on post-fordist political economy«, Hausner, J. (Hrsg.) *Transformation processes in Eastern Europe. Western perspectives and the Polish Experience*, Polish Academy of Science, Krakow, S. 329–366

— (1994) »The transition to post-fordism and the Schumpeterian Workfare State«, Burrows, R./Loader, B. (Hrsg.) *Towards a post-fordist welfare state?* Routledge, London, S. 13–37

Kangas, O./Ritakallio, V.-M. (1998) *Social policy or structure? Income transfers, socio-demographic factors and poverty in the Nordic countries and France*, Luxembourg Income Studies, Working Paper, Nr. 190, Luxembourg

Kaufmann, F.-X. (1994) »Diskurse über Staatsaufgaben«, Grimm, D. (Hrsg.) *Staatsaufgaben*, Suhrkamp, Baden-Baden, S. 15–41

— (2005) *Sozialpolitik und Sozialstaat: Soziologische Analysen*, Verlag für Sozialwissenschaften, Wiesbaden

Kern, S. (2002) *Führt Armut zu sozialer Isolation? Eine empirische Analyse mit Daten des Sozio-Ökonomischen Panels*, Trier, Disseration unter: http://deposit.ddb.de /cgi-bin/dokserv?idn=971722129 (23.03.2007)

Klauder, W. (2001) »Ende oder Wandel der Erwerbsarbeit? Die hausgemachte Arbeitslosigkeit«, *Aus Politik und Zeitgeschichte*, Nr. B 21, S. 3–7

Klös, H.-P./Schäfer, H. (2003) »Arbeitsmarkt – Fehlanreize durch soziale Sicherung?«, *WSI Mitteilungen*, Nr. 5, S. 306–312

Kolberg, J.E./Esping-Andersen, G. (1991) »Welfare states and employment regimes«, Kolberg, J.E. (Hrsg.) *The welfare state as employer*, ME. Sharpe, Armonk/New York, S. 3–35

Kongshøj Madsen, P. (1998) »Elemente erfolgreicher Arbeitsmarktpolitik in Dänemark«, Scherrer, P./Simons, R./Westermann, K. (Hrsg.) *Von Nachbarn lernen. Wirtschafts- und Beschäftigungspolitik in Europa*, Schüren, Marburg, S. 148–152

— (2002) »The Danish Model of *Flexicurity*: A paradise – with some snakes«, Sarfati, H./Bonoli, G. (Hrsg.) *Labour market and social protection in international perspective. Parallel or converging tracks?*, Ashgate, Aldershot, S. 243–265

Kvist, J. (2001) »Der Wohlfahrtsstaat und der Arbeitsmarkt: Die Erfahrungen Skandinaviens in den 1990ern«, *Zeitschrift für Sozialreform*, Nr. 47, S. 378–406

— (2006) *Aktivierungsstrategien auf den skandinavischen Arbeitsmärkten seit 1990*, unveröffentlichtes Manuskript

Lamping, W./Schridde, H./Plaß, S./Blanke, B. (2002) *Der Aktivierende Staat. Positionen, Begriffe, Strategien. Studie für den Arbeitskreis Bürgergesellschaft und Aktivierender Staat der Friedrich-Ebert-Stiftung*, Friedrich-Ebert-Stiftung, Hannover

Langager, K. (1997) *Indsatsen for de forsikrede ledige. Evaluering af arbejdsmarkedsreformen I*, Socialforskningsinstituttet (SFI), København

Larsen, F. (2004a) *Kampen om det en-strengede system*, Center for Arbejdsmarkedsforskning (CARMA), Aalborg

— (2004b) »The importance of institutional regimes for active labour market policies – the case of Denmark«, *European Journal of Social Security*, Nr. 6, S. 137–154

— /Stamhus, J. (2000) *Active labour market policy in Denmark: Labour market reform, crucial design features and problems of implications*, Center for Arbejdsmarkedsforskning (CARMA), Aalborg

Lassen, M./Lindkvist V. Jørgensen, A. (2005) *AMU i nye klæder – im implementering af nyt AMU*, Undervisningsministeriet, København

Leisering, L./Hilkert, B. (1999) *Von Großbritannien lernen? Wohlfahrtsstaatsreform im Zeichen des Dritten Weges – das Beispiel aktivierender Sozialhilfepolitik unter Blair. Abschlußbericht für die Anglo-German Foundation*, Projekt Nr. 1227 »Reforming social assistance in Britain«, Universität Bremen, Bremen

Lessenich, S. (2000) »Soziologische Erklärungsansätze zur Entstehung und Funktion des Sozialstaates«, Allmendinger, J./Ludwig-Mayerhofer, W. (Hrsg.) *Soziologie des Sozialstaates. Gesellschaftliche Grundlagen, historische Zusammenhänge und aktuelle Entwicklungstendenzen*, Juventa Verlag, Weinheim/München, S. 39–78

— (2003) »Der Arme in der Aktivgesellschaft – zum sozialen Sinn des ›Förderns und Forderns‹«, *WSI Mitteilungen*, Nr. 4, S. 214–220

Lind, J. (2000) »Recent issues on the social pact in Denmark«, Fajertag, G./Pochet, P. (Hrsg.) *Social pacts in Europe*, European Trade Union Institute (ETUI), Brussels, S. 135–159

LO Ugebrev (2004) »Udbud af jobformidling giver ekstra millionregning«, http://www.ugebreveta4.dk (13.10.2004)

Lødemel, I./Trickey, H. (2001) *An offer you can't refuse. Workfare in international perspective*, The Policy Press, Bristol

Lorentzen, T./Dahl, E. (2005) »Active labour market programmes in Norway: Are they helpful for social assistance recipients?«, *Journal of European Social Policy*, Nr. 15, S. 27–45

Ludwig-Mayerhofer, W. (2005) »Activating Germany«, Bredgaard, T./Larsen, F. (Hrsg.) *Employment policy from different angles*, DJØF Publishing, Copenhagen, S. 95–114

— /Wroblewski, A. (2004) »Eppur si Muove? Activation policies in Austria and Germany«, *European Societies*, Nr. 6, S. 485–509

Majone, G. (1997) »From the positive to the regulatory state: Causes and consequenses of changes in the mode of governance«, *Journal of Public Policy*, Nr. 17, S. 139–167

Marshsall, T.H. (1964b) *Class, citizenship and social development,* Doubleday, Garden City

— (1964a) »Citizenship and social class«, ders. (Hrsg.) *Class, citizenship & social development. Essays by T.H. Marshall*, The University of Chicago Press, Chicago/London, S. 71–134

— (1992) *Bürgerrechte und soziale Klassen. Zur Soziologie des Wohlfahrtsstaates*, Campus Verlag, Frankfurt am Main/New York

Moene, K.O./Wallenstein, M. (1999) »Social Democratic labour market institutions: A retrospective analysis«, Kitschelt, H./Lange, P./Marks, G./Stephens, J.D. (Hrsg.) *Continuity and change in contemporary capitalism*, Cambridge University Press, Cambridge

Nielsen, K. (1991) »Learning to manage the supply-side: Flexibility and Stability in Denmark«, Jessop, B./Kastindiek, H./Nielsen, J./Pedersen, O.K. (Hrsg.) *The politics of flexibility. Restructuring state and industry in Britain, Germany and Scandinavia*, Edward Elgar, Aldershot, S. 282–313

OECD (2001b) *Thematic review on adult learning. Denmark. Background report*, Paris

— (2002) *Thematic review on adult learning. Denmark. Country Note*, Paris

Offe, C. (1993) »Zur Typologie von sozialpolitischen ›Regimes‹«, *Zeitschrift für Sozialreform*, Nr. 39, S. 83–86

Olesen, S.P. (2001) »Handlingsplansamtaler – en hån mod de arbejdsløse eller konstruktivt samspiel med systemet?«, *Tidsskrift for ARBEJDSLIV*, Nr. 3, S. 7–28

Olk, T. (2000) »Weder Rund-um-Versorgung noch ›pure‹ Eigenverantwortung – aktivierende Strategien in der Politik für Familien, alte Menschen, Frauen, Kinder und Jugendliche«, Mezger, E./West, K.-W. (Hrsg.) *Aktivierender Sozialstaat und politisches Handeln*, Schüren Verlag, Marburg, S. 105–124

Oorschot, W.v. (2001) »Flexibilität und soziale Sicherheit in den Niederlanden – Politik für Arbeitnehmer und Versorgungspersonen«, Klammer, U./Tillmann, K. (Hrsg.) *Flexicurity: Soziale Sicherheit und Flexibilisierung der Arbeits- und Lebensverhältnisse*, WSI, Düsseldorf, S. 519–584

Pierson, P. (1994) *Dismantling the welfare state? Reagan, Thatcher, and the politics of retrenchment*, Cambridge University Press, Cambridge

— (2001) »Coping with permanent austerity. Welfare state restructuring in affluent democracies«, ders. (Hrsg.) *The New Politics of the Welfare State*, Oxford University Press, Oxford, S. 410–456

Prittwitz, V.v. (1994) *Politikanalyse*, Leske + Budrich, Opladen

Rawls, J. (1975) *Eine Theorie der Gerechtigkeit*, Suhrkamp Verlag, Frankfurt am Main

Reinberg, A. (2003) »Geringqualifizierte – Modernisierungsverlierer oder Bildungsreserve?«, *ibv*, Nr. 12, 1645–1656

— /Hummel, M. (2003) »Geringqualifizierte. In der Krise verdrängt, sogar im Boom vergessen«, *IAB Kurzbericht*, Nr. 19, S. 1–7

Rieger, E. (1998) »Soziologische Theorie und Sozialpolitik im entwickelten Wohlfahrtsstaat«, Lessenich, S./Ostner, I. (Hrsg.) *Welten des Wohlfahrtskapitalismus. Der Sozialstaat in vergleichender Perspektive*, Campus Verlag, Frankfurt am Main, S. 59–89

Rosdahl, A./Weise, H. (2001) »We all must be active – workfare in Denmark«, Lødemel, I./Trickey, H. (Hrsg.) *An offer you can't refuse. Workfare in international perspective*, The Policy Press, Bristol, S. 159–180

Rudolph, H. (2001) »Profiling als Instrument zur Früherkennung des Risikos von Langzeitarbeitslosigkeit«, Weinert, P./Baukens, M./Bollérot, P./Pineschi-Gapenne, M./Walwei, U. (Hrsg.) *Beschäftigungsfähigkeit: Von der Theorie zur Praxis*, Peter Lang, Bern/Berlin/Bruxelles/Frankfurt am Main/New York/ Oxford/Wien, S. 47–80

Schmid, G. (1996) »Reform der Arbeitsmarktpolitik. Vom fürsorgenden Wohlfahrtsstaat zum kooperativen Sozialstaat«, *WSI Mitteilungen*, Nr. 49, S. 629–641

— (2005) *Wege in eine neue Vollbeschäftigung. Übergangsarbeitsmärkte und aktivierende Arbeitsmarktpolitik*, Campus Verlag, Frankfurt am Main/New York

Schmidt, M.G. (1995) *Wörterbuch zur Politik*, Alfred Kröner Verlag, Stuttgart

Schömann, K./Siarov, L./Heuvel, N.v.d. (2006) »Managing social risks through transitional labour markets«, WZB Discussion paper, Berlin

Schulze-Böing, M. (1999) »Aktivierung und Arbeitsmarkt. Ansatzpunkte für aktive Beschäftigungspolitik«, *Gewerkschaftliche Monatshefte*, Nr. 6, S. 357–365

— (2002) »Fördern durch Fordern – Fordern durch Fördern? Aktivierende Arbeitsmarktpolitik und die Rolle der Kommunen«, *Sozialer Fortschritt*, Nr. 7–8, S. 160–164

Schwengel, H. (1999) »Aktivierender Staat und aktiver Sozialstaat als Europäische Leitideen«, *Gewerkschaftliche Monatshefte*, Nr. 6, S. 341–348

Sinfield, A. (1992) »The impact of unemployment upon welfare«, Ferge, Z./Kolberg, J.E. (Hrsg.) *Social policy in a changing Europe*, Campus Verlag/Westview Press, Frankfurt am Main/Boulder, Colorado, S. 95–116

Torfing, J. (1999a) »Towards a Schumpeterian Wokfare Postnational Regime: Path-shaping and path dependency in Danish welfare state reform«, *Economy and Society*, Nr. 28, S. 269–402

— (1999b) »Workfare with welfare: Recent reforms of the Danish welfare state«, *Journal of European Social Policy*, Nr. 9, S. 5–28

— (2000) »Welfare, workfare and the good society: Reflections on the offensive, neo-statist workfare strategy in Denmark«, Greve, B. (Hrsg.) *What constitutes a good society?*, Macmillan Press Ltd., London, S. 99–115

Trube, A./Wohlfahrt, N. (2001) »›Der aktivierende Sozialstaat‹ – Sozialpolitik zwischen Individualisierung und einer neuen politischen Ökonomie der inneren Sicherheit«, *WSI Mitteilungen*, Nr. 1, S. 27–35

— (2003) »Vom Wohlfahrtsstaat zum Workfarestate – Sozialpolitik zwischen Neujustierung und Umstrukturierung«, Dahme, H.-J./Otto, H.-U./Trube, A./ Wohlfahrt, N. (Hrsg.) *Soziale Arbeit für den aktivierenden Staat*, Leske + Budrich, Opladen, S. 177–204

UNESCO (1997) »International Standard Classification of Education – ISCED«

Urban, H.-J. (2004) »Eigenverantwortung und Aktivierung – Stützpfeiler einer neuen Wohlfahrtsarchitektur?«, *WSI Mitteilungen*, Nr. 9, S. 467–473

Weinert, P. (2001) »Einleitung«, ders./Baukens, M./Bollérot, P./Pineschi-Gapenne, M./Walwei, U. (Hrsg.) *Beschäftigungsfähigkeit: Von der Theorie zur Praxis*, Peter Lang, Bern/Berlin/Bruxelles/Frankfurt am Main/New York/Oxford/ Wien, S. 13–16

Westergaard-Nielsen, N. (2001) *Danish labour market policy: Is it worth it?*, Center for Labour Market and Social Research (CLS), Aarhus

Zänker, A. (1994) *Der bankrotte Sozialstaat*, Schneekluth, München

## Primärquellen dänischer Behörden

Arbeitsministerium Dänemark (2001a) *Dänemark – Arbeitsmarktpolitik. Das dänische Arbeitsmarktmodell und die arbeitsmarktpolitische Entwicklung*, Kopenhagen

— (2001b) *Dänemark – Arbeitsmarktpolitik. Die Arbeitslosenversicherung*, Kopenhagen

Arbejdsdirektoratet (2005) *Benchmarking arbejdsløshedskasserne 2005*, København

— (2006) *http://www.adir.dk* (23.09.2006)

— (div. Jahrgänge) *Rådighedsstatistikken for forsikrede arbejdsløse*, København

Arbejdsformidlingen (2006) *http://www.af.dk* (21.09.2006)

Arbejdsmarkedsstyrelsen (1999) *Effekten af indsatsen i aktivperioden: 1. kvartal 1999*, København

— (2004a) *Arbejdsformidlingens årsrapport 2003*, København

— (2004b) *Erfaringsopsamling vedrørende indragelsen af andre aktører i beskæftigelsesindsatsen. Bilagsrapport*, København

— (2004c) *Erfaringsopsamling vedrørende indragelsen af andre aktører i beskæftigelsesindsatsen. Hovedrapport*, København

— (2005) *En indgang for alle*, København

Arbejdsministeriet (2000) *Effekter af aktiveringsindsatsen*, København

— /Undervisningsministeriet/Finansministeriet (1999) *Mål og midler i offentligt finansieret voksen- og efteruddannelse*, Kopenhagen

Beskæftigelsesministeriet (2002) *Analysepapier 6. Effekter af aktiveringsindsatsen*, København

— (2003) *Danmarks nationale handlingsplan til bekæmpelse af fattigdom og social udstødelse*, København

— (2006) *http://www.bm.dk* (22.09.2006)

Finansministeriet (2005) *Kommunal Budgetoversigt*, København

Rådet for Uddannelses- og erhvervsvejledning (2000) *Minileksikon. Ord og begreber i uddannelses- og erhvervsvejledning*, København

Regeringen (1990) *»Regeringens forslag om aktivering og uddannelse«*, København

— (1993a) *En ny kurs mod bedre tider*, Finansministeriet, København

— (1993b) *Udspil til reformer på arbejdsmarkedet – Et nyt arbejdsliv*, Finansministeriet, København

— (1997a) *Danmark som foregangsland, Finansministeriet*, København

— (1997b) *Danmark som foregangsland. Indkomstoverførsler – færre på passiv forsørgelse*, Finansministeriet, København

— (1998) *Godt på vej – Danmark i det 21. århundrede – Regeringsgrundlag*, Statsministeriet, København

— (2000) *Debatoplæg om det rummelige arbejdsmarked*, Finansministeriet, København

— (2001) *Vækst, velfærd – fornyelse*, Statsministeriet, København

— (2002a) *Flere i arbejde*, Beskæftigelsesministeriet, København

— (2002b) *Flere i arbejde – et debatoplæg*, Beskæftigelsesministeriet, København

— (2004) *Aftale om strukturreformen*, Beskæftigelsesministeriet, København

Skatteministeriet (2007) *http://www.skm.dk/tal_statistik/tidsserieoversigter* (22.2.2007)

Undervisningsministeriet (2004) *http://www.uvm.dk* (30.10.2004)

Zeuthen-Udvalget (1992) *Rapport om arbejdsmarkedets strukturproblemer*, Finansministeriet, København

## Statistiken

Arbejdsdirektoratet (div. Jahrgänge) *Rådighedsstatistikken for kontanthjælpsmodtagere*, København

Danmarks Statistik (diverse Jahrgänge) *Konjunkturstatistik for privat voksenuddannelse*, Nyt fra Danmark Statistik, www.dst.dk/Statistik/Nyt.aspx (03.12.2006)

— (PRIS9) *Forbrugerprisindex, gennemsnitlig årlig inflation (1900=100)*, Statistikbanken, http://www.statistikbanken.dk (27.11.2006)

— (SAM1) *Modtagere af indkomsterstattende ydelser efter område, dominerende ydelse, alder køn og familietype*, Statistikbanken, http://www.statistikbanken.dk (27.11.2006)

— (SAM2) *Udbetalt indkomsterstattende ydelser efter område, dominerende ydelse, alder køn og familietype,* Statistikbanken, http://www.statistikbanken.dk (27.11.2006)

— (AB513X), *Forsikrede efter område og a-kasse*, Statistikbanken http://www.statistik banken.dk (08.01.2007)

— (AB513), *Forsikrede efter område, a-kasse, alder og køn*, Statistikbanken http://www.statistikbanken.dk (08.01.2007)

— (AB704) *Deltagere i fleks- og skånejobs efter område, foranstaltning, sektor, alder og køn*, Statistikbanken http://www.statistikbanken.dk (27.11.2006)

— (AB711) *Fuldtidsdeltagere i arbejdsmarkedspolitiske foranstaltninger efter område, foranstaltning, sektor, alder og køn*, Statistikbanken http:// www.statistikbanken.dk (27.11.2006)

— HFU1) *Befolkningens højeste fuldførte uddannelse (15–69 år) efter område, herkomst, uddannelse, alder og køn*, Statistikbanken http://www.statistikbanken.dk (27.11.2006)

— (HFU2) *»Befolkningens højeste fuldførte uddannelse (15–69 år) efter område, alder, køn og arbejdsmarkedstilknytning«*, Statistikbanken http://www.statistikbanken.dk (27.11.2006)

— (RAS1Z) *Befolkingen efter bopælsområde, arbejdsstilling, statsborgerskab, alder og køn*, Statistikbanken http://www.statistikbanken.dk (27.11.2006)

— (RAS111) *Befolkningen efter bopælsområde, socioøkonomisk status, herkomst, alder og køn*, Statistikbanken http://www.statistikbanken.dk (27.11.2006)

— (RAS33) *Arbejdsstyrken i alderen 16–66 år efter område, alder og køn*, Statistikbanken http://www.statistikbanken.dk (27.11.2006)

— (RU121X) *Ledige efter område og køn, rullende år*, Statistikbanken http://www.statistikbanken.dk (27.11.2006)

— (div. Jahrgänge) *Arbeitsmarkedspolitiske foranstaltninger*, Statistiske efterretninger – Arbejdsmarked

Den sociale ankestyrelse (div. Jahrgänge) *Rådighedsstatistikken for kontanthjælpsmodtagere*, København

OECD (1996) *Employment Outlook*, Paris

— (1997) *Employment Outlook*, Paris

— (2001a) *Employment Outlook*, Paris

— (2004) *Employment Outlook*, Paris

— (2005a) *Economic Outlook*, Paris

— (2005b) *Employment Outlook*, Paris

— (2006) *Economic Outlook*, Paris

## Gesetze, Verordnungen und Verwaltungsrichtlinien

AMU-Gesetz (1986) *Lov om arbejdsmarkedsuddannelser*

AMU-Verordnung (1986) *Bekendtgørelse om godtgørelse, støtte og tilskud m.m. til deltagere i arbejdsmarkedsuddannelser*

Arbeitsangebotsgesetz (1981) *Lov om arbejdstilbud til ledige*

Arbeitsangebotsverordnung (1989) *Bekendtgørelse om arbejdstilbud m.v.*

Arbeitsförderungsgesetz (1996) *Gesetz über die Leistungen und Aufgaben zur Beschäftigungssicherung und zur Förderung des Wirtschaftswachstums*

Arbeitslosenversicherungsgesetz (1970) *Lov om arbejdsformidling og arbejdsløshedsforsikring*

— (1994) *Lov om arbejdsløshedsforsikring*

Arbeitsmarktfondsgesetz (1994) *Lov om arbejdsmarkedsfonde*

Arbeitsmarktrentengesetz (1994) *Lov om arbejdsmarkedets tillægspension*

Aufhebungsgesetz (2002) *Lov om ophævelse af lov om servicejobs*

Beistandsgesetz (1976) *Lov om social bistand*

Beratungspflichtsverordnung (1991) *Bekendtgørelse om en arbejdsløshedskasses vejledningspligt over for sine medlemmer*

Berufsausbildungsgesetz (1991) *Lov om erhvervsuddannelser*

Beschäftigungsanforderungsverordnung (1985) *Bekendtgørelse om beregning af arbejdskravet (26-ugers reglen) i henhold til § 55 i lov om arbejdsformidling og arbejdsløshedsforsikring*

— (1994) *Bekendtgørelse om beskæftigelseskrav og, dagpengeperiode og aktivperiode*

— (1994) *Bekendtgørelse om beskæftigelseskrav og delperioderne*

— (2003) *Bekendtgørese om beskæftigelseskrav og dagpengeperiode*

Beschäftigungsanforderungsverwaltungsrichtlinie (1995) *Vejledning om beskæftigelseskrav, dagpengeperiode og aktivperiode*

Bildungsurlaubsgesetz (1992) *Lov om orlovsydelse til uddannelse*

Bildungsurlaubsverordnung (1992) *Bekendtgørelse om jobrotation og orlovsydelse til uddannelse*

Bildungsurlaubsverwaltungsrichtlinie (1992) *Vejledning til bekendtgørelse om jobrotation og orlovsydelse til uddannelse*

Bildungsvergütungsverordnung (1999) *Bekendtgørelse om uddannelser, hvortil der kan opnås orlov til uddannelse og uddannelsesgodtgørelse*

Elternurlaubsgesetz (1992) *Lov om forældreorlovsydelse*

Flexleistungsgesetz (2001) *Lov om fleksydelse*

FVU-Gesetz (2001) *Lov om forberedende voksenundervisnung*

Gesetz über aktive Sozialpolitik (1998) *Lov om aktiv socialpolitik*

Gesetz über Beschäftigungsmöglichkeiten für junge Menschen (1985) *Lov om beskæftigelsesmuligheder for unge m.v.*

Gesetz über eine aktive Arbeitsmarktpolitik (1994) *Lov om en aktiv arbejdsmarkedspolitik*

Gesetz über einen aktiven Beschäftigungseinsatz (2003) *Lov om en aktiv beskæftigelsesindsats*

Gesetz über kommunale Aktivierung (1994) *Lov om kommunal aktivering*

Gesetz über kommunalen Beschäftigungseinsatz (1990) *Lov om kommunal beskæftigelsesindsats*

Gesetz über Transferleistungen bei Krankheit oder Geburt (1989) *Lov om dagpenge ved sygdom eller fødsel*

Gesetz über VEU-Vergütung (2001) *Lov om godtgørelse ved deltagelse i erhvervsrettet voksen- og efteruddannelse*
Gleichbehandlungsgesetz (1989) *Lov om ligebehandling af mænd og kvinder med hensyn til beskæftigelse og barselsorlov m.v.*
GVU-Gesetz (2001) *Lov om erhvervsrettet grunduddannelse og videregående uddannelse (videreuddannelsessystemet) for voksne*
Haushaltsdienstleistungsgesetz (1993) *Lov om statstilskud til hjemmeservice*
— (1996) *Lov om hjemmeservice*
Haushaltshilfegesetz (1992) *Lov om aktiveringsordning ved hjemmehjælp og dagpasning af børn*
Haushaltshilfeverordnung (1992) *Bekendtgørelse om aktiveringsordning ved hjemmehjælp og dagpasning af børn*
Indexierungsgesetz (1991) *Lov om satsreguleringsprocenten*
Personenbesteuerungsgesetz (1986) *Lov om indkomstskat og formueskat for personer*
Quellensteuergesetz (1970) *Lov om opkrævning af indkomst- og formueskat for personer*
Quotierungsverordnung (1989) *Bekendtgørelse om kvoteordning m.m. for uddannelse med uddannelsesydelse før 1. arbejdstilbud*
Rehabilitationsverordnung (1990) *Bekendtgørelse om den faste bruttorevalideringsydelse m.v. efter bistandslovens § 43*
Rehabilitationsverwaltungsrichtlinie (1990) *Vejledning om hjælp efter bestandslovens kapitel 10 (§§ 43–45) (Den faste bruttorevalideringsydelse m.v.)*
Rentengesetz (1984) *Lov om social pension*
Rentenverwaltungsrichtline (1984) *Vejledning om social pension*
Seniorenleistungsgesetz (1997) *Lov om seniorydelse*
Seniorenleistungsverwaltungsrichtlinie (1997) *Vejledning til bekendtgørelse om seniorydelse*
Servicejobgesetz (2000) *Lov om servicejobs*
Sozialhilfeverwaltungsrichtlinie (1987) *Vejledning om kontanthjælp efter bistandsloven*
Sozialpolitikverwaltungsrichtlinie (1998) *Vejledning om lov om aktiv socialpolitik*
SVU-Gesetz (2001) *Lov om statens voksenuddannelsesstøtte*
Urlaubsgesetz (1994) *Lov om orlov*
Urlaubsverordnung (1994) *Bekendtgørelse om orlov til uddannelse, sabbat og børnepasning*
Verfügbarkeitsverordnung (1989) *Bekendtgørelse om et arbejdsløshedskassemedlems rådighedsforpligtelse og konsekvenserne af selvforskyldt ledighed*
Verfügbarkeitsverordnung (1994) *Bekendtgørelse om rådighed og selvforskyldt ledighed*
— (1999) *Bekendtgørelse om rådighed*
Verfügbarkeitsverordnung Sozialpolitik (2002) *Bekendtgørelse om rådighed for personer der ansøger eller modtager kontanthjælp eller starthjælp alene på grund af ledighed*
Verfügbarkeitsverwaltungsrichtlinie (1989) *Vejledning om rådighed og selvforskyldt ledighed*
Verfügbarkeitsverwaltungsrichtlinie (1994) *Vejledning om rådighedsforpligelsen i forbindelse med tilbud efter lov om aktive arbejdsmarkedspolitik*

Verordnung über den erweiterten Vorruhestand (1992) *Bekendtgørelse om overgangsydelse*

Verordnung zu einem aktiven Arbeitsmarkteinsatz (2003) *Bekendtgørelse om en aktiv arbejdsmarkedsindsats*

Verordnung zum Eintritt in den Vorruhestand (1994) *Bekentgørelse om overgang til, udtræden af og genindtræden i efterlønsordningen samt optjening af præmie*

Verordnung zur Höhe des Arbeitslosengeldes (1982) *Bekentgørelse om arbejdes og intægters betydning for arbejdsløshedsdagpengenes størrelse*

Verordnung zur Höhe des Vorruhestandsgeldes (1984) *Bekentgørelse om arbejdes og indtægters betydning for efterlønnens størrelse*

Verordnung zur selbstverschuldeten Arbeitslosigkeit (1999) *Bekendtgørelse om selvforskyldt ledighed*

Verwaltungsrichtlinie über den erweiterten Vorruhestand (1992) *Vejledning til bekendtgørelse om overgangsydelse*

Verwaltungsrichtlinie über kommunale Aktivierung (1994) *Vejledning om kommunal aktivering*

Verwaltungsrichtlinie über kommunalen Beschäftigungseinsatz (1991) *Vejledning om kommunal beskæftigelsesindsats*

Vorruhestandsverwaltungsrichtlinie (1999) *Vejledning om fleksibel efterløn*

VUS-Gesetz (1989) *Lov om voksenuddannelsesstøtte*

VUS-Verordnung (1989) *Bekendtgørelse om voksenuddannelsesstøtte*


## Interview


Thomas Mølsted Jørgensen, Kontorchef Arbejdsdirektoratet – Policy- og Analysecenter, Interview geführt am 07.12.2006